真宗学と障害学

障害と自立をとらえる新たな視座の構築のために

頼尊恒信 著

生活書院

序

真宗障害学への新しい視座――出版を謝して

安冨信哉（大谷大学文学部名誉教授）

本書の著者である頼尊恒信さんは、大阪の真宗大谷派寺院の末寺に生を享けた。幼くして脳性まひを患い、障害者が直面する厳しい環境のなか、スポーツに励むなど、自立に向けて格闘してこられた。やがて寺院の後継者として、宗門立である京都の大谷大学に入学し、親鸞教学（真宗学）を研鑽した。私と頼尊さんとの出会いは、かれが小生のゼミに所属したときに始まる。

頼尊さんは、自らの身体的な問題を研究の立脚地とし、「親鸞の思想は、障害者が抱える課題の解決にどのような視点を与えうるか？」という切実な問題意識をもってこのテーマに取り組み、『教行信証』や『歎異抄』をはじめとする真宗聖教の思想研究に歩みを進めた。その間、一九六二年に宗門で始動した同朋会運動、あるいは七十年代初頭に宗門外で展開した「青い芝の会」運動の、親鸞に基づく人間解放の思想に大きな触発を受けた。その成果は、「真宗における障害者福祉論――過去をふまえて未来を考える」（修士論文）、「聞名に開かれる仏道――真宗障害者福祉論・序説」（『大学院研究紀要』）、さらに「『われら』

の地平に開かれる向下の仏道――真宗障害者福祉論・序説」と題して真宗大谷派に提出された学階請求論文（擬講論文）などの諸論考に具体的に現れている。

やがて障害学を社会科学の立場から理論的に学ぶ必要を感じ、頼尊さんは、熊本学園大学大学院社会福祉学研究科に入学した。それは、『障害児教育のパラダイム転換――統合教育への理論研究』（明石書店1993）をはじめとする堀正嗣教授の諸著作に示される「共生の思想」に深く共感したことが大きくはたらいている。ここでかれは新たに研究に着手し、近代の日本のみならず、ヨーロッパやアメリカで展開してきた障害学の多様な理念について学び、障害学と真宗（障害者福祉）学の両者の創造的な融合の中に、新しい可能性を感じ取り、六年にわたり、鋭意、研究を続けられた。

「勤苦六年」（『大経』）というか、今回上梓された本書は、身体状態が芳しくないなか研究に打ち込んだ頼尊さんがその成果として、熊本学園大学に提出した博士論文が基となっている。このような結実にまで導いて下さった堀教授をはじめとする関係の諸先生方のご努力に甚深の感謝を表する次第である。

真宗学は、浄土真宗の宗祖・親鸞の教学思想の研究である。この学は、近代以前には、宗門御用の学として、宗学や宗乗の名で呼ばれてきたが、近代に入り、大学での正式な学科となるにあたり、親鸞の主著である『教行信証』をベースとする規範的な学（normative study）として出発した。「真宗学」の名称を与えた大谷大学第三代学長・佐々木月樵は、仏教の解放を願い、それは「人の解放」を促すものだと謳っている（「大谷大学樹立の精神」）。真宗学は、聖教の研究に留まらず、必然的に人の解放へと連係するものである。

その佐々木の志願の一翼となる「真宗における障害者福祉」の議論のなかで、真宗学に立脚しつつ、社会科学として論じられる必要があるといわれながら、従来の真宗福祉学においては、これに関連した研究はきわめて少ない。本書において、頼尊さんは、まず先行研究の成果と課題をとりあげ、その概要を俯瞰し、それらを批判的に検討しながら、以下の各章で、多角的な視点から論説を展開しておられる。そのことに私は、自らの蒙を啓かれる想いがした。

第二章で言及しているように、真宗大谷派は、「仏教福祉」を中心とした社会福祉事業に力をいれてきた。しかし、大谷派における社会福祉事業は、教学的展開と、社会福祉事業が関連性を持っていないという問題点が残ってきた。第三章をはじめとして、本書でしばしば論究される「青い芝の会」の自立生活運動は、『歎異抄』の思想を根底とした近代における障害者運動の先駆けとなるものである。本書は、この運動の形成過程を精緻に跡づけ、またその思想の背景にある『歎異抄』について教学的な検討を行っている。それは、いわゆる「二種深信」、すなわち「法」（阿弥陀仏の本願）と「機」（本願の対象である自己）の深い信知に集約されるという。これは、真宗学を専攻したかれでなければできなかった研究である。

と同時に、本書は、親鸞教学の真髄を『歎異抄』から、更にその親鸞自身の主著である『教行信証』に求め、より普遍的な立場から、真宗における救済論の構造を吟味し、自らの障害者福祉論を展開する端緒を開いている。『教行信証』は、西田幾多郎や三木清をはじめ、日本の思想史において大きな刺激を与えてきた論書であるが、福祉論においてはほとんど注目されてこなかった。その意味において、頼尊さんが、『教行信証』を視野に入れて、障害者福祉論を教学の立場から検討する途に就いたことは、先駆的であるとともに示唆的である。

本書には、親鸞教学を見定めるいくつかのキーワードがある。「いし・かわら・つぶてのごとくなるわれら」（『唯信鈔文意』）、「煩悩具足のわれら」（『歎異抄』第三章）という、それらのなかでも重要な位置を占める「われら」という語は、考察の基点となっている。

文類や和讃において、親鸞は、「われら」という語によって、自らの低下性を告白し、そこから農民や漁師、商人など、当時の階級社会から疎外された人々に共感するとともに、その「われら」を救う本願に帰依し、僧伽（さんが）、すなわち信仰の共同体を創出する。この親鸞の「われら」の思想は、人間をあるがままに見る実相観（＝「如」の世界観）を顕示する。のみならず同朋思想、さらには本来的な共生思想への視野を開く。頼尊さんは、この「われら」の思想を、私たちが到達すべき「地平」と捉え、そこに「向下的救済観」を見定める。

第六章を中心に提起されるこの救済観は、長い親鸞教学研究のあとに辿り着いた地点である。この視座において、「今以上に良くならなければならない」という向上的克服論から解放され、自立へのスキルの獲得の有無を問わない向下的共生運動が展開されるという。「障害と自立をとらえる新たな視座」として提出されたこの向下的救済観は、意識枠の転換、いわゆるパラダイム・シフトを示唆する。ここに親鸞教学の新しい角度からの確認があるとともに、「自力向上」型モデルに立った、多くの既存の障害学に対して、その対抗理論ともなる、創造的な、新しい視座が提示されている、と私は強く感じる。

このようなパラダイム・シフトの具体像を、やや異なった角度から提示しているのが、本論に付して載せられている《補遺編》である。この論考において、まず親鸞の救済観が「本願の呼びかけ」（聞名）に信順する他力の救済道であり、そこに「共生の大地」が開かれると確認する。その救済論の意義を、現実に、頼尊さん自身も直面している脳性まひ者における「二次障害」の深刻な現状に引き当てて尋ねる。原障害からさらに二次障害へ進行する、その危機のなかで、いかに深い心の揺れを体験するか、私は表面的にしか想いを馳せることができない。その不安を抱える当事者がどのようにして新たな「生の主体」を獲得すべきか、その切実な問題を、補遺編では、親鸞の救済観に即して考察している。とりわけ「三願転入」（『教行信証』化身土巻）を視野に入れて、向上的救済観＝自力から向下的救済観＝他力へのパラダイム・シフト、価値観の転換の意義を追究している。私は、この付編を、本論の趣旨を別な観点から補った意義深い考察であるとして拝読した。

特筆されるのは、このような向下的救済観を具体的に吟味する〝場〟を、頼尊さんが重視されていることである。これまでかれは、真宗大谷派大阪教区教化センターの〈現代宗教研究班〉のスタッフとして、茨田道俊氏などと現代社会の課題と真宗の接点を研究してきたが、現在、滋賀県の湖北にあるNPO法人「だんない」（代表 美濃部裕道氏）の事務局長として、真宗の教えを基盤とした障害者の自立生活運動を実践している。

研究活動といい、現場活動といい、その精力的な仕事ぶりにはいつもながら頭が下がる。ただ、かつてゼミを担当した老教員としては、ご両親のこれまでのお育てを想い、自愛されることを念ずるばかりである。真宗障害学の後進学徒である私は、本書の出版を心から謝するとともに、理論から実践へ、実践から理論へ――この双方向のたゆみない歩みを通して、いよいよ真宗障害学を深めて下さることを頼尊さんに期待し、筆を措く。

日本の風土に根ざした障害学の提唱

堀　正嗣（熊本学園大学社会福祉学部教授）

「日本の障害学は、欧米の研究の紹介に過ぎない」との批判がある。私はこれに対して違和感を持ち、「日本の障害学は、日本の障害者運動の中から生み出された思想や価値に根ざすものだ」と反論してきた。日本と欧米の関係をどのように考えるかは、日本の障害学に突きつけられた重大な課題である。そうした課題と正面から向き合い、両者を架橋・融合し新たな地平を切り拓こうとする野心的な試みが本研究である。

八〇年代以降日本の障害者運動に大きな影響を与えてきたのは、アメリカの自立生活運動やＤＰＩに代表される国際的障害者権利運動であった。その後、日本の障害当事者運動は大きな発展を遂げ、各地に自立生活センターや生きる場・事業所等が設立されると共に、国・自治体の障害者政策に一定の影響を及ぼすまでになった。

一方、日本の障害当事者運動の源流とされる七〇年代初頭から展開された青い芝の会の運動は、欧米とは思想的基盤が異なっていた。欧米の運動は個人の権利主体性を前提とした人権思想に基盤を置いている。それに対して、生成期の青い芝の会の思想的背景は親鸞の思想、すなわち真宗思想にあるからである。

そして、八〇年代以降各地で発展した障害当事者運動は欧米と日本の両思想の影響を受けて展開しており、そこで援用されている欧米の自立生活運動の理念や方法の底流に、象徴的には真宗思想に表象されるような日本的平等観や共生観が存在しているという独自のスタイルを取っている。運動において東西思想が融合しているのである。

にもかかわらず、日本の障害学研究において、この東西思想の関係性及び統合可能性についての検討は、これまでほとんど行われてこなかった。そのような中で、障害学と真宗学の観点から「障害と自立をとらえる新たな視座」を構築しようとする頼尊さんの本研究は、この問題に正面からアプローチしようとするものであり、日本障害学に対して根源的な問題提起をなすものである。頼尊さんは、「向下的社会モデル」という独自の視座を構築することにより、この課題に迫ろうとしている。欧米の研究の紹介や応用を超えた、日本の風土に根ざした障害学を発展させるために、一人でも多くの障害学研究者が本書を紐解き、頼尊さんの問題提起と向き合っていただくことを願っている。

私が頼尊さんと出会ったのは、一〇年ほど前の障害学会であった。当時頼尊さんは、大谷大学大学院で真宗学を専攻する博士後期課程の院生であった。重度の脳性マヒ者で、浄土真宗の僧侶で、真宗学専攻の院生で、そして青い芝の会の研究をしている頼尊さんに強い感銘を受けたのを鮮明に覚えている。

私自身は大学院生の時に青い芝の会と出会い、介護に入ったことが、自分の生き方を変えるきっかけであった。障害者の方々から生き方と研究の立ち位置を教えていただいた。その意味で、青い芝の会は私の原点である。そして私の思想的な原点は、青い芝の会に大きな影響を及ぼした親鸞思想にある。熱心な檀家に生まれ、幼少期から真宗に触れていたことが背景にある。また恩師である故鈴木祥蔵先生が、『親鸞と人間解放の思想』（明石書店 1999）という著書も書いておられ、親鸞思想に深く共鳴しておられた影響もある。そして、「能力の有無を超えた人間の根源的な平等と共生」を希求していた私にとって、最も深い所からそれを肯定し根拠づけてくれるのが親鸞の思想であると思えたのである。そこで、『歎異抄』、『教行信証』、親鸞について書かれた書物等から、私は少しずつ学び、障害学とどのように結びつけることができるのかを考えていた。

この点で頼尊さんは私と全く同じ問題意識を持っておられると感じ、論文を読ませていただいたり、障害学研究会九州沖縄部会で報告をしていただいたりというおつきあいが始まった。そうした中、思いもよらず、「熊本学園大学大学院で真宗学と障害学を架橋する研究を行いたい」とのご相談をいただいたのである。

私にこのテーマについて指導する力があるかどうか躊躇しつつも、頼尊さんの熱心さと、研究テーマの重要性に心動かされ、二〇〇八年より一緒に勉強させていただくこととなった。それから六年の歳月をかけて、頼尊さんは研究を完成された。この間、二〇一〇年一二月の滋賀県長浜市のＣＩＬだんないの立ち上げに奔走され、事務局長に就任されるという大きな出来事があった。そうした中で、多忙を極めておられたり、体調を崩しておられたりして、研究を進めることができない時期もあり、大変心配した。さまざまな困難を乗り越えて研究を完成された頼尊さんに敬意を表したい。早朝からスカイプで議論し合ったり、雪の長浜でお会いしたことを懐かしく思い出す。

本書は、真宗学と障害学の観点から従来の障害観・自立観をとらえ直し、障害と自立をとらえる新たな視座である「向下的社会モデル」の構築を試みるものである。「向下的社会モデル」とは、障害（disability）を社会的抑圧ととらえるイギリス障害学のパラダイムを、真宗学における絶対的平等観により深化させたものである。そして、その視座から、ＣＩＬ運動の新たな展開の可能性について事例検討を通して構想している。

本書の中でも、特に私が注目したいのが第三章・第五章・第六章である。第三章では、日本には本来的に真宗の思想に基づいた障害者自立生活運動があったということを「青い芝の会」の思想を究明することで明らかにしている。青い芝の会生成の基盤となったマハラバ村という「名」そのものに念仏村という意味合いがあることを示し、マハラバ村の思想が「青い芝の会」の「テーゼ」として展開される思想にどのように影響を与えたのかを考察している。真宗思想の影響の下に展開された「青い芝の会」の自立生活運動の検討を通して、「われら」という根源的平等観・共生観に立つ真宗思想が、自立生活運動をどのように根拠づけているのかを明らかにしている。これは日本の障害者運動と障害学の源流である青い芝の会の評価に再考を迫るものである。

第五章では、親鸞の宗教改革性は「さとり」から「救済」へという存在論的転換にあるとし、その救済観の核心は「地獄に生きる」という言葉に代表される「向下的救済観」であると分析している。さらに、親鸞の「すでに」という言葉をキーワードとして、他力的社会観・横超的社会観としての向下的共生社会の概念を提示している。また、向下の思想は、「一如」という本来的な共生思想を自覚する思想であると考察している。このような考察を通して、「向下的社会モデル」という視座の構築を試みている。

第六章では、向下的社会モデルと障害者の自立生活との関係性を考察している。「青い芝の会」の運動をはじめとする日本の障害当事者運動の障害観を追っていくと「障害の受容から、いのちの本質的平等性の頷きへ」という展開をうかがい知ることができ、この点は向下的社会モデルにおける絶対的平等観と共通の地平に立っていることを考察している。

思想的苦闘を通して頼尊さんが紡ぎ出した新たな視座は、日本の障害学のみならず、世界の障害学にとっても大きな貢献をなすものであると私は考える。世界を席巻しているグローバリズムと新自由主義的政策は、他者と無関係な「個人」へと人間を還元し、「孤立」を強いるものである。そうした中で、実利主義・自分本位主義・格差・貧困・社会的排除が際限なく広がっている。そして、障害者の存在そのものを否定する「出生前診断」や「尊厳死」の法制化、障害関係予算や生活保護費の削減、就労を通しての社会参加の強要、等の動きが広がっている。こうした動きに対抗していくためには、「個人の尊厳・自立」に価値を置いた欧米の思想だけでは限界があり、日本の障害者運動が生み出してきた「共生の思想」に根ざすことが必要であると考えるからである。そうした観点からすれば、頼尊さんが提唱する「向下的社会モデル」は「共生の思想」を普遍的な原理として世界に発信していくツールたり得るものだと私は考える。頼尊さんの研究が起爆剤となって、こうした方向での研究が進むことを願っている。

頼尊さんは、これからの日本の障害者運動を担う新しい世代として期待されている。それと同時に障害学の新たな可能性を拓こうとする気鋭の研究者でもある。この研究に寄り添わせていただく中で多くを学ばせていただいたことを謝し、頼尊さんが障害学と障害者運動を繋ぎ発展させていただくことに希望を託し筆を置く。

真宗学と障害学——障害と自立をとらえる新たな視座の構築のために　目次

第一章　障害者福祉政策の変遷における障害観と自立観

第二章　真宗から見た障害観と自立観

第三章　「青い芝の会」の思想による障害と自立の問い直し

第四章　障害観・自立観の変遷と社会モデル

第五章　障害と自立をとらえる新たな視座の構築

終　章　本研究の切り開いた地平と新たな課題

補遺編

凡例

一、親鸞の著作、及び『歎異抄』は『定本親鸞聖人全集』（法蔵館）を用いた。

一、親鸞の著作の内『顕浄土真実教行証文類』については『定本教行信証』（法蔵館）を用い、必要がない限り『教行信証』と略記した。

一、引用文に関しては、原典が漢文のものは、必要がない限り、引用文献の加点に従い、書き下し文にし、適宜仮名を補った。

一、旧漢字は特別な必要がない限り新漢字に改めた。

一、人名の表記に関しては、原則として敬称を略した。

一、引用文に、必要な箇所については、傍線を入れた。

一、引用文は、紙面の都合上、必要がない限り改行等を省いた。

一、引用文に漢数字が用いられている場合、適宜、洋数字に改めた。

一、引用文は、中略したところがある。また、本論中では中略を用いたが、論文の内容把握にどうしても必要な箇所は、注で補った。

一、法律名、政府省庁名など、名前に変化がある場合、現在用いられている名前よりも、論述の内容で言われている当時に用いられていた公式名称を重視した。

一、団体名等で、正式名称より略称が一般的に常用される場合、特殊な用例を除きそれに随い、略表記を重視した。

本研究の立場と概念規定

第一節　本研究の問題意識と方法――真宗学と障害学の結合

本研究においては、真宗学と障害学の観点から従来の障害観・自立観をとらえ直し、障害と自立をとらえる新たな視座の構築を試みる。そして、その視座から、障害者自立生活運動の新たな展開の可能性について事例検討を通して構想する。

本研究では、障害と自立に関する新たな視座の構築にあたって、真宗学と障害学に依拠している。真宗学からの障害研究は宗教福祉に属するが、わが国では「宗教福祉」というと、一般的な社会福祉理論より「劣るもの」として考えられている場合が少なくない。なぜなら、宗教は「特定の同信の共同体だけに通じるもの」というイメージが形成されてきたからである。また、日本に東京帝国大学が開学されて以来、初期の大学教育においては、たとえばフェノロサなど「お雇い外国人」による英語での授業が中心であり、西欧の学問が進歩的なものと考えられてきた。しかしながら、東京帝国大学で英語で講義されていた西洋哲学の多くもキリスト教との受容や対話や対決のなかで生まれたものである。

同様に、仏教をはじめとする世界宗教は、本来的には信仰を一とする狭いコミュニティ内で通用する理論ではなく、普遍的宗教哲学である。つまり、四大宗教と呼ばれるいわゆる世界宗教は、特定の部族や民族に伝播したものではなく、世界人類の普遍的救済をその教義のベースとしている。だからこそ、洋の東西を問わずして、宗教をベースとした哲学が生まれてくるゆえんになるのである。

今日、社会福祉学の一領域として仏教社会福祉学が学術的に成立根拠を得ているのは中垣昌美（1998）の仏教社会福祉学の学的成立根拠に関する研究に詳しい。また、これまでの仏教社会福祉の先行研究を大別すると、たとえば、吉田久一（1989）や長谷川匡俊（2007）の研究に代表されるような事業史などの歴史研究の分野がある。次に田宮仁（1994）、朴光駿（2012）などの研究に代表される仏教社会福祉思想の研究がある。さらに、たとえば、田宮仁（2007）の研究に代表される仏教看護やビハーラ（仏教版ホスピス）活動などに見られるような医療・ターミナルケアに関わる研究の分野がある。そして、西光義敞（1988, 1996）の研究にみられように、仏教と対人援助（含、カウンセリング）に関する研究群などに大別できる。また、それらの研究のアプローチに着眼して分類すると、通仏教的な研究と特定の宗派を念頭に置いた研究にさらに分けることができる。

このように、仏教社会福祉といっても、幅広い学問領域であり、「日本仏教社会福祉学会」という専門学会が設立され、すでに半世紀が経とうとしている。それらの大部な研究を網羅的にレビューすることは困難であるが、本研究は日本仏教社会福祉の領域区分のうち障害者福祉の領域に入る。そして、本論文の前半部分は，中でも歴史・思想史研究に該当し、後半部分は思想研究に該当する。また、研究アプローチとしては、親鸞思想をその淵源となす真宗学という宗派的要素が強いアプローチを用いる。しかしながら、それは、一派の教学や教化論をこえて、親鸞思想を一派の信仰の対象という視点ではなく、思想・哲学の対象として広義的に捉えることによって、一般思想としての親鸞思想を発想のヒントとして、より普遍的な、かつ日本的な福祉論の構築を目指すものである。

また、本研究においては、障害学の立場から研究を行う。日本の障害学は、一九九九年頃から英米の障害学（Disability Studies）の翻訳や紹介という形で、日本に登場してきたが、それ以前から日本の障害学の思想や理論が存在していた。それらの諸議論は、「障害学」という言葉は使っていなかったが、障害の問題を個人の問題ではなく、社会的抑圧という社会のあり方の問題として考え、そこからの解放をめざそうとしていた。従来の福祉研究と異なり、「抵抗する学」であるという点に障害学の独自性があると考えることが可能である。また、「障害の社会モデル」を基軸として、障者問題を新たな視座で問い直していこうという学問領域である。この社会モデルの視座は、障害問題を個人の悲劇や個人の抱える問題に還元する個人モデルに対し、障害問題を社会的抑圧の理論として捉えたものである。そのような意味においては、個人のレベルから社会モデルに視座を移すことで、障害観・自立観がコペルニクス的転回をしたといえる。

また、日本における障害学の研究をレビューすると、日本に英米の障害学がわかりやすい形で伝えられたのは、石川准ら（1999）ではないだろうか。無論、「障害学」という名こそ使われてこなかったが、それまでにも安積純子ら（1990）や堀正嗣（1997）等は、障害問題を社会的抑圧の理論として捉えたものであり、日本の障害学の嚆矢と呼べる研究である。また「青い芝の会」の運動という障害当事者運動のごく初期に、障害の問題を個人の問題ではなく社会的抑圧という社会のあり方の問題として考え、そこからの解放をめざした運動があったことを、横塚晃一（1975）は如実に示している。また、その後の研究については後に詳細は述べるが、マイケル・オリバー（2006）やコリン・バーズら（2008）など洋書が翻訳・出版された。そして、杉野昭博（2007）や星加良司（2007）など、障害学の本格的な総論的研究がなされるようになった。それと同時に、倉本智明（2005）や堀正嗣（2012）など、前者はセクシュアリティと障害学、後者は共生と障害学のように、総論や翻訳ではない障害学による新たな研究の地平が生み出されてきている。

このように、日本における障害学は、石川准ら（1999）の研究から、約一〇年の歳月の間に飛躍的に進化し、発展してきているといえる。本研究が、それらの研究成果に学ぶことは、従来の仏教福祉が欠落させてきた「社会」という問題を明確化することにつながる。この障害学の対象範囲はあらゆる学問領域及ぶが、社会問題として障害者問題への「障害の社会モデル」に依拠した研究においては、社会学を中心とした社会科学的研究方法が主要なものである。他方、宗教である真宗の倫理・思想は、本来的には社会分析の方法を持ち合わせてこなかった。つまり、真宗思想は、親鸞思想をベースとして、個人がどのように宗教的救済を受けるかというところに焦点がある。それ故に真宗学と障害学は、思想的・理論的基盤と研究方法が大きく異なる。それ故、両者の間には矛盾的対立と葛藤を生む。しかしながら、「解放の神学」と同様に、真宗の倫理・思想を基本にして、障害へのアプローチや社会分析の方法として障害学を援用することはできると考える。そこで、本論文においては、障害学と真宗学という二つの観点から、障害と自立をとらえる新たな視座を考えていきたいのである。

なお本研究は障害と自立をとらえる新たな視座を構築するための理論研究であり、先行研究と資料の分析を通して論述を進めている。分析方法としては、真宗学の宗教学的分析方法と障害学の社会学的分析方法を援用している。本研究は障害と自立のとらえ直しを媒介にして真宗学と障害学と結合しようとするものであり、必然的に価値に関する研究と社会的事実に関する研究の双方を含むからである。

第二節　本研究の概念規定

第一項　真宗

それでは、親鸞は、「真宗」という語をどのように捉えていたのであろうか。親鸞（『定本教行信証』：

68）は『教行信証』の中で、「真宗」いう言葉を善導の『往生礼讃』、『観経四帖疏』散善義、法照の『五会法事讃』の文から次のように引用されている。

かるがゆえに宗師、「光明名号をもって十方を摂化したまう。ただ信心をして求念とせしむ」（礼讃）と言えり。また「念仏成仏これ真宗」（五会法事讃）と云えり。また「真宗遇いがたし」（散善義）と云えるをや、知るべし、と。

ここでは、中でも、法照の『五会法事讃』の引文である「念仏成仏これ真宗」という言葉に注目したい。この言葉は、「念仏によって仏になることが真宗である」という意味であるが、「行巻」（『定本教行信証』：51）で次のように引文を受けて引用されている。

『仏本行経』に依る。　法照
何者をか、これを名づけて正法とする。　もし道理に箇らば、これ真宗なり。
好悪今の時、須らく決択すべし。　一一に子細朦朧することなかれ。
正法よく世間を超出す。　持戒座禅を正法と名づく。
念仏成仏はこれ真宗なり。　仏言を取らざるをば、外道と名づく。
因果を撥無する見を、空とす。　正法よく世間を超出す。
禅律いかんぞこれ正法ならん。　念仏三昧これ真宗なり。
性を見、心を了るは、すなわちこれ仏なり。　いかんが道理、相応せざらん。略抄ここでは、「仏の道理に依るならば、それは真宗である」、「念仏を三昧の精神を持って称えることが真宗である」と述べられている。このご自釈と、引文からも見て取れるように、親鸞は「真宗」という語を宗派（セクト）の名前として表現されているものではない。ここで述べられている「念仏」とは、『歎異抄』（『定本親鸞聖人全集』Ⅳ―言行篇：6）において、「他力真実のむねをあかせるもろもろの聖教は、本願を信じ、念仏をまふさば仏になる」、つまり「本願を信じ、念仏をまふ」すところに、「真宗」が開かれていくという仏道なのである。親鸞の述べる念仏とは、訳のわからない呪文を唱えることではない。自分の行った行為（自力）だけに注目するのではなく、自分を包む関係性（縁）に注目し、その関係性の結果において自分の行為が成り立つと考える（他力）こと自体を「念仏」というのである。この時、「仏」とは、絶対的他者の存在であるが、実物神ではなく、「あらゆる関係性（縁）」そのものを仏と総称するのである。それは、阿弥陀仏の木像や絵像にすがるわけではないのである。要するに、縁に頭を下げることが念仏なのである。このように、親鸞における「真宗」の語は、特定の宗派（セクト）の教理を明らかにするものでない。言い換えるならば、縁起という仏教哲学のまこと（真）のむね（宗）をどこまでも明らかにしていこうとする道程であると考えられるのである。このことは、前節の「学派としての宗」ということと一致している。

本稿で述べる「真宗における障害者社会福祉の考え方」とは、特定の宗派における社会福祉理論をあきらかにしようとするものではない。親鸞が仏教の「まこと（真）のむね（宗）」をあきらかにしようとして撰述された『顕浄土真実教行証文類』（『教行信証』）のように、日本的共生論を「真宗」という視座を用いることであきらかにしたいのである。

第二項　障害学

本稿での障害学は、マイケル・オリバーを中心とするイギリス障害学の諸議論と、「青い芝の会」を中心とする日本の障害学の議論の双方をもって考えたい。イギリスにおける社会モデルの具体相は、隔離に反対する身体障害者連盟（ＵＰＩＡＳ）の思想に代表される。このＵＰＩＡＳは、福祉施設で暮らしていたポール・ハントの同団体結成の内容を示した手紙が新聞に掲載されたことに端を発する。ＵＰＩＡＳ（マイケル・オリバー 2010：45-46）は次のような見解を明確にした。

身体的インペアメントをもつ人々を障害者にさせているのは社会である。障害とは、私たちの身体的インペアメントに加えて、不必要に孤立させられ、社会への完全参加から排除されるという方法で、強制されているものである。

この思想がイギリス型社会モデルのベースとなった。それは、それまでのステレオタイプの障害観から自己選択・自己決定できる社会へと社会変革をし、受け身の姿勢だった障害者の思想や生活を一変させる思想であると考えられる。言い換えるならば、イギリス型社会モデルは現状と社会構造の変革に主眼がおかれていると言える。

日本型社会モデルは、第三章で詳述する「青い芝の会」の綱領（テーゼ）を中心とした、健全者への告発行為である。「青い芝の会」のテーゼでは、「発達の有無」云々と言う前に、「人間として生まれている」という歴史的事実そのものに「いのちの平等性」を見いだした（横田 1979：114-123）。つまり、青い芝の会の「テーゼ」は、健常者の身体の姿を優生と定め、脳性麻痺者の身体を劣生として、脳性麻痺者を「治療の対象者」としか見ていかない「医学モデル」の考え方に対して、障害の有無を越えた「いのちの平等性」を見いだしていったのである。このような「無条件の平等性」に依拠して、障害者の苦悩や生きにくさの根源を社会の問題として告発しようとした視座を「日本型社会モデル」と言うことが出来る。本論文においては、特に日本における重度の脳性麻痺者と社会モデルの関係性をあきらかにした上で、論究したい。

第三項　障害

このような、イギリス、日本の社会モデルから考えると、本研究において、障害は、インペアメントを指すのではなく、ディスアビリティ（社会的抑圧）を指し示すものとして考える。ＵＰＩＡＳ（1975）は、インペアメントとディスアベリティについて、次のように定義している。

私たちの観点では、身体的インペアメントをもつ人々を障害者にさせているのは社会である。障害とは、私たちの身体的インペアメントに加えて、不必要に孤立させられ、社会への完全参加から排除されるという方法で、強制されているものである。このことを理解するには、身体的インペアメントと社会的な状況、つまり身体的インペアメントをもつ人々の「障害」とを明確に区別する必要がある。したがって私たちは、インペアメントを手足の全部あるいは一部の欠損、もしくは手足や身体の臓器や機能の不全と定義し、ディスアビリティを活動の不利や制限であり、それらは現在の社会の仕組みが身体的インペアメントをもつ人々について、まったくあるいはほとんど考慮していないために、社会の主要な活動からそうした人々が排除されていることと定義している。それゆえに、身体的な障害は社会的抑圧の特定の形態であると言える。

ＵＰＩＡＳは、ディスアビリティを「活動の不利や制限であり、それらは現在の社会の仕組みが身体的インペアメントをもつ人々について、まったくあるいはほとんど考慮していないために、社会の主要な活動からそうした人々が排除されていることと定義」している。本稿において「障害」は、このようなUPIASをはじめとするイギリス社会モデルの視座に立ち、障害とは、社会の構造によって構築されるものであると考える。つまり、インペアメントの軽減・除去による障害の改善・解決を目指すのではなく、ディスアビリティ（社会的抑圧）の軽減・除去による障害問題の改善・解決をはかろうとし、考察を深める論文である。そして、その社会が生み出した社会的抑圧の除去による共生社会の具体像を主眼において、本研究では考察を深めたい。

第三節　真宗学・仏教福祉学における先行研究の検討

第一項　仏教学・仏教福祉学・真宗学の現況

仏教とは、基本的には、古代インドにおいて、釈迦族の皇子として産まれたゴータマ・ブッダ（仏陀：紀元前四六三〜三八三）が、覚り（成道）を開いた端を発すると言われている。しかしながら、仏陀の成道のみをもって仏教とするのは大変狭義なものになってしまう。そもそも、仏陀在世から入滅後までは、仏陀の教えは多くの仏弟子たちによって暗唱され、口伝で伝えられていた。しかしながら、口伝という方法での伝播には限界性があり、仏陀面授の摩訶迦葉（まかかしょう）を中心に長老五〇〇人が集まり、互いに記憶している教法を整理確定していった。これを第一結集という。仏陀滅後一〇〇年の折、第二結集が行われたが、そこで仏陀の言葉を表面的に金科玉条としてとらえる保守派と、その意味内容を言葉にとらわれず求めようとした進歩派との対立が起き、仏教教団は大きく分裂することになる（根本分裂）。その後アレキサンダーのインド東方遠征の影響もあり、仏教もギリシャ文化の影響を受け、主にガンダーラ地方で初めて仏像が作られるようになる。少なくとも紀元前一世紀ごろには、大乗仏教運動がインドに起こったといえる。

このような仏教は、紀元後一世紀頃になるとシルクロードを経て中国に輸入されていく。主にサンスクリット語で書かれた経典は、中国語に翻訳（漢訳）されることになる。翻訳といっても、現在、最も手軽な大蔵経として知られる『大正新脩大蔵経』には、インド、中国、日本で書かれた経・律・論の三蔵が二九二〇収録されている。それなかで一六九二がインド撰述の三蔵だとされている。無論、『大正新脩大蔵経』に収録されていない経典もあるので、実際にはそれ以上の三蔵が翻訳されている。

しかしながら、長い歳月と多くの議論の末、仏教経典が成立していったインドの模様とは異なり、玄奘などの三蔵法師によって、インドでの約四〇〇年間に成熟していった経典が三蔵法師によってもたらされることになる。そのなかで、同じ経典でも、サンスクリット語の原本自体が変化していたり、その他の事情で同じ経典が複数回にわたって翻訳されたり、経典の成立年代によって、経典の内容も大きく変化しているので、その内容を整理し、独自に位置付け直す必要があった。また、中国には、諸子百家といわれる多様な思想や、学識が古くから存在した。そのような土壌に仏教が伝播すると、たとえば儒教や道教など古くから中国に存在した思想と仏教は互いに影響し合う中で、仏教の本質をより明確に表現する必要があった。その意味において仏教は中国で、独自に発展を遂げるようになる。それ以来、玄奘三蔵に至るまで約六〇〇年間仏教経典の翻訳活動は続く。そのような中で、次第に、仏教の全体像があきらかになり、翻訳のルールが明確になってきた。また、仏教経典の翻訳活動といっても、初期経典が必ず先に翻訳されたわけではなかった。訳経僧である三蔵法師の出身地で盛んに学ばれていた経典が中国にもたらされるわけで、どのような経典が翻訳されるかは、訳経僧たちの一方的な活躍に依存せざるをえなかった。また、サンスクリット語や西域諸国の言語は漢語とは文法や発想が異なっていたことや、中華意識高い民族性などの影響によって、原典が一度翻訳されると翻訳された経典を重視し、サンスクリット原典などが顧みられることはほぼなかった。

このような中で中国仏教はインド仏教とは異なり、インド仏教の歴史の中で発展してきた経典が、それらの発展の歴史に関わりなく中国に流入してくるので、当然のことながらそれらの異なる教説を巡って多くの困難が生じた。つまり、インド仏教では、仏陀の教えを直接伝えたり（南伝仏教）、インドの仏教思想を忠実に伝えたり（北伝仏教）したのに対して、中国仏教では教説を巡って混乱の中で、漢文文献を基にして緻密な仏教思想が形成された。また、念仏や禅などのような人間の現実を直視する極めて主体的な信仰運動が勃起したのである。

つまり、中国仏教においては「仏教とは何か」と学問研究することが仏教の要であった。それは小乗経典や大乗経典の主だったものが紹介されたのちにも大きな混乱が生じている。中国仏教では、インドでの経典の成立の事情に関わらず、多様な教説のすべてを「仏陀の直説」として受容していたので、経典間の教説の大きな差異をどのように考えるかが大きなテーマとなった。それは、個々の経典の内容を理解するにとどまらず、仏教を全体的に把握し、そこから個々の経典を仏陀の生涯において説かれた教えとして、その教示された順序次第どうであったのかを関係づける作業が必要であったといえる。この作業を「教相判釈」といい、中国仏教における最大にして最も固有な課題であった。中国仏教の歴史は、まさに教相判釈の歴史といってほかならない。この教相判釈という行為は、「仏教学」の最も原初的な行為である。

教相判釈の歴史は、経典を研究するグループを生み出す。教相判釈によって仏教の教説のうちで、最も要となる教説とは何かという議論が起こる中で、各グループが中心的に学究していこうとする教説を明示した。その中心となる教説を「宗」として探求した。つまり、宗とはグループ（学派）の名前であって、現代的な宗派を意味するものではなかった。それは、一人の僧侶が複数の宗に属し、仏教の本質とは何かを究明することも稀れではなかった。

このような中国仏教の歴史は、日本に仏教が伝来しても同じようなことが行われた。まず、仏教と日本古来の八百万の神々との関係性を巡って、本地垂迹説が作り出された。これは、中国から流入した仏教思想と日本古来の思想との関係性を究明する行為であったといえる。奈良時代になると、経典を研究するグループとして六つの学派が中国から伝来される。これが東大寺や興福寺を中心とする南都六宗である。

また、飛鳥時代から奈良時代、それ以降に続く仏教の大きな潮流のひとつに鎮護（護国）仏教的要素がある。鑑真が来日して東大寺に戒壇院が建立されて以来、僧侶は官僧として活躍した。つまり、仏教と政治が密接な関係を持ち、朝廷の国家支配に仏教は多く利用されたのである。それは、中国仏教でも、北魏仏教から始まる北朝の伝統として、異民族を支配し、民衆の宗教的感情を充足させるために仏教が用いられたという歴史があり、日本的仏教の伝統とは言えない。

平安時代に入ると、最澄が比叡山に延暦寺を建立し、日本で天台宗を広める。そもそも天台宗とは中国の智顗が『法華経』を中心として研究するグループとして、天台山に開いた学派である。最澄は入唐して中国天台を学び比叡山に『法華経』の学場として延暦寺を開いたのである。また同じくして、中国で真言密教を学んだ空海は、真言宗を高野山に開くのである。真言宗の綜藝種智院（後の種智院大学）に代表されるように、比叡山の高野山も各学派の学場であっただけではなく、仏教をはじめとする総合的な学問場であった。それは、「院政」に代表されるように政治学をも含んでいたといえる。また、日本に仏教が伝来して以降、鎌倉仏教の勃興までを鎮護国家仏教が仏教の主流であったというイメージが強いが、中国仏教以降、日本においても鎌倉仏教の勃興までは、学派仏教的要素がひじょうに強かったといえる。

鎌倉時代に入ると、鎌倉仏教が勃興する。彼らの仏教の独自性は、仏教の庶民化・世俗化・単純化と言われるが、その内実は、これまで述べてきたような教相判釈を中心とした高遠な仏教学や総合的な学問からいったん退き庶民の救済に主眼をおいたところにあるといえる。無論、親鸞をはじめとする鎌倉仏教の祖師たちは、主著の中で教相判釈を行っている。その教相判釈を表に表さず教えを単純化したところに鎌倉仏教の真骨頂がある。

しかしながら、鎌倉仏教の祖師たちの没後、残った弟子たちが祖師たちの教えとは何だったのか、天台の学びとどのように異なるのかを明らかにする必要があった。つまり、弟子たちが天台学を学び、それぞれの宗祖の教相判釈と比較研究が盛んに行われるようになる。無論、このような弟子たちの学びは、彼らの教化活動と並行して行われたが、それらの学びの成果は民衆には、伝えられることは少なかった。

しかしながら江戸時代に入ると状況は一変する。この頃になるとそれまで学問グループを象徴する「宗」が、現代的な宗派を表す意味に内容が変わっていった。一向一揆をはじめとする宗教一揆の勃発を恐れた幕府は、寺社奉行を中心として各宗各派に教相判釈を積極的に学ばせて、各宗各派の教えの違いを明らかにさせる政策をとった。これを江戸宗学という。江戸宗学では、宗乗つまり宗祖についての学問、余乗つまり宗祖についての学問以外の仏教学全般、外学つまり仏教学以外の学問の三つの学問体系によって形成されていた。無論、浄土真宗においての宗乗は真宗学の祖型となる。この三つの学問体系は、江戸時代に突然わき起こった区別ではない。中国仏教からの教相判釈の伝統を引き継いでいる。

明治時代になると、文明開化とともに南条文雄らによって西洋のインド文献学を中心とするいわゆるサンスクリット仏教学が流入する。それはこれまで余乗として中国仏教学を中心としてきた仏教学に対して西洋の文献学に基づく初期仏教の研究に日本に紹介されたといってほかならない。つまり、宗乗に対して余乗であった仏教学が、宗乗とは関係なく、サンスクリット原典と照らし合わせて仏陀の教えとは何だったのかを改めて究明する学問へと成長を成し遂げた。一方で宗乗は真宗の場合は真宗学と名を改めただけではなく、仏教学の手法取り入れ、宗祖の筆跡研究など、江戸時代にはあまり関心がもたれなかった文献学の手法を用いての宗祖研究がなされるようになった。

その後、一九三〇年に日本宗教学会が設立され、その趨勢を受けて、インド哲学と仏教学という分野で全国学会としての学会組織を成立させようという意図で日本印度学仏教学会が一九五一年に創立される。この日本印度学仏教学会が日本における日本における仏教学の拠点的学会となり、今では同学会が会員数約二四〇〇余名を擁する、人文社会系の学会としては日本で最大規模の学会となっている。

その日本印度学仏教学会であるが、一九六六年、日本印度学仏教学会の第一七回学術大会が開かれ、その場において、「応用仏教学」部門が新設されることになったのを機会に、かねて仏教社会事業の研究と推進とに関心を持っていた関係者が蹶起して日本仏教社会福祉学会を設立することとなった。同学会の設立趣意書には「我々は、仏教社会福祉の学術的研究を進めるとともに、社会福祉施設や社会福祉に関係づけられている多くの人々の経営や生活の中に、仏教的なあり方を究明し、把握し、さらにこれを実践的に普及啓発して、姿ないし状態そのものが仏教によって生かされてゆくように望みたいのである」と設立に込められた思いが記されている。この日本仏教社会福祉学会の発足によって、仏教学を中心とする日本印度学仏教学会、仏教社会福祉学を中心に研究する日本仏教社会福祉学会と暗黙の棲み分けがなされているといって過言ではない。

そのような仏教学、仏教福祉学の研究の潮流とは別に宗乗（真宗学）の学問的系譜は仏教学の影響を受けつつも、独自の系譜をたどってきた。江戸時代の宗教施策によって各宗各派に檀林（学寮）が設立される。真宗大谷派の場合は一六六五年に学寮の設置が認可され一七一五年には西福寺恵空が学頭（講師）に就任し、毎年、夏安居を催し、著名な学僧を排出した。大谷派の学寮は、京都高倉の地にあったことに所以し、「高倉学寮」と呼ばれているが、この高倉学寮が、一九〇一年に大谷大学の前身となる真宗大学が開学するまで、大谷派における宗乗を支える学場として展開する。高倉学寮では、講師、嗣講、擬講という職制が敷かれ、講師を中心とした学問体制が成立していた。

そのような学事体制は、一九四一年、講師の職制を持つ者の研鑽を目的とした真宗同学会が真宗学の学会としてスタートする。一九九三には、擬講以上に会員の対象範囲を広げ、真宗教学学会として再スタートする。この真宗教学学会は、大谷派内の学会であるが、宗乗（真宗学）の専門学会として機能している。そこには、教相判釈を中心とした宗学の伝統が息づいているといえる。また、真宗教団の連合体としては、真宗連合学会を催している。

第二項　仏教福祉学における先行研究の成果と課題

日本において仏教社会福祉学会が結成されて半世紀が経とうとしている。もちろんその間に多くの研究論文が執筆されたことは言うまでもない。その中でも、本研究と直接関係がある三つの論考を取り上げて考察したい。

はじめに、中垣昌美（1998）の研究が挙げられる。それまでの仏教福祉研究は、仏教教団や各寺院の社会事業史であったり、仏教者における篤志あるいは社会活動思想研究が主であったりした。中垣の研究は、仏教社会福祉学を学術研究の領域とて、改めて定義することにあった。つまり、社会科学としての社会福祉学の一領域として、仏教社会福祉学を定義づけ、それまで明確になっていなかった仏教社会福祉学の学的方向性を改めて明らかにした研究といえる。その点で、仏教社会福祉学における中垣の功績は絶大なものである。また、中垣の仏教思想のベースは、真宗思想にあるといえる。しかしながら、中垣の研究の中で仏教（真宗）思想についての学術的確かめは不明確な点も散見できる。それは、中垣が親鸞の原著に論拠を求めるのではなく、特定の地域の真宗の信者（門徒）の習俗的慣用語意が、あたかも親鸞の考えかのように書かれている点において、学術的根拠が不明瞭と言える。また、この研究では、仏教社会福祉学としての障害者福祉という観点では、詳述されていない。

次に長上深雪（2008, 2012）の研究があげれられる。これらの研究は文部科学省のオープン・リサーチ・センター整備事業の中の龍谷大学「人間・科学・宗教ＯＲＣ」のユニット3の研究成果報告である。一連の研究群は仏教社会福祉学における諸研究の到達点を明示する意味では、大きな意味があったといえる。しかしながら、このシリーズでも、障害者福祉という観点では、「東大寺整肢園について」という事例紹介のみで、仏教社会福祉学としての障害者福祉については、明確な示唆がない。

最後に、朴光駿（2012）の研究について考察したい。朴は、本書の第七章を「ブッダの業報輪廻観と仏教的障害者観」として、仏教社会福祉学における障害者福祉観についてかなりの紙数を割いている。先行研究の中では、もっとも綿密に述べられているといえる。論旨としては、原始仏典を用いて、現在より過去に向かう業報輪廻についてはブッダは説いていないとし、現在から未来に向かう業報輪廻の考え方が望ましいとした上で、現在の障害をあるがままに受け入れることは、障害の克服に導くと論じている。この「業報輪廻」の思想とは、人間は生前の行い（業）に応じて、生まれ変わり死に変わりする存在であるとする思想である。古代インドよりこの思想は、カースト制度を思想的に裏付ける思想として用いられてきた。朴は、このカースト制度の源流となった「現在より過去に向かう業報輪廻」、つまり現世の苦しみは、前世の行いの結果であると考える考え方を否定し、「現在から未来に向かう」方向性のみが望ましい考え方であるとしている。そして、障害を代理苦痛論として考え、特定疾患の罹患者を、衆生の苦痛を代わりに背負っている菩薩の姿に重ねて見ることが、最も仏教的な障害者観であると結論づけている。この考え方は、これまでの高石や中垣の研究は参考文献として掲載されているものの、理論形成に参照された形跡は認められない。また、障害者権利条約などの権利に関する法制度などは全く触れられていないという限界がある。

これら仏教社会福祉学の研究を総括すると、仏教社会福祉学の観点から障害問題について論述したものは、朴のものしかないと言える。しかしながら、その研究も個人モデルの範囲内にとどまっており、社会モデルや障害者権利条約などと照らし合わせてどのような意味があるのかについては全く議論されてこなかった。これらの総括点から、社会モデルに立脚した仏教社会福祉の研究が必要であると指摘できるのである。

第三項　真宗学における先行研究の成果と課題

真宗学は、教相判釈の学問であるため、真宗学においては、「真宗における障害者福祉」に関連した研究は極めて少ない。障害者福祉ではなく、終末期医療の関連書で、田代俊孝（2004）がある。本研究は、真宗学とデス・エデュケーションの立場から検討がなされたものである。本研究において、親鸞の生と死という観点から終末期医療や真宗医療・ビハーラを見つめたものである。田代の研究は、親鸞や、真宗教学の伝統において、死がどのようにとらえられてきたのかを明確にし、「生と死」について真宗者が向き合おうとする時の方向性を明確にした。この研究において、真宗におけるデス・エデュケーションへの立場とその研究方法が明確になった。それと同時に田代の研究の中心課題からは離れるが、田代の研究を援用すると、仏教看護や仏教版ホスピスであるビハーラにかかわる領域について、真宗学から考える方向性が明確になるという副次的成果がある。ただ、その研究対象は、個人のデス・エデュケーションにとどまり、ソーシャルワークや社会運動の領域については、研究の領域外となっている。つまり、どこまでも、個人の信仰、つまり個人モデルに収斂されていくような内容であることを指摘しておきたい。

次に、尾畑文正（2008）があげられる。尾畑の研究は、真宗の教学を明確にした上で、現代社会との関わりをまず考察し、その上で、靖国問題をはじめとして「真宗平和学」の構築を試みている。そして、『浄土論註』や流罪の記録文や、その他の文献から、真宗における性差別への視座と共生への視座を明確にしている。そして、「真宗仏教と社会参加」として、真宗大谷派が抱える現代的諸問題を考察している。特に、真宗大谷派における声明や部落差別をはじめとする差別の問題を明確にし、社会参加への方向性を、非戦平和運動に身を捧げた大谷派僧侶の植木徹誠を参考に見いだしている。そして「慚愧としての社会的実践」を明らかにしている。この研究は、先の田代の研究と異なり、真宗学や教団がどのように社会と関わりを見つめ、教団や真宗者がどのように社会参加していくことができるのかを主題として考えている。その点では、多くの社会問題や社会問題への真宗学の視座が明確になった。しかしながら、ここでも、障害者問題に関しては、部分的には述べられているが、靖国問題をはじめとして性差別問題、部落差別問題のような体系立てた理論は構築されていない。

このような背景の中で特出すべき研究は、高石史人（2005）である。本研究の中には、「障害者福祉における仏教者の立場」という一九八三年の論文と「障害者差別について──現状と課題」という一九九二年に行われた講演録が掲載されている。基になる論考自体は出版年よりかなり遡るものではあるが、真宗の立場からの障害者福祉観を主題として書かれたものは、本研究しかない。中でも特筆すべき点は、前者は、国際障害者年行動計画と、後者はADA法や横塚（1975）から横塚の袴田事件に関する記事を引用するなど、生存権の侵害としての障害者差別を明確化していることである。また、障害者の選別の根拠に社会の生産力水準、国家の支配秩序観や人間観・価値観、規範意識や慣習があることを明確化した。その上で、障害者差別を原理的、状況的に問題としうる教学の不在を論じている。一九九二年当時にあって、障害者差別を超克しうる教学の不在を明確に指摘している意味においては、上記の田代や尾畑の研究には見られない教学批判のあり方であるといえる。しかしながら、執筆年次が一九九二年ということで、国際生活機能分類や障害者権利条約等については もちろん記述されていない。なお、高石は、真宗学者ではなく社会福祉学者であるので本来は次項の先行研究群に入るべきであるが、二つの論文共に、真宗教学の関係紙に所収されているという関係上、本項目に取り上げた。

次に、筆者が二〇〇七年から二〇一三年にかけて発表した一連の研究がある（頼尊 2007a, 2011d）そこにおいて筆者は、それまで、応用真宗学の領域にあった仏教福祉を、親鸞研究の領域として考えることから始めている。親鸞の本願観や共生観を研究することによって、親鸞の「アラユル衆生」「われら」という視座に真宗における障害者福祉の原点があると考えている。また、その視座と、障害学の社会モデルの関係性を明確にし、真宗における障害者福祉の具体相を究明している。この研究は、高石の研究と異なり、真宗の教学の線上で障害者福祉の問題を究明した初めての研究である。その点においては、高石の指摘する「教学不在論」を超克したといえるが、社会政策としての障害者福祉という観点に欠ける側面がある。

最後に、難波教行（2011）の研究について述べたい。難波の研究は、真宗大谷派の僧侶らによって結成された障害問題を考える会である「共成会」についての研究といえる。難波は、同会の発足と歴史、活動意義などを端的にまとめている。そこで考えられている「共成会」の活動には、先で述べた頼尊の先行研究や障害学の議論が用いられており、難波は頼尊（2010d）を先行研究として取り上げている。また、頼尊の研究では、真宗における障害者福祉の考え方は論究されていても、その具体的な活動実践としては、明確になっていなかった。難波の研究は、「共成会」という具体的な活動団体を対象として考察することによって、ひとつの活動実践論を論じられている点では、特筆すべきであろう。

このような真宗学の研究の現状を総括すると、真宗学における先行研究は数が少ないことが言える。中でも、教学と実践のバランスについては、これまでも議論がされてきており、その連関がかなり難しい関係性にあることは、これまでも多くの先行研究で議論されてきていると言える。その中でも難波（2011）

の研究が最も成熟した議論と思われる。これらの総括点からも、「真宗における障害者福祉」の議論が真宗学に立脚しつつも社会科学として論じられる必要があることが指摘できる。

第四節　障害学における先行研究の成果と課題

次に、障害学の関連の成果と課題について考えていきたい。本研究における先行研究をどの範囲で考えるかについては議論の余地がある。日本の障害学は、一九九九年頃から英米の障害学の翻訳や紹介という形で、日本に登場してきたといえる。しかしながら、それ以前から日本の障害者運動の中の諸議論や社会福祉学の論集の中にも日本の障害学の思想や理論の嚆矢となるものが存在していたといえる。それらの諸議論は、「障害学」という言葉は使っていなかったが、障害の問題を個人の問題ではなく、社会的抑圧という社会のあり方の問題として考え、そこからの解放をめざそうとしていた。そのような意味では、今日障害学と呼ばれている理論と同じ立場に立っていたのである。そのような内容を検討の範囲として考えるならば、先行研究については、時代を遡って考察することができる。本節では、ここ二〇年の学説史の中で、本論文のテーマである「障害と自立を捉える新たな視座」の構築に関わる研究に限定してレビューしたい。

はじめに、英米の障害学が本格的に紹介される前の段階で日本の障害学の源流となる議論はどのようなものであったのであろうか。まず、先にも述べたが横塚晃一（1975）ら「青い芝の会」運動に関する諸文献がある。これらの文献については、ここでは精査しないが、大きく優生思想への問題提起と分離教育に対する問題提起によって、「保護から自立・共生へ」という日本の障害者運動の嚆矢となったのはいうまでもない。日本の障害学の原点であるといっても過言ではない。

それと共に山下恒男（1977）、山下栄一ほか（1988）、堀正嗣（1993, 1998）等に代表される日本臨床心理学会（1980, 1987）メンバーらによる早期発見・早期療育批判や発達保障論批判などを中心とした、戦後特殊教育を批判し共生教育を目指す研究がなされてきた。これら、日本臨床心理学会のメンバーらによる諸研究は、後の共生教育論の原点となった。この教育に関する諸議論は、就学猶予・免除されてきた日本の障害児・者にとって健常者と共に学び共に育つというインクルーシヴな社会の形成ための理論構築への大きな一歩であったといえる。それと同時に、「進歩と発達」の思想へと急速に傾斜していた当時の高度経済成長社会に対して警鐘を鳴らし、厳しく批判を加えていく視座であった。それは、ワロンの「融即」の思想など競争社会から共生社会へと社会を再構築していく思想の嚆矢となった。また、このような諸議論は、本研究において、「共生」に関する思想を深めていくに際し、先行研究として大きな位置を占めている。

一九九〇年代に入ると、まず安積純子ら（1990）によって一九八〇年代から始まった自立生活運動の内容にについて紹介、議論する研究が出版される。中でも同著に収載されている立岩真也（1990）の研究は、これまで運動団体的要素が強く、客観的研究がなされてこなかった「青い芝の会」の運動であるが、初めて研究の場でその成立史と思想展開が述べられた。つまり、この時期になると障害者運動や自立生活運動は、かなりの思想的深まりがあったといえるが、それらの思想を系統的に整理した研究はなされてこなかった。また、運動側もそれらの運動の思想を系統的に著述しようともしてこなかった。だからこそ、一部の運動家やその関係者にはそれらの運動に関する思想はある程度広まっていたといえるが、一般的に知られることはほとんどなかった。同研究の出現は、そのような環境を一変し、自立生活運動の思想が世の中に広く知られるようになるきっかけになった。また、それまで整理されることがなかった運動の思想を体系的にまとめ、研究したという意義がある。それら同研究は日本の障害学研究の嚆矢ということが言えるであろう。それと同時に、現在に至るまでこの研究が日本の障害者運動の思想を研究する上では基礎的研究と言われるようなクオリティーの高い研究であったといって過言ではない。しかしながら、「青い芝の会」の運動の中でも親鸞や『歎異抄』に付随する詳述な議論は小出享一（2005）をまたねばならない。

次に、石川准（1999）によって日本に障害学の考え方が紹介される。それまでは、佐藤久夫（1992）によって、ＵＰＩＡＳの社会モデルの考え方が断片的には紹介されていたが、本格的な議論は、石川准（1999）の研究が世に出てからといえる。中でも所収されている倉本智明（1999）の論文は、先に述べた立岩（1990）と異なり、「青い芝の会」の運動を差異派の運動として位置付け、「異形」の系譜として障害者プロレスのドックレッグスや劇団態変と比較研究している。ここでは、「青い芝の会」の運動の中でも「内なる優生思想」との向き合い方など立岩の研究より深められているが、肝心の仏教的了解についてはは全く研究視座に入っておらず、幾分「青い芝の会」の運動をセンセーショナルな運動として描いている。その点では、小出享一（2005）の論文ではじめて『歎異抄』の悪人正機の教えなど「青い芝の会」の運動の基礎となった仏教の教えまで遡っての研究がおこなわれるようになった。また「大阪青い芝の会」の運動やＪＩＬ（全国自立センター協議会）との関連性を参照して考えるところは、後述する山下幸子（2008）や定藤邦子（2011）の関西の障害者運動研究や介助者運動研究の先駆的研究に位置付けられる。しかしながら、小出の研究ですら、歴史的齟齬などが見られ、「青い芝の会」の思想について、より文献学的な研究の必要性が望まれている。

このような一九七〇年代以降の障害者運動の思想に関する研究は、今世紀に入って格段に盛んになる。まず、杉本章（2001）が、明治以降の障害者運動の近現代史の概説を研究している。この杉本の研究によって、各障害者運動間の関係性を時間軸と思想軸の双方から整理することが可能となった。

また、二〇〇〇年代後半になると、マイケル・オリバー（2006, 2010）、コリン・バーズ（2008）、など、欧米の障害学の主要な原著が翻訳されだし、石川准（1999, 2002）など日本人研究者による障害学の紹介を含めた研究書だけではなく、翻訳された原著によって幅広い議論が可能となった。その流れは、田中耕一郎（2005）、杉野昭博（2007）など、障害者運動の国際比較や、より詳しい欧米の障害学の議論等が研究されるようになった。その反面、社会モデルの解釈や障害者の権利法などに着眼が集められ、欧米の翻訳に終始する傾向にある。つまり、その流れの中で、長瀬修（2008）や、松井彰彦（2011）等、障害者権利条約と社会モデルの国際比較研究は、杉野の研究を引き継ぎながらも、現在発展途上にあるといえる。しかしながら、日本的土壌にあった「共生」という視座は注目されなくなっていることが指摘できる。それは、山下恒男（1977）、山下栄一ほか（1988）、堀正嗣（1993, 1998）等の共生に着眼した研究の系譜が、一時期主流ではなくなっていったといえる。そのような、一時期途絶えかけていた系譜に光を与えたのが堀正嗣（2012）らの研究である。この研究によって、障害学と社会的共生との関係性が明確になったといえる。また、近年のもう一つの流れとして、山下幸子（2008）、定藤邦子（2011）、渡邊琢（2011）らの関西の「青い芝の会」の運動の研究や介助者の障害者運動の研究が行われてきている。これらの研究も広い意味では「介助」という行為を通した一つの共生のあり方の研究といえないだろうか。

これらの障害学研究を総括すると、日本には七〇年代から障害学とは言われていなかったが、それに類する研究が存在していた。しかしながら「青い芝の会」の運動における『歎異抄』の受容過程など仏教と障害者運動との関連については、あまり十分には研究されてこなかった。また、「共生」という日本的テーマについてあまり研究されてこなかった背景があるが、最近になり新しい研究の視座が開けてきていると言える。

第五節　本論文における研究課題

本節の最後にこれらの真宗学・仏教福祉学・障害学という三つの学問領域の先行研究レビューの結果から導きだされる本研究の研究課題について論究したい。また、本論文は障害学の論文であるので障害学を中心とした研究課題について考えたい。

第一に、「青い芝の会」の運動の諸研究の整理や仏教との関連性を明確にしていくことである。この「青い芝の会」の運動の諸文献の整理や仏教との関連性を明確にしていく作業は、障害学の先行研究や真宗学・仏教福祉学の先行研究の双方で未だに明確にされてこなかった分野である。しかしながら、これら「青い芝の会」の諸研究を精読し、その思想性を明確にしようとするならば、当然の如くその関連性が明確になっていなければならなかったはずである。しかしながら現状においては、その関係性が不明確である以上、その関係性を明確化することが、日本の本格的な障害者運動の嚆矢といえる「青い芝の会」の思想をより正確に把握し理解する一端となる。

第二に、第一の問いの成果としてでてきたものが、八〇年代以降日本に入ってきた欧米の障害者運動や障害学との関係でどのような思想的位置づけができるのかという問いである。「障害観・自立観」に焦点をあてて日本と欧米の運動や思想の比較を行うことによって、「青い芝の会」をはじめとする日本の障害者運動の「障害観・自立観」の特質があきらかになる。この特質については、これまで田中耕一郎（2005）や杉野昭博（2007）が明確にしようとしてきた課題でもあるが、第一の問いの結論によってより鮮明化した特質があきらかになるはずである。

第三の問いとしては、「真宗における障害者福祉」のありかたを明確にしたい。レビューでも述べたが真宗障害者福祉についての真宗学・仏教福祉学の先行研究の成果としては、思想的には、まだまだ発展の余地があると考える。第二の問いで考える内容は、この真宗障害者福祉の思想を明確にすることにより、「青い芝の会」の思想を明確化するだけではなく、日本的土壌に即した「共に生きる」という運動の内容との関連性を再確認していきたい。

最後に第四の問いとしては、堀正嗣（2012）の研究によって再び注目されだした「共生」という視座は現代においてどのように展開していくことができるのかということを考えたい。これまでに考えてきたように、日本の障害学は欧米の障害者運動やその思想を翻訳し、比較研究を行うことなどを主眼として発展してきた。その中で、日本的な「共に生きる」という思想と欧米のインクルーシヴという思想との共通点や相違点について不明確なままであったといえる。この関係性を明確化することによって、日本の「共に生きる」という運動の特質を明確化することができる。その「明確化された特質」を用いてどのように現代的な共生へのアプローチができるのかを研究・検討したい。このような研究アプローチが「障害と自立を捉える新たな視座」の構築に結びつき、その構築が日本の土壌に即したあらたな共生社会を作り出すと考える。そのことが、少しでも閉塞化している現代の障害者福祉の新たな展開に寄与すると私は考える。

第六節　本研究の構成

第一章では、障害施策の変遷と障害観・自立観の変遷を明らかにする。第一節では、戦後の障害者福祉に関する関係法制の成立について論究する。その中でも戦後の混乱期の緊急対策的政策から現代までの政策を見ていき、措置制度から契約制度へと政策的に展開していったのかを論究した。また第二節では主だった法律等に見られる障害観と自立観を条文を対象に検討する。

第二章では、真宗における障害者社会福祉の考え方の位置と、真宗大谷派という宗門がこれまで行ってきた社会事業の概要を述べる。第一節では、仏教福祉と仏教社会福祉との関係を明確にし、仏教社会福祉の中の真宗社会福祉とは何かということを明らかにしたい。また、そのなかの障害問題についてのアプローチの部分が真宗障害者福祉であることを明確にする。第二節では、真宗大谷派における仏教社会福祉史を明らかにし、その障害観・自立観の問題性を論究する。そして第三節において、真宗障害者福祉における障害観・自立観を明らかにする。

第三章では、日本には本来的に真宗の思想に基づいた障害者運動があったということを「青い芝の会」の思想を究明することで明らかにする。第一節では、「青い芝の会」の運動が始まる前の状況を概観し、次に、どのように「青い芝の会」の運動が起こり、そしてマハラバ村が生成され、また崩壊に至ったのかという歴史的経緯を明確にする。第二節においては、大仏空の『歎異抄』観について論究したい。そこには、親鸞の機法二種深信をベースとした障害観があることを明確化する。そして、マハラバ村という「名」そのものに念仏村という意味合いがあることを明らかにする。第三節では、マハラバ村崩壊の内実に迫り、マハラバ村の住民の浄土観と悪人観について明らかにしたい。そして、マハラバ村の思想が「青い芝の会」の「テーゼ」として展開される思想にどのように影響を与えたのかを考察する。第四節では、「青い芝の会」の運動の障害観・自立観について、浄土、「いのち」というキーワードを用いて考察し、日本型社会モデルに関する論究が既にあったことを明確化する。

第四章では、国連障害者権利条約制定までの国際的な障害観の変遷を考えていきたい。第一節では、障害者権利条約制定までの歴史を概括し、国連は一貫して権利の確立・擁護に向けて取り組んできたことを明確にする。第二節では、国際障害分類（ICIDH）の考え方を明確にした上で、国際生活機能分類（ICF）の障害観への変遷を考えたい。第三節では、イギリス社会モデルの考え方を障害学の障害観と国連障害者権利条約の考え方を明確にしていきたい。その後に、第四節において、真宗の教学と社会事業史は、障害学で述べられてくる社会モデルという考え方が抜け落ちているということを指摘する。その上で、「真宗における社会モデルの受容」を考察する。

第五章では、真宗における障害者社会福祉の救済の構造を、『大無量寿経』の救済構造に求めていく。第一節では、親鸞の宗教改革性について考えたい。第二節では、親鸞の「われら」という視座を明確にし、そして、その救済観は「向下的平等観」であることを明確化する。第三節では、社会モデル運動としての向下的共生運動とは何かということを論じ、その実践を向下的社会モデルという考え方に依って立とうと考える。

続いて、第六章では、向下的社会モデルとピアの思想との関係を考察する。第一節では、向下的社会モデルと健全者幻想を、「青い芝の会」の思想を通して、その内容を精査する。第二節では、向下的社会モデルと生の価値観の再生について考える。第三節では、向下的社会モデルにおけるピアの思想について考え、それに基づいて、第四節 では向下的社会モデルにおけるロールモデルの意義を考えたい。

最後に第七章では、日本的障害者運動の具体相として考えてきた向下的社会モデルという共生運動の具体相を自立生活運動としてどのように具現化していくかを考えたい。第一節では、問題意識を考え。第二節では、日本における自立生活運動の特徴について論究する。第三節では、向下的共生運動の実践を「NPO法人CILだんない」という一つのCILの実践事例を取り出して考察を深める。第四節では、CILだんないの事例検討を通して、向下的共生運動の到達点と課題を明確にしていきたい。

第一章

障害者福祉政策の変遷における障害観と自立観

第一節　障害者施策の展開

本章においては、これまでの障害者福祉における代表的な障害観と自立観を概観したい。なぜなら、「障害と自立をとらえる新たな視座の構築」を試みようとするとき、「障害」や「自立」といった課題に、人々がどのように向き合い、どのように解釈してきたかを明らかにする必要があるからである。まず、第二次世界大戦後から、現代にかけての障害者福祉施策を振り返りながら、障害観と自立観の歴史的展開に関して検討を加えたい。

一九四五年、太平洋戦争が終結すると、国民は、劣悪な栄養状態と社会的混乱の中で生活することを余儀なくさせられる。その中でGHQが「社会救済に関する覚書」を出し、その覚書を具体化する形で、福祉三法体制が構築される。まず、一九四六年に旧生活保護法が制定され、翌年には児童福祉法が制定される。一九四九年には、身体障害者福祉法が制定され、翌年には旧生活保護法が廃止され、新生活保護法が制定された。その福祉三法をつなぐ形で、一九五一年には社会福祉事業法が成立している。そのような中で特筆すべきことは、傷痍軍人と障害者福祉の実践とが大きくリンクしていた時期であるということである。つまり、身体障害者福祉法は、第二次世界大戦によって多く生み出され、国立病院に入院していた傷痍軍人などが入院継続と保養施設建設の要望を行っていく過程の中で制定されたのである。また、一九五二年、日本政府の独立権回復と同じ年に制定された戦傷病者戦没者遺族等救護法は、戦傷病者等に対し、年金と更生医療の給付、そして国立保養所における重度者の収容が定められた法律であった。その二年後には、それまで戦傷病者に限られた更生医療と国立療養所の利用が、一般の重度身体障害者にも利用が可能になった。このように戦傷病者等の福祉サービス利用が、それ以外の障害者の福祉の向上と大きく関連性を持っていたといえる。このような時期を総括すると、福祉施策は、戦後の混乱期の緊急対策として行われた感が強い。また、福祉三法や社会福祉事業法などは、生存権などの人権保障として体系的に整備されたといえる。つまり、この時期の福祉施策には、緊急対策という側面と人権保障という側面との両側面の施策があったといえる。

また、一九四〇年代は、戦時中には中断していた障害当事者団体の復興してきた時期であるといえる。つまり、一九四五年一二月には、京都宇多野療養所患者自治会が結成され、一九四六年正月にはハンセン病療養所患者自治会が再結成する。一九四七年には全日本聾唖連盟が結成され、一九四八年には、全日本身體障害者蘇生同盟、日本盲人連合、日本指定不自由児協会などが設立・結成されたのである。

高度経済成長期（一九五五〜一九七三）に入ると、産業構造や就業構造が変化し、人口も農村から都市に流入していく。一九五五年にＩＬＯから身体障害者の職業更生に関する勧告が出されたのを受けて、従業員数に応じ一定割合の障害者雇用を設けた割当雇用制度が導入された。また、同年には精神薄弱者育成会が結成される。同会は、成人知的障害者のための授産施設や重度障害者入所施設の建設を要望した。この要望などがきっかけとなり、精神薄弱者福祉法の制定へつながっていった。また、一九五七年には、一九七〇年代以降の当事者運動に大きな影響を与えていく青い芝の会が結成されている。一九五八年には国民健康保険法が、翌年には国民年金法が成立し、一九六一年から国民皆保険・皆年金体制が確立する。同法によって、無拠出制の障害福祉年金の支給が開始された。この政策の意味としては、「救貧」から「防貧」へと、困難のリスクに備える社会保険を重視する政策に政策転換がなされたということを意味する。その中で、社会福祉サービスが国民の要求として強く求められるようになり、社会福祉関連法や社会福祉施設の緊急整備が行われることになる。一九六〇年には精神薄弱者福祉法（一九九九年に知的障害者福祉法に改称）、一九六三年には老人福祉法、翌年には母子福祉法（一九八一年には母子及び寡婦福祉法に改称）が成立し、福祉六法体制になる。このような背景の中で、一九六〇年には、身体障害者雇用促進法が制定され、従業員の一・一％の障害者の雇用努力義務が事業主に課せられた。

それと同時に一九六〇年代は、重度の身体障害と重度の知的障害が重複している重症心身障害児・者の問題が顕在化してきたといえる。まず、一九六一年には、島田療育園が開設され、一九六二年には秋津療育園、一九六三年にはびわこ学園が、それぞれ開設されている。しかしながら当時、これらの施設は法外施設として運営されており、国による制度化や財源確保等は十分とは言えなかった。そのような状況に対して一九六一年、作家であり自らが重症心身障害児の父である水上勉が『中央公論』に「拝啓池田総理大臣殿」という手記を掲載し、多くの重症心身障害児の父母の願いを吐露した。その手記が社会の注目を集めることになり、同年に厚生事務次官通知として「重症心身障害児療育実施要綱」が定められ、重症心身障害児施設が制度化される。また一九六五年に「社会開発懇談会」が中間報告として、成人の重度知的障害者を収容するコロニーの設置を提言された。これらの社会的背景の中で、厚生省（現、厚生労働省）に「コロニー懇談会」が設けられ、コロニーを国・自治体が各ブロックに一カ所程度設立することという内容の「重症心身障害者の総合施設プランの意見書」を厚生大臣に提出した。このコロニーとは、従前の障害者施設は、独立生活を目標とした一定期間内の施設ケアしか提供していなかった状況に対し、コロニー構想では、独立生活が困難な心身障害者のためのひとつの施設として、社会復帰だけではなく終身収容保護までを射程に入れた大規模な心身障害者の村として考えられたものである。そのような流れの中で、一九七〇年には、社会福祉施設緊急整備五カ年計画が打ち出された。また一九七三年には、田中角栄内閣が、俗に言われる「福祉元年」施策を行う。つまり、年金給付額の大幅な引き上げや老人医療費の無料化、医療保険の給付率の改善などが行われ、社会保障関係の国家財政は一五%台まで上昇したのであった。

次に一九七〇年代中後半の特徴について考えたい。まず、一九七三年、オイルショックが起こる。その影響で、景気の低迷による税収不足や経済成長の鈍化によって、それまで「公助」、つまり国に依存する形で拡充が図られてきた社会保障制度も「福祉見直し論」がおこった。在宅福祉優先・市町村主導・民活導入など、個人の自助努力と家庭や近隣、地域社会等の連携がある状態を適正な公的福祉の前提とする福祉施策へと論理が転化していった。つまり、福祉高負担時代の幕開きである。このような背景の中で、一九七〇年代に入ると、様々な問題を抱えていた施設ケアそのものに対する不信が広がり、親元や施設でもない第三の道としての一人暮らしという自立生活運動が展開されてくる。この一九七〇年代から始まっていく、施設ケアから在宅ケアへという大きな運動も、福祉施策として「公助から共助・自助へ」という流れの影響を大きく受けているのである。

一九八〇年代前半の福祉のとしては、障害者運動の国際化があげられる。一九八一年は「完全参加と平等」というスローガンのもとで、国際連合によって国際障害者年として定められ、翌年から「国連障害者の一〇年」がスタートする。その中で「障害者に関する世界行動計画」が策定・実施された。その柱となるものは、①障害の予防、②リハビリテーション、③機会均等化であった。また、一九八一年には、ダスキンが「ミスタードーナツ障害者リーダー米国留学基金」を創設、多くの日本の障害者が、アメリカのカルフォルニア州バークレーにわたり、自立生活センター（ＣＩＬ）の思想を日本に持ち帰り、各地でＣＩ

Lを立ち上げた。この運動は、一九七〇年代の青い芝の会の運動に代表されるような運動に取って代わって、障害者運動の国際化の中での運動へと展開してきたのである。

一九八〇年代後半になると、社会福祉改革が始まる。一九八七年、それまで任用資格である社会福祉主事しかなかった社会福祉専門職について、国家資格の法制化を行う意味で、社会福祉士及び介護福祉士法が制定される。一九八九年には「今後の社会福祉のあり方について（意見具申）」が出される。その骨子は、①市町村の役割重視、②在宅福祉の充実、③民間福祉サービスの積極的な育成、⑤医療と保健・福祉の連携強化・統合化であった。また、同年、高齢者保健福祉一〇カ年戦略（ゴールドプラン）が策定され、具体的な整備目標が設定された。翌年には、福祉関連八法改正が行われ、在宅サービスと施設サービスの一元的提供のための体制整備として、福祉の国から地方への権限委譲を視野に入れ、在宅福祉サービスの法制化が行われた。その改正をもとにして、ゴールドプラン、エンゼルプラン、障害者プランが社会計画として策定される。

一九九二年から障害者基本法に精神障害者が初めて入り、それをうけて一九九五年には、精神保健及び精神障害者福祉に関する法律が策定される。一九九八年「社会福祉基礎構造改革について（中間まとめ）」が提出され、社会福祉基礎構造改革が始まる。この改革の骨子は、①サービス利用者と提供者の対等な関係の確立、②地域での総合的な支援、③多様なサービス提供主体の参入、④サービスの質と効率の向上、⑤情報公開による事業運営の透明性の確保、⑥公平・公正な受益者負担、⑦住民参加による福祉文化の創造などである。その社会福祉基礎構造改革のもとで、福祉の体制が「措置制度」から「契約（利用）制度」へと変化していった。

一九九七年には、児童福祉法改正、介護保険法成立、二〇〇〇年には社会福祉事業法から、社会福祉法へと改称され、ゴールドプラン21（～二〇〇四年）が策定される。二〇〇三年には、新障害者プラン

（〜二〇〇七年）が策定され、二〇〇四年には、子ども・子育て応援プラン（〜二〇〇九年）が策定された。二〇〇五年には介護保険法の改正と、障害者自立支援法の策定がなされている。

その後、二〇〇六年に国連で障害者の権利条約が採択され、二〇〇八年五月には障害者権利条約の効力が発生した。日本においても、同条約の批准に向けての国内法の整備が検討されることになる。二〇〇九年には、衆議院選挙で、政権与党が自民党から民主党へと政権交代がなされる。そして、新政権の政策の柱のひとつとして権利条約の批准に向けた国内法の整備が掲げられた。それに基づいて、二〇〇九年一二月には総理大臣を本部長とし「障がい者制度改革推進本部」が発足した。そこでまず議論されたのは障害者基本法の改正であった。二〇一〇年六月には、障がい者制度改革推進会議で行った議論を基にして、障害者制度改革の推進のための基本的な方向（第一次意見）が閣議決定され、同年一二月には障害者制度改革のための第二次意見（第二次意見書）がまとまった。それを受けて、二〇一一年七月には障害者基本法改正案が可決・成立した。また、同年には、障害者虐待防止法が可決・成立している。次に障がい者制度改革推進会議では、障害者自立支援法の改正に向けた議論を行った。二〇一一年八月には障がい者制度改革推進会議の総合福祉部会において障害者総合福祉法の骨格に関する総合福祉部会の提言がまとめられ、翌年六月には障害者総合支援法案が可決・成立した。次に障がい者制度改革推進会議では、障害者差別禁止法政に関する議論をし二〇一二年九月には、障がい者制度改革推進会議の差別禁止部会が障害を理由とする差別の禁止に関する法制についての差別禁止部会の意見を政府に提出し、二〇一三年六月には障害者差別解消法が成立した。これらの法制度の整備により、二〇一三年一二月には、国会で障害者権利条約の批准が可決・承認され、日本政府は二〇一四年春頃には国連の障害者権利条約を批准する予定となっている。

このように、日本の社会福祉制度は、時代背景の中で「措置」から「契約」へ、「障害者の権利保障」

へと、変化ぜざるを得なかったのである。次節において、「障害者福祉制度の展開における障害観と自立観」というタイトルのもとで、制度の変遷の詳細を考えていきたい。

第二節　障害者福祉制度の展開における障害観と自立観

次に、障害福祉制度の障害観と自立観として、主に障害者福祉の法制史における障害観と自立観を考察したい。

(a)身体障害者福祉法

まず、身体障害者福祉法の障害観と自立観について論究したい。同法は、一九四九年に施行されたが、当初の法の目的は、次のようになっていた。

第一条　この法律は、身体障害者の更生を援助し、その更生のために必要な保護を行い、もつて身体障害者の福祉を図ることを目的とする。

つづいて法の理念については、次のように述べていた。

第二条　すべて身体障害者は、自ら進んでその障害を克服し、その有する能力を活用することにより、社会経済活動に参加することができるように努めなければならない。

つまり、同法では「更生と保護」がキーワードであり、「更生のために必要な保護」が必要であるという障害観があった。また、「自ら進んでその障害を克服し、その有する能力を活用する」ことが努力義務として課せられていた。それは、障害は自ら克服すべきものという障害観に他ならない。

本章第一節で、第二次世界大戦後の日本の福祉思想は傷痍軍人対策として始まったことを考えてきた。リハビリテーションの思想も、この傷痍軍人の社会復帰施策を考えることからはじまったといえる。つまり、「更生」という言葉は、リハビリテーションの訳語として使われたのである。また、「更生のために必要な保護」という文言は、更生しない者については保護しないという政策であったことを意味している。そのようなことから考えると、ここでの「更生」とは、職業リハビリテーションが主眼であったといえる。このリハビリテーションという発想は、障害者個人の克服すべき課題として障害を考える発想と言える。このようなステレオタイプの障害観は、無意識的に「医療者」による障害者への精神的支配・被支配関係を育む要因を内に秘めている。この問題こそが、この「リハビリテーション」の障害観の問題点の核心とも言えるであろう。

次に保護の思想は、どのようなものであろうか。水上（杉野 2011：160）は、「拝啓池田総理大臣殿」の中で、次のように述べている。

> 私が、こんなに働くようになりましたのは、私の子が身体障害者であるからです。頭部肥大、下半身不随で、歩行困難が予想されるからです。…中略… 生涯歩けないのでは廃人同様だからです。私たちの産んだ子でありますから、世間様のめいわくのかからないように、どこかで、ひっそり天命を全うするまで、生活させてやらねばならない責任が父親としてのわたしにあります。

この「世間様のめいわくのかからないように、どこかで、ひっそり天命を全うするまで、生活させてやらねばならない」という考え方は、障害者福祉即ち障害者への保護と考える思想である。つまり、リハビリテーションにおいての自立が困難な人は、保護し、障害児・者の収容施設に隔離・保護するという考え方である。この考え方は、たとえば、ハンセン病者の療養所の問題や、地域で生活する障害児を、地域の学校に通わせるのではなく、特別な学校に集め、そこで訓練や特別な教育を受けるという養護学校（現在の特別支援学校）の義務化の問題、山間部の数百人という規模の障害児・者の入所施設を建設し、手厚い看護や訓練を施して余生を暮らさせようとする大規模施設（コロニー）建設の問題などを引き起こすことになった。

一九六七年の身体障害者福祉法の改正で、法の目的が、次のように改正された。

第一条　この法律は、身体障害者の更生をを援助し、その更生のために必要な保護を行い、もつて身体障害者の生活の安定に寄与する等その福祉の増進を図ることを目的とする。

しかしながら、「更生と保護」という基本的思想は変わっていない。

（b）精神衛生法

次に、一九五〇年、精神衛生法ができる。同法の障害観と自立観について考察したい。第一条の目的は次のようなものである。

第一条　この法律は、精神障害者の医療及び保護を行い、且つ、その発生の予防に努めることによつて、国民の精神的健康の保持及び向上を図ることを目的とする。

ここでは精神障害について、医療及び保護、発生の予防、国民の精神的健康の保持及び向上の三点が述べられている。

また、第二条では、国及び地方公共団体の義務として、次のように定められている。

第二条　国及び地方公共団体は、医療施設、教育施設その他福祉施設を充実することによって精神障害者が社会生活に適応することができるように努力するとともに、精神衛生に関する知識の普及を図る等精神障害者の発生を予防する施策を講じなければならない。

ここからわかるように、精神障害を要医療の対象者として考え、社会に適応させることを主眼に置いている。

ここで、先に述べた身体障害者福祉法の障害観・自立観と、精神衛生法の障害観・自立観を比べると、大きな違いが存在する。それは、「発生の予防」という視座が含まれている点にある。この思想は優生思想と深く関係している。

優生思想は、一九四八年に制定された優生保護法（旧法：現、母体保護法）に代表される思想である。この優生保護法の第一条では、次のように法の目的が述べられている。

第一条　この法律は、優生上の見地から不良な子孫の出生を防止するとともに、母性の生命健康を保護することを目的とする。

同法には「不良な子孫の出生を防止する」、つまり優生上の見地により、「神経性進行性筋萎縮症」などの障害児の出生を防止する目的があった。この優生保護法等を根拠に、障害者自体を「産まれなくする」ことを目的とした「出生前診断」などが数多く行われてきた。殊に遺伝性の精神障害の場合、強制優生手術の対象となりうるのである。一九九六年には優生保護法は改正され、母体保護法に法律は変わるが、このような、「産まれなくする」思想については、断続的に言明されてきた。たとえば井上薫(1997：67)は次のように述べている。

遺伝病とその淘汰の必要性について国民に対する啓蒙とこれに応じた自発的断種や産児制限、あるいは出生前診断及び遺伝病に罹患した胎児の人工妊娠中絶を掲げることができる。この強制の要素を欠く点こそが人権を侵害しないための中核的法技術である。(中略)しかし、新優生学的目的の達成が特に要請される場合、つまり、特定の遺伝病が重篤でぜひとも子孫に伝えさせないようにすべき社会的要請が強く、その点について国民的合意が成立しているときは、その遺伝病の患者あるいは保因者に対し、弁解を聞く十分な機会を与える等の適正手続の下に、断種、産児制限、出生前診断、人工妊娠中絶を含む強制的手段を国家制度として発動しうるようにすることは、その必要性と強制的手段の均衡があれば、日本国憲法の下においても許容されうる。

このように、障害児自体を産まれないようにすることが、提言されている。

(c) 精神薄弱者福祉法

次に知的障害者は、どうであったのだろうか。一九六〇年に、精神薄弱者福祉法が成立する。第一条の目的では、次のように述べていた。

第一条　この法律は、精神薄弱者に対し、その更生を援助するとともに必要な保護を行ない、もつて精神薄弱者の福祉を図ることを目的とする。

続いて、第二条では、次のように述べている。

第二条　国及び地方公共団体は、精神薄弱者の福祉について国民の理解を深めるとともに、精神薄弱者に対する更生の援助と必要な保護の実施につとめなければならない。

この法においても、これまで考えたきた内容に同じく、更生と保護がうたわれていた。

(d) 心身障害者対策基本法

一九七〇年になり、心身障害者対策基本法が施行される。同法は、三障害を横断して、国、地方公共団体等の責務をあきらかにした初の理念法であったといえる。次に同法の障害観と自立観について考えていきたい。同法の第一条には次のように、目的が述べられている。

第一条　この法律は、心身障害者対策に関する国、地方公共団体等の責務を明らかにするとともに、心身障害者の発生の予防に関する施策及び医療、訓練、保護、教育、雇用の促進、年金の支給等の心身障害者の福祉に関する施策の基本となる事項を定め、もつて心身障害者対策の総合的推進を図ることを目的とする。

この文章の内容から「心身障害者の発生の予防」がその眼目として掲げられている。また、第三条では次のように尊厳が定義されている。

第三条　すべて心身障害者は、個人の尊厳が重んぜられ、その尊厳にふさわしい処遇を保障される権利を有するものとする。

ここでは、すべての心身障害者は、「個人の尊厳」が重んじられているが、処遇面に対しては、「尊厳にふさわしい処遇」と規定している。その内容については、第一〇条で次のように規定している。

第一〇条　国及び地方公共団体は、心身障害者が生活機能を回復し、又は取得するために必要な医療の給付を行ない、及び心身障害者の障害を補うために必要な補装具その他の用具の給付を行なうよう必要な施策を講じなければならない。

2　国及び地方公共団体は、心身障害者の年齢並びに心身障害の種別及び程度に応じ、施設に収容し、又は通わせて、適切な保護、医療、生活指導その他の指導、機能回復訓練その他の訓練又は授産を行なうよう必要な施策を講じなければならない。

3　国及び地方公共団体は、前二項に規定する医療、指導、訓練及び補装具その他の用具の研究及び開発を促進しなければならない。

また、第一一条では、次のように医療・保護についての規定がなされている。

第一一条　国及び地方公共団体は、重度の心身障害があり、自立することの著しく困難な心身障害者について、終生にわたり必要な保護等を行なうよう努めなければならない。

つまり、「尊厳にふさわしい処遇」の内容が、「心身障害者の年齢並びに心身障害の種別及び程度に応じ、施設に収容し、又は通わせて、適切な保護、医療、生活指導その他の指導、機能回復訓練その他の訓練又は授産を行なう」ことであったと解釈することができる。また、重度の心身障害者は「終生にわたり必要な保護」するよう努力義務が課せられていた。それは、一方では「尊厳」と述べながらも、その内容は極めて限定的であり、施設福祉が中心であるという障害を個人の属性としてとらえ、結果的に社会的排除をしていく思想をうかがい知ることができる。それと同時に、自立については、第六条で、次のように述べている。

第六条　心身障害者は、その有する能力を活用することにより、進んで社会経済活動に参与するように努めなければならない。

2　心身障害者の家庭にあつては、心身障害者の自立の促進に努めなければならない。

ここにおいて、自立への意欲創出の責務は障害当事者と家族にあると定めている。また、二五条においては次のようになっている。

第二五条　国及び地方公共団体は、心身障害者の文化的意欲を満たし、若しくは心身障害者に文化的意欲を起こさせ、又は心身障害者が自主的かつ積極的にレクリエーションの活動をし、若しくはスポーツを行なうことができるようにするため、施設、設備その他の諸条件の整備、文化、スポーツ等に関する活動の助成その他必要な施策を講じなければならない。

つまり、国及び地方公共団体の責務として、「文化的意欲を満たし」、「文化的意欲を起こさせ」るため、諸条件を整備し、必要な政策を講じるよう定めている。

これまで見てきたように心身障害者対策基本法は、その法律名の「対策」という文言から見て取れるように、社会防衛的視座が強い法律であったことがうかがえる。そこには、前節までに見てきたような優生思想を背景に持つ障害観が存在し、「個人や家族の責務」としての自立を強いるという視座が見て取れる。つまり、心身障害者対策基本法の自立観は、第一〇条に「施設に収容し、又は通わせて、適切な保護、医療、生活指導その他の指導、機能回復訓練その他の訓練又は授産を行なうよう必要な施策を講じなければならない」とあるように個人のリハビリテーションの結果しての自立を主眼としているといえよう。

(e) 法改正と障害観・自立観の変化

一九八四年に身体障害者福祉法が改正される。この改正によって、法の理念が変化する。つまり、第二条の見出しが「更生への努力」から「自立への努力及び機会の確保」に変わり、本文も、次のような内容の文言に追加修正された。

第二条　すべて身体障害者は、自ら進んでその障害を克服し、その有する能力を活用することにより、社会経済活動に参加することができるように努めなければならない。

2　すべて身体障害者は、社会を構成する一員として社会、経済、文化その他あらゆる分野の活動に参加する機会を与えられるものとする。

つまり、社会参加の条項が追加されたのである

また、一九八七年には精神衛生法の一部改正が行われた。

第一条　この法律は、精神障害者の医療及び保護を行い、その社会復帰を促進し、並びにその発生の予防その他国民の精神的健康の保持及び増進に努めることによつて、精神障害者等の福祉の増進及び国民の精神保健の向上を図ることを目的とする。

第二条　国及び地方公共団体は、医療施設、社会復帰施設その他の福祉施設及び教育施設を充実することによつて精神障害者が社会生活に適応することができるように努力するとともに、精神保健に関する調査研究の推進及び知識の普及を図る等精神障害者等の発生の予防その他国民の精神保健の向上のための施策を講じなければならない。

第二条の2　国民は、精神的健康の保持及び増進に努めるとともに、精神障害者等に対する理解を深め、及び精神障害者等がその障害を克服し、社会復帰をしようとする努力に対し、協力するように努めなければならない。

大きくは、第二条の2が追加され、文言も第一条では、「且つ」を「その社会復帰を促進し、並びに」に改め、「予防」の下に「その他国民の精神的健康の保持及び増進」を加え、「国民の精神的健康の保持及

び」を「精神障害者等の福祉の増進及び国民の精神保健の」に改められた。また、第二条では、「教育施設その他福祉施設」を「社会復帰施設その他の福祉施設及び教育施設」に、「精神衛生に関する」を「精神保健に関する調査研究の推進及び」に、「その発生を予防する」を「精神障害者等の発生の予防その他国民の精神保健の向上のための」に改められた。このように、社会復帰施策が明確に謳われ始めたのであった。ここで着眼したいことは、社会復帰という語である。前に掲げた身体障害者福祉法や精神薄弱者福祉法では、「更生」、つまり職業リハビリテーションが主眼に置かれていたことに対して、精神衛生法では、社会復帰という文言になっている。つまり、職業リハビリテーションではなく、同第一項「社会生活に適応する」ことが主眼となっていたことが、理解でき、他の2法の表現である「更生」とは、内容を異にすることを指摘しておきたい。

（f）障害者基本法の障害観・自立観

一九九三年になると、心身障害者対策基本法は、同法をベースとして障害者基本法が施行される。次に一九九三年の障害者基本法の障害観と自立観を考えたい。同法の目的は第一条で、次のように定めている。

第一条　この法律は、障害者のための施策に関し、基本的理念を定め、及び国、地方公共団体等の責務を明らかにするとともに、障害者のための施策の基本となる事項を定めること等により、障害者のための施策を総合的かつ計画的に推進し、もつて障害者の自立と社会、経済、文化その他あらゆる分野の活動への参加を促進することを目的とする。

障害者対策基本法では、「心身障者の発生の予防」がその眼目として掲げられていたのに対し、障害者基本法では「障害者の自立と社会、経済、文化その他あらゆる分野の活動への参加を促進する」ことが眼目とされた。また、理念については、第2条で次のように述べている。

第二条　すべて障害者は、個人の尊厳が重んぜられ、その尊厳にふさわしい処遇を保障される権利を有するものとする。

2　すべて障害者は、社会を構成する一員として社会、経済、文化その他あらゆる分野の活動に参加する機会を与えられるものとする。

この第二項が追加された。これは、先に述べた身体障害者福祉法の第二条の2と同文である。この2法の改正に共通しているのが、障害者は「活動に参加する機会を与えられる」ものであると述べている点である。だが、ここで着眼せざるを得ないのは、同法の自立観である。つまり、自立に関する条文の思想は、心身障害者対策基本法の自立観が踏襲されているという点である。それは、障害者の権利を追求するというより、「個人や家族の責務としての自立」という論の延長線上に社会参加の機会が与えられると考えられていたのである。

つまり、心身障害者対策基本法から一九九三年障害者基本法に至る福祉制度の大枠を考えると、「措置制度」という共通の制度的な枠組みがあったと言うことができる。法律の基本理念は「心身障害者の発生の予防」から「障害者の自立と社会、経済、文化その他あらゆる分野の活動への参加を促進する」へと展開した。しかしながら、障害観・自立観の根底を支える理念である「尊厳にふさわしい処遇」の内容については、行政が判断し措置するという制度についてては何ら改正がなされていなかったといえる。

（g）措置制度から支援費制度、自立支援法へ

このような「措置制度」の流れは、二〇〇〇年に「社会福祉の増進のための社会福祉事業法等の一部を改正する等の法律」に基づく法改正が行われた。それに伴って、二〇〇一年八月に厚労省より、「支援費制度の事務大要」が出されるのである。その事務大要では、次のように述べられている。

平成一二年六月に「社会福祉の増進のための社会福祉事業法等の一部を改正する等の法律」が成立し、社会福祉事業や措置制度等の社会福祉の共通基盤制度について、今後増大・多様化が見込まれる国民の福祉ニーズに対応するための見直しが行われた。この社会福祉基礎構造改革の一つとして、障害者福祉サービスについては、利用者の立場に立った制度を構築するため、これまでの行政がサービスの受け手を特定し、サービス内容を決定する「措置制度」から、新たな利用の仕組み（「支援費制度」）に平成一五年度より移行することとなった。支援費制度においては、障害者の自己決定を尊重し、利用者本位のサービスの提供を基本として、事業者との対等な関係に基づき、障害者自らがサービスを選択し、契約によりサービスを利用する仕組みとしたところである。これにより、事業者は、行政からの受託者としてサービスを提供していたものから、サービス提供の主体として、利用者の選択に十分応えることができるようサービスの質の向上を図ることが求められることとなる。

つまり、措置制度から、契約制度へと、制度の大転換がはかられたことになる。つまり、支援費制度によって「障害者の自己決定を尊重し、利用者本位のサービスの提供を基本として、事業者との対等な関係に基づき、障害者自らがサービスを選択し、契約によりサービスを利用する仕組み」が確立するというものであった。この変遷によって障害者を利用者として捉え、その利用者である「障害者の自己決定を尊重

し、利用者本位のサービスの提供」をしていこうという考え方に見られるように、「利用者としての障害者観」が、この制度改革によって明確になった。この支援費制度に制度的な問題はなかったかといえば、そうではないであろう。しかしながら、重要なことは、障害者が「措置を受ける主体」から、「利用、契約の主体」へと転換していったことにあるといえる。

しかしながら、この支援費制度は、すぐに政策変更がなされ、二〇〇五年に、障害者自立支援法が制定された。同法第一条では、次のように述べている。

障害者及び障害児がその有する能力及び適性に応じ、自立した日常生活又は社会生活を営むことができるよう、必要な障害福祉サービスに係る給付その他の支援を行い、もって障害者及び障害児の福祉の増進を図るとともに、障害の有無にかかわらず国民が相互に人格と個性を尊重し安心して暮らすことのできる地域社会の実現に寄与することを目的とする。

ここでも「障害者及び障害児がその有する能力及び適性に応じ、自立した日常生活又は社会生活を営むことができるよう」という自立観が述べられている。この自立観とはいかなるものだろうか。障害者自立支援法第二条には、市町村の責務について、次のように述べられている。

第二条　市町村（特別区を含む。以下同じ。）は、この法律の実施に関し、次に掲げる責務を有する。

1　障害者が自ら選択した場所に居住し、又は障害者若しくは障害児（以下「障害者等」という。）がその有する能力及び適性に応じ、自立した日常生活又は社会生活を営むことができるよう、当該市町村の区域における障害者等の生活の実態を把握した上で、公共職業安定所その他の職業リハビリテーション（障害者の雇用の促進等に関する法律（昭和三十五年法律第百二十三号）第二条第七号に規定する職業リハビリテーションをいう。第四十二条第一項において同じ。）の措置を実施する機関、教育機関その他の関係機関との緊密な連携を図りつつ、必要な自立支援給付及び地域生活支援事業を総合的かつ計画的に行うこと。

2　障害者等の福祉に関し、必要な情報の提供を行い、並びに相談に応じ、必要な調査及び指導を行い、並びにこれらに付随する業務を行うこと。

3　意思疎通について支援が必要な障害者等が障害福祉サービスを円滑に利用することができるよう必要な便宜を供与すること、障害者等に対する虐待の防止及びその早期発見のために関係機関と連絡調整を行うことその他障害者等の権利の擁護のために必要な援助を行うこと。

この条文から考えると「能力及び適性に応じた自立」という自立観の具体的内容は職業リハビリテーションを中心とする職業的自立であると考えられる。そこには就労自立を頂点としたＡＤＬ重視の自立観があると言える。

（ｈ）障がい者制度改革推進の障害観・自立観

次に、二〇〇九年一二月、障害者権利条約の締結の必要な国内法の整備を集中的に審議し改革していくことを目的として、「障がい者制度改革推進本部」が設置され、その基で、障害者施策の推進に関する意見をまとめる場として「障がい者制度改革推進会議」が発足した。このような潮流の中で二〇一一年に「障害者基本法」の改正が行われた。これ以降の制度改革の歩みと障害観・自立観については、第四章第三節で詳細に検討するので、ここではその概略と意義のみ述べる。

改正障害者基本法（内閣府 2011：1-2）では、次のように述べている。

第二条　この法律において、次の各号に掲げる用語の意義は、それぞれ当該各号に定めるところによる。

1　障害者　身体障害、知的障害、精神障害（発達障害を含む。）その他の心身の機能の障害（以下「障害」と総称する。）がある者であつて、障害及び社会的障壁により継続的に日常生活又は社会生活に相当な制限を受ける状態にあるものをいう。

2　社会的障壁　障害がある者にとつて日常生活又は社会生活を営む上で障壁となるような社会における事物、制度、慣行、観念その他一切のものをいう。

ここで、注目したいのが、障害者とは、旧法では、「身体障害、知的障害又は精神障害（以下「障害」と総称する。）があるため、継続的に日常生活又は社会生活に相当な制限を受ける者」と定義されていたことに対し、改正法では、「障害及び社会的障壁により継続的に日常生活又は社会生活に相当な制限を受ける状態」という定義を行っている。ここで述べられるところの社会的障壁とは、二項の「障害がある者にとつて日常生活又は社会生活を営む上で障壁となるような社会における事物、制度、慣行、観念その他一切のもの」を指すのである。このように、障害の定義に「社会的障壁」が付加されたことは、大変大きな障害観の変遷であると言える。しかしながら、国連の障害者権利条約の障害観と自立観は、「他の者との平等を基礎」として、行為の結果の平等としての「完全なインクルージョン及び参加」を目指そうとしていたものであるのに対して、改正障害者基本法は、「可能な限り」という文言が附されたことに代表されるように、同じ権利保障を思想的ベースとして置きながらも、障害者権利条約の概念より狭義の権利保障の概念となり、しかも障害観としては後退したといえる。

これまで、法制史における障害観と自立観を考えてきた。障害者自立支援法が成立するまでの基本的な流れの中で、「措置制度」から「契約制度」へという大きな福祉制度の転換はみられる。つまり、これまで見てきたように、身体障害者福祉法の制定時の課題は、保護と更生という政策のもとで、障害者には障害の克服と社会経済活動に参加することが求められていた。また、一九五〇年に制定された精神衛生法では、精神障害者を要医療の対象者として捉え、保護と発生予防を主眼として考えられていた。一九六〇年に成立した精神薄弱者福祉法も、主眼は保護と更生であった。それに対して心身障害者対策基本法は、心身障害者の対策として、一方では「尊厳」と述べながらも、その内容は、極めて限定的であり、施設福祉が中心であるという、障害者を社会的排除していく思想をうかがい知ることができた。つまり、政策上は「措置」として、様々な福祉行政が行われていたといえる。次に一九八四年に身体障害者福祉法が改正によって、法の理念が「更生への努力」から「自立への努力及び機会の確保」に変わった。それは、一九七三年の福祉元年施策が、オイルショックによって崩壊し、公助から、共助・自助へと政策が転換されたことを確実に受けている。この理念は、それ以降にできた障害者基本法の障害観にも影響していった。そして、支援費制度からは、障害者が「措置を受ける主体」から、「利用、契約の主体」へ、そして改正障害者基本法からは、「権利の主体」へと転換していったのである。

しかしながら、そのような理念的枠組みの転換に対し、障害者に対して能力や適性に応じた自立をベースとして考えている点や、障害を個々人の能力の問題として社会参加を努力義務としている点などは、内容的展開が見受けられない点である。つまり、この施策は優生思想の価値観が根本にあり、個人の努力に依存する福祉の施策であったといえよう。つまり、これまで見てきたように、身体障害者福祉法が、「更生と保護」の思想をベースとして、考えられてきたように、「障害問題」を個人の問題として捉え、そこから社会復帰できる者に対しては更生を促進し、更生が見込まれない者に対しては発生を予防し、隔離や排除を行うという構図には変化が見られなかったといえる。

そこには、「更生と保護」という障害観・自立観を超えた概念が必要となってくる。本論文では、「障害と自立をとらえる新たな視座の構築」として、「更生と保護」という障害観・自立観に依らない新たな視座を構築したい。

真宗から見た障害観と自立観

第一節　真宗における障害者社会福祉の考え方の基本理念

第一項　仏教福祉と仏教社会福祉

まず私が本研究で問題とする「真宗における障害者社会福祉の考え方」とは、いかなる問題関心であるかについて論究していきたい。旧来、仏教社会福祉という言葉が多く用いられた。ここでは、「仏教障害者社会福祉」という語彙を用いず、「真宗における障害者社会福祉」という語彙を用いた。「仏教の法門、広し」と雖も、真宗、ことに親鸞の教えに根ざした障害者社会福祉の確立を射程に入れた論であるからである。

では、「親鸞の教えに根ざした障害者社会福祉の確立を射程に入れた論」の確立とは、いかなるものであろうか。この問題の究明は、「真宗」、「障害者」、「社会福祉」という三語の間の関係性を明確にすることから始まる。この分野の議論は、「仏教福祉」なのか、「仏教社会福祉」なのかという議論に、その発端をうかがい知ることが出来る。それらの諸議論を整理すると、①「仏教と福祉」という二つの内容が同時に語られるもの、②「仏教即福祉」という言葉に代表されるように、仏教の教えこそが真の福祉であると考えるもの、③仏教の教えを社会の中で具現化し、「教化」していこうと考えるもの、④仏教者や教団の社会活動の総称として考えるもの、⑤社会福祉学の一領域として、その内容を語るもの、といったように、五つの分野に大分できるであろう。

この五つの項目をそれぞれ詳しく見ると、①については、仏教研究と福祉研究が分かれて記載されているものである（龍谷大学短期大学部編［1992］、上原英正［1995］）。②については、「仏教即福祉論」の根底には、「福祉＝well-being（幸福、安寧）」であり、仏教は究極の真理である「正覚」を目指すものであるから、仏教に帰依し、正覚を目指していくことが究極の福祉であるとする考え方である。次に、③が、応用仏教学や仏教実践学とも言われてきた考え方である。この考え方は仏教がいわゆる「葬式仏教化」してきたことに対して、仏教思想を社会化し、それをもって「教化」しようとするものである。次に、④については、たとえば聖徳太子が四天王寺に四箇院（悲田院・敬田院・施薬院・療病院）を建立されたことに代表されるように、日本における福祉施策、あるいは社会事業史と仏教史は密接につながっている。このように、施策史における仏教との関わり方や、仏教者や教団が行う社会活動の内容を議論するものであろう。最後に⑤は、これまで見てきた「仏教から見た社会福祉」という考え方ではなく、社会福祉という社会科学の学域から、「仏教社会福祉」を見直そうとする方向性をもつものである。

本論文が立つ立場は、上記の五つの学問の方法論の内、どれに相当するであろうか。この問題について、「普遍性」という視座から考えたい。つまり、古代社会における福祉とは、家庭内や同族、あるいは極めて狭い集落範囲での隣人による福祉行為であった。それが、近・現代になって、国家社会の成熟と共に、福祉行為の普遍性が求められるようになってきたということが言える。この「普遍性」とは、同じ条件下での福祉行為の再現性であり、行為の受益の平等性である。また、福祉の内容も、ただ「手助け」をすることではなく、人々の社会問題としての生活問題の解決・改善を目指して実施される社会活動の総体であり、最も本質的には政策概念であるとされる（孝橋正一［1962］）。言い換えるならば、福祉思想の発達に、隣人的福祉から国家政策的福祉への展開があると考えて間違いないであろう。そのような「展開」は、慈善的な「たすけあい」から、社会科学的な観察・分析・解釈・了解に基づく「社会福祉」への変遷を意味する。

翻って、仏教福祉では、先に述べた①から④の思想のように、仏教思想から「福祉」を考えるが故、長らく「慈善・救済」がその思想の根本になって、仏教篤志家や教団が主導して、恵まれない人々への「愛の手」がさしのべられてきた。それは、あくまでも個人や、特定の集団に対するものであり、社会科学に基づいた社会分析の方法を持たず歩んできたと言える。言い換えるならば、社会科学に基づいた社会福祉は国家が行う福祉施策に代表されるように、「国民の権利としての社会福祉」が保障されているため、全国のどの地域においても、ほぼ画一的、平等的施策であり、再現が可能な政策である。しかしながら、仏教篤志家や教団が主導した福祉施策は、国家が行う社会福祉施策と比べると、再現性や平等性に欠けた、社会科学に基づかない施行者の主観的判断に基づいた福祉施策であったと考えていくこともできる。そのような場合、社会福祉の社会科学に基づく普遍性を伴った社会福祉施策の展開が基本となっている現在において、「主観的判断に基づいて福祉施策」は時代錯誤となっていることは、論ずるまでもないであろう。したがって、社会福祉の普遍性から考えると⑤の社会福祉という社会科学の学域から、「仏教社会福祉」を見直そうとする方向性をもつ仏教社会福祉論であらねばならないと考えられる。

次項において、仏教社会福祉と真宗社会福祉の違いを検討する中で、仏教精神に思想的根幹を求め、仏教の立場から現在の社会福祉を見直すとは、どのような内容を持つのかを検討したい。

第二項　真宗における障害者社会福祉とは

（a）仏教社会福祉と真宗における社会福祉

現在、「仏教社会福祉」の理論については、様々な理論研究の成果により、発芽期から、成長期に向かいつつあるといえよう。そのような時期において、なぜ「真宗社会福祉」という新たな語を作り、論を展開しようとするのか。その答えは、真宗社会福祉では、その思索的根幹を仏教精神、中でも親鸞の「社会観」にその源泉を求めていこうとする行為である故、真宗社会福祉という語を作り独立させて考える必要があるのである。本項では、仏教社会福祉の展開として、真宗社会福祉および、真宗における障害者社会福祉の内実を、親鸞の思想を繙くなかで明らかにしたい。

親鸞（『定本親鸞聖人全集』Ⅲ―和文篇：168～169）は、『唯信鈔文意』で次のように述べている。

やうやうさまざまの大小聖人善悪凡夫の、みづからがみをよしとおもふこゝろをすて、みをたのまず、あしきこゝろをかへりみず、ひとすぢに具縛の凡愚屠沽の下類、無碍光佛の不可思議の本願、廣大智慧の名号を信樂すれば、煩悩を具足しながら无上大涅槃にいたるなり。具縛はよろづの煩悩にしばられたるわれらなり、煩はみをわづらはす、悩はこゝろをなやますといふ。屠はよろづのいきたるものをころしほふるものなり。これはれうしといふものなり。沽はよろづのものをうりかうものなり、これはあき人なり。これらを下類といふなり…中略…れうし・あき人さまざまのものは、みないし・かわら・つぶてのごとくなるわれらなり

この『唯信鈔文意』の文章は、親鸞における「社会問題」を凝視する視座であると言える。つまり、流罪になって、国家僧としての資格を剥奪され、還俗させられ、「非僧非俗」として、その「生」を歩むことになった親鸞が、京都の華やいだ世界を離れ、越後で地を這うように生きる人々と出遇い、実感し

た世界が「みないし・かわら・つぶてのごとくなるわれら」という共業の世界であったのである。そこに、「共業」という社会観が存在する。この「社会観」は社会科学的に社会の構造をとらえた社会福祉学で言うところの「社会分析」とは言えないが、親鸞は、「具縛の凡愚屠沽の下類」と、社会の底辺で沈殿するように生きることを余儀なくさせられていた「いなかのひとびと」（『定本親鸞聖人全集』Ⅲ—和文篇：183）と同じ「地平」に立っている。それは、そのような社会の最底辺層で生きることを余儀なくされた人々を、個個人の問題として考えるのではなく、「みないし・かわら・つぶてのごとくなるわれらなり」と「下類」、つまり「われらの問題」としてとらえている。

親鸞が当時の障害者とどのように関わりを結んでいたのか考察できうる資料は、現存しない。ただ、安城御影や熊皮御影がある。この安城御影は、鎌倉時代の一二五五年（建長七年）法眼朝円の筆とされる絹本著色親鸞聖人像であり、親鸞八三歳の姿を描いたとされる。この御影は三本あり、二本が西本願寺に所蔵され、国宝となっており、東本願寺蔵の残る一本は国の重要文化財となっている。ここで親鸞は、狸の皮を敷いて安座し、猫の皮で作られた草履をはいて、鹿杖（かせづえ）は桑の木で、T字形の手をそえる部分も猫の皮が巻かれていたこと等をうかがい知ることができる。

一方、熊皮御影は、親鸞が座している敷皮は白い剛毛を混えた熊皮であることから、この名称の由来となった御影で、国の重要文化財である。この二つの御影は、当時の高僧画の技法と異なり、画中に日常生活の諸物品が描き納められている。また、その中でも通常、用いられることがなかった狸皮、猫皮、熊皮などの皮革製品が用いられており、当時、皮革業を営む社会的に差別を受けていた人々との親交が深かったことを想起させる絵像として伝えられている。また、親鸞と被差別民衆との関係に関する研究では河田（1995）などがある。

このように親鸞と被差別民衆との関係は深く、そのことが「われら」や「下類」という言葉には反映しているものと考えられる。この「われら」の社会観の根源には流罪と深く関わっている。親鸞（『定本教行信証』：380）は、『教行信証』の「後序」で次のように述べている。

斯を以て、興福寺の学徒、太上天皇後鳥羽の院と号す諱尊成、今上、土御門院と号す諱為仁聖暦、承元丁の卯の歳、仲春上旬の候に奏達す。主上臣下、法に背き義に違し、忿を成し、怨を結ふ。茲に因りて、真宗興隆の大祖源空法師、并に門徒数輩、罪科を考へず、猥しく死罪に坐す。或は僧儀を改めて、姓名を賜ふて遠流に処す。予は其の一なり。しかれは、已に僧に非ず俗に非ず。是のゆえに禿の字を以て姓と為す。空師并に弟子等、諸方の辺州に坐して、五年の居諸を経たりき。皇帝諱守成聖代、建暦辛の未の歳、子月の中旬第七日に勅免を蒙りて

この「後序」の記述によれば、そもそも承元の法難は、聖道門や国家などの「権力」に結びつけて考えている。これは、『皇帝紀抄』（『大日本資料』第四編之九：504）や『愚管抄』（『日本古典文学大系』八六巻：294）や『四十八巻伝』（『浄土宗全書』一六巻：157）のような、いわゆる松虫鈴虫伝説に代表される「女性に関する問題」の結果、承元の法難が起こったと解釈するものと根本に異なっている（藤場［1997］）。このことからわかるように、親鸞は、あくまでも「権力」によって、弾圧が起こったことを強調していると考えられる。つまり、「非僧非俗」という親鸞の宣言は、親鸞の主体的な仏道の選び取りの宣言である。それと同時に、親鸞は、「国家僧であることの剥奪」という事柄を通して、権力によって社会的に作り出され、強いられた仏道であることを深く見つめていたと考えられる。仏法に対する国家の関与は「死罪」、「遠流」という言葉と「勅免」いう言葉との関係に明確になっている。念仏停止と国家僧であることの剥奪という問題は、法然との出遇い、回心の結果としての「宿命」ではなく、政治権力の構造によって作り

出された問題、つまり当時の「社会問題」そのものなのである。

「いなかのひとびと」とは、殺生等をつねに行い、「善人」や「聖者」として生きることが許されていない人々と言えよう。このような社会問題のただ中を生きる親鸞にとって、「いなかのひとびと」は、ただ社会の最底辺で、ぎりぎりのところで生きている人々ではなく、社会の構造として、殺生等をつねに行うことを「現に強いられている人々」として見えたのであろう。その共通性おいて、共業する「われら」と深く自覚されたのであろう。ここに、その「場」を生きる個個人を問題とする考え方ではなく、その「場」を生きざるを得ない人々の課題を問題としている。つまり、その「場」を生きざるを得ない人々を生み出すという点においては、その課題は「社会問題」なのである。そこに、個個人の「業」を問題とする視座から、社会問題という層の問題、つまり「共業」を問題にする視座への展開を見て取ることができる。

また、親鸞（『定本親鸞聖人全集』Ⅲ―和文篇：55）は『尊号真像銘文』で「十方衆生といふは、十方のよろづの衆生なり。すなわちわれらなり。」と、述べているように、その「分析」を経て、本願の正機を見定めていかれたと言えるのである。それは、単に「いなかのひとびと」を恣意的解釈ではなく、あくまでも、分析を経て、社会問題の解決・改善を目指し、宗教的救済の普遍性を追求する思索活動であったと言える。「いなかのひとびと」が前にした呪術的、土着的宗教は、「最底辺の生活」をすることを強いているという社会構造を見えにくいものとする。いわば権力によって作り出された社会構造を補完するはたらきを持っていた。その点において、そのような宗教を信じざるを得ない「いなかのひとびと」が生活していた環境下において、「十方衆生」を対象とする阿弥陀の本願による救済を明らかにすることは、何よりも呪術的呪縛から人々を解放し、本願の地平に共に出遇っていこうとする歩みに他ならない。本願に帰入することは、「共業するわれら」が本願の呼びかけに呼応していくことである。その「本願の呼びかけ」に呼応していくことが、「いなかのひとびと」は呪術的呪縛から解放されることになる。呪術的呪縛から解放されるということは、人々が合理的に物事を考えていく第一歩となる。また、「本願の呼びかけ」に呼応することにより、自らの主体性が明らかになり、自らの立脚地が明らかになる。その上で、社会問題が「われら」の問題として、生活改善などに立ち上がっていく力を如来から与えられる。そのような意味では、呪術的呪縛からの解放が結果的に「社会問題の解決・改善」につながったと考えることができるのである。

無論、親鸞在世は、社会分析という社会科学的な発想法自体、存在するわけが無く、現在の社会福祉の視座と同等の視座を親鸞に求めることには無理が生ずる。しかしながら、これまで見てきたように親鸞の「われら」という視座には、「個人の問題から社会問題へ」という視座の転換を明らかにうかがい知ることができるのである。それこそが、現代的社会福祉の視座に立つ出発点なのである。つまり、「一切衆生の救済」という大乗仏教としての仏教教理が先になるのではなく、「われら」として、社会の下層に沈殿するように共に生きることを余儀なくされている層であるという社会問題的分析と、「群萠」として五濁悪世を生きざるを得ない「共業の機」という宗教的分析の二つの分析が先にあって、法への深信があるのである。

親鸞における「われら」としての視座は、社会問題的分析と宗教的分析の二つの分析に立ち、「共業のわれら」という機の自覚に立って、「本願の呼びかけ」を聞くことにより、共に呪術的呪縛から解放されるということを通して、主体性を回復し、共に解放されていく視座であり、このような親鸞の「われら」としての視座は、「共業の機としての社会福祉論」と言えよう。この「共業の機としての社会福祉論」こそ、親鸞独自の社会福祉へのまなざしであり、真宗社会福祉が依拠する根拠であると言える。

では、「真宗社会福祉」の「論」の展開とはいかなるものか。それは、このような親鸞の「二つの分析的立場」に立ち、さらに、その「共業の機としての社会福祉論」をより掘り下げるために、現代社会福祉の立場である「社会分析の視座」を用いることによって、共に「共業」を生きる者として明らかになる社会問題を凝視し、その「改善・解決」を目指して、活動を行うことにある。そこには、先に述べたような、承元の法難を通して親鸞が見ていた「いなかのひとびと」への「われら」という共業のまなざしに学び、「個人の問題から社会問題へ」という視座のもとで社会福祉を推進していくという意味で仏教社会福祉とは異なるのである。

（b）真宗における社会福祉と真宗における障害者社会福祉

最後に「真宗社会福祉」と「真宗における障害者社会福祉」との関係について考えたい。真宗社会福祉と言っても幅が広い。そのような中、具体的に、真宗社会福祉のなかのいくつかの分野の中でも、焦点を絞った形で考えることが、真宗社会福祉の具体的な理論の構築のひとつの祖型を見いだすことができると考える。障害者に関する社会問題の分析については、旧来「障害者福祉」と呼ばれてきた。しかしながら、この「障害者福祉」という呼び名は、社会分析を伴う障害者「社会」福祉と、社会分析を伴わない「障害者福祉」という二つの手法による福祉論が、混在していたと言える。また、社会福祉の多くの分野から、障害者福祉をなぜ突出させて考えるかといえば、社会福祉の数ある分野の中でも当事者の権利性や社会認識などの問題を一番先鋭化して考えてきたのが障害者福祉分野であると言えるからである。

第二節　大谷派における仏教社会福祉史

第一項　本節の意図するところ

前節では、真宗における障害者社会福祉の基本的枠組みを検討してきた。では、実際に真宗大谷派というセクトでは、どのような社会事業が行われていたのだろうか。次に、近代の大谷派の社会福祉事業について考察していきたい。そのことを検討していくことによって、真宗における障害者社会福祉の考え方と宗門が抱える現実とのギャップを見つめていきたいのである。

また、本節においては、対象となる年代を限定して考察した。つまり、研究の対象となる年代は、明治維新後より第二次世界大戦後、具体的には一九六一年に行なわれた宗祖七〇〇回御遠忌法要までとした。なぜなら、一九六一年は、戦前・戦中・戦後を通して大谷派の社会福祉事業を担ってきた「社会部」が廃止される年でもあるからである。

本項においては、『近代大谷派年表（第二版）』（真宗大谷派教学研究所編、二〇〇四年、真宗大谷派出版部刊）に掲載されている社会福祉事業を中心として考察した。何故なら、これらの社会福祉事業は、真宗大谷派が少なくとも公に把握し、教団史として「年表に記載する」という行為をもって、その事柄に責任を持っているという点にある。つまり、当時、真宗大谷派関連の寺院や人物が社会福祉事業を行った事柄を拾い集めようとすると枚挙にいとまがない。そこで、教団史として公認する事柄のみを扱ったのである。また、社会福祉事業の範囲として、北海道開拓事業や占領地での福祉事業については意図的に言及せず、現在、社会福祉の領域として考えられていることに絞って考察したことを付言しておきたい。

第二項　仏教福祉草創期における福祉の状況

では、明治維新後より宗祖七〇〇回御遠忌法要前までの大谷派の社会福祉事業の実際とはいかなるものであったのであろうか。つまり、過去の社会福祉事業を明確にすることが、これからの宗門としての福祉の行方を見定めていくことにつながると私は考えているのである。

真宗大谷派は社会福祉事業を積極的に行っていたと言える。ここでは、それらについて編年的に考えていきたい。

まず、明治以降の大谷派の社会福祉事業を考えるとき、一八七七年、熊本仮説教場内に施薬場が設けられる。翌年、熊本県での病院建設に八四五〇円寄付をしている（医療福祉）。このことが、明治以降、初めて大谷派として行なわれた社会福祉事業と考えられる。その後、一八九一年、函館別院に北海道慈善会を設立、同年、愛知・岐阜県地震につき、両県末寺に 救恤事務所（災害福祉）を設けた。また、北海道慈善会は、一八九四年には本山直轄の団体となっている。

一八九九年には真宗大学の学生であった竹島将法が洛東慈善学院（地域・児童福祉）を設立している。一九〇一年、真宗大学が巣鴨に開校した年、常葉幼稚園（児童福祉）が開園し、浅草別院内に貧民救済の機関として無料宿泊所が作られる（以降、一九〇九年新築、一九一〇年第二宿泊所）。この年、本願寺派では大日本仏教慈善会財団が設立の認可を受けている。この大日本仏教慈善会財団は一九〇五年には軍人遺孤児養育院を設立している。一九〇七年頃、各地での災害が多発し、それにあわせて大谷派では慰問活動を繰り返している（四年間で八地区）。

一九一一年、大谷派は、感化済事業講演会を開き、大谷派慈善協会（社会福祉一般を扱った慈善活動団体）を設立、機関誌『救済』を発行する（一九一九年廃刊）。一九二一年、大谷派慈善協会は社会課に引き継がれる（後には社会局を経て社会部となる）。この社会課の主事が竹内了温（一八九一〜一九六八）である。この前々年には西本願寺に社会事業研究所が設立されていた。この社会課により社会事業講習所が始まり、同年、難波別院で派内社会事業家大会が開催される。この年に、本山傍系の特殊文書伝道として、点字雑誌『仏眼』が創刊される。日本で日刊の点字新聞が発行されたのは、翌年の『点字大阪毎日』の発行を待たねばならないので、傍系の伝導手段であったとしても、いかにその対応が早いかを窺い知ることが出来るであろう。また、この活動を受けて、一九二二年には仏眼協会（盲人福祉）が発足している。

また、仏教司法福祉の分野では、一九二一年に横浜監獄で初めての入仏式を行なっている。翌年には東西両本願寺合同の監獄教誨教務諮詢会が開かれている。この一九二二年は、浄土宗では共生会が椎尾師によって設立された年でもある。

一九二三年、関東大震災が起こる。それを受けて、その復興事業を中心として、慰問事業が盛んに行なわれる。翌年には、仏眼協会の盲学校が文部大臣の認可を得る。翌年には浅草本願寺内仏眼盲学校で入仏式が行なわれている。

一九二六年、社会課内に部落解放運動を中心とする地域福祉を行う真身会が設けられる。以降、各地で融和運動が盛んに行なわれるようになる。また、一九三一年には癩予防ならびに癩病者救護慰安教化のための大谷派光明会（ハンセン病に関する福祉）が設立される。同年、竹内が『癩絶滅と大谷派光明会』を刊行している。

その後、一九三四年には、同信報国運動がはじまり、一九三七年には『真宗』に検閲済みの印が入り、翌月には同朋箴規（己を捨て無碍の大道に帰す。人生を正しく見て禍福に惑わず。報恩の至誠を以て国家に尽くす）を発表する。そのようにして、戦時教学に突入するわけである。つまり、政府が戦時色を強めると同時に、大谷派も、戦時体制が進んでいく。その中で、社会課も、一億総玉砕の流れに組み込まれて行かざるをえない状態になっていくのである。戦時中の社会福祉事業は主に真身会が中心的役割を担っていたようであるが、戦局が激しさを増すとともにこれらの社会事業は一時中断せざるを得ない状態になるのである。

そして、終戦後、一九四六年には引揚孤児保護運動がおこり、翌年には同朋互助精神の振作・一派公益事業の開発助成を目的とする「同朋共生運動」がはじまる。さらに一九四八年には大谷派社会事業協会、大谷派真身会が再出発し、京都仏眼更正学校が開校する。また、翌年には大谷派保育協会が発足する。また、その間においても、各地で自然災害が起こると義捐金などを送っている。

一九五四年には真身会を解散し、新たに同和問題協議会が設立された。そして、宗祖七〇〇回御遠忌の年である一九六一年には、宗務職制が改定され、社会部が廃止され、同朋会運動がスタートするのである。また、大谷派は、御遠忌法要の後、開申事件、難波別院輪番差別事件など、昏迷の時代へと突入する。その「時代」は、問題点も多々ある。しかし、それらの問題は稿を改めて検討を行うことを考えている。

第三項　仏教福祉草創期における福祉の特徴と課題

このように、明治維新から、一九六一年の社会部が廃止されるまでの大まかな流れを考えてきた。その中に、いくつかの考察すべき点が存在する。

まず、先にも述べたが、大正末期から遅くとも、昭和初期までには、ある程度大谷派の社会福祉事業が成熟していたと考えられる。つまり、一九三一年の大谷派光明会の成立をもって、大谷派の戦前の社会福祉的資源はすべて出そろう形となる。真宗大谷派は、医療福祉・災害福祉・地域福祉・児童福祉・障害者福祉など、多くの社会福祉事業を積極的に行っていたと言えるという点にある。中には点字雑誌『仏眼』（点字雑誌の原点）や「無料宿泊所」（ハローワーク機構の原点）など日本における社会福祉事業の先駆となった事業も存在する。また、当時の活動の中で、仏眼協会や慈善協会など、現在にはその活動が伝わっていないものが多々あり、現在に比べ、当時の大谷派がいかに「仏教福祉」を中心とした社会福祉事業に力を入れていたかがわかる。

しかしながら、観点を変えれば、大谷派における近代の社会福祉事業は、仏眼協会の成立が特殊伝導をその趣旨とすること以外については、教学的展開と、社会福祉事業が関連性を持っていないという問題点が存在する感が否めない。むしろ、社会福祉事業の活動根拠としての教学的源泉というよりも、戦後の同朋共生運動という名に見られるように、あらゆる人々と共に生きようとした真宗者の実践的あゆみが見て取れるのである。

第三点目としては、このことは時代の制約であろうが、各々の活動が、それぞれの当事者運動をフォローするのではなく、教団として真身会などの活動に見られるように、啓発（当時の用語で言うならば「啓蒙」）、活動、ないしは義捐金活動に見られるように、啓発・慈善活動に重点が置かれている。また、この傾向は現在も続いていると言えよう。

また、戦中の社会福祉事業については、特にハンセン病者に関する問題などは、隔離政策を助長するなど国家の福祉政策に歩み寄っていく流れが見受けられ、そのような大谷派における戦時の福祉政策のありかたが、戦後、同朋会運動を通して問い直されていくことになったと言えよう。

真宗大谷派としていかに現代社会と向き合うのかと言うことが、教化の現場で大変大きな問題となっている。同朋会運動の発足以降、「家の宗教から個の信仰へ」というキーワードのもとで宗門が一丸となって信仰運動を進めてきた。しかしながら、仏眼協会や大谷派社会事業協会など、開申問題の経過の中で、その活動が途絶えたものも少なくない。また、宗派は戦後になって、老人福祉に関与していくが、肢体不自由者や知的障害者、精神障害者などの福祉政策については、宗派としてあまり積極的には関与していない。

今後の社会福祉事業のあり方を考えると、宗教者から社会的弱者へという宗門主導の構図をもつ福祉活動ではなく、当事者運動をベースとして考え、活動していくことが望まれている。そのことが、平等な僧伽を築き、真に共に、如来のもとで解放されていく世界が開かれていくのではなかろうか。

第三節　真宗から見た障害観と自立観

本節では、真宗障害者福祉論の思想的な骨子について考えたい。ここでは、真宗障害者福祉論の考察に先立って、まず親鸞における真実教の選び取りについて考察する。なぜなら、親鸞における真実教の選び取りについて考えるということは、親鸞の根本的立脚地を尋ねる行為であり、「真宗における障害者福祉」の原点について考察していくことにつながると考えるからである。

では、親鸞における真実教の決定とは、いかなるものだったのであろうか。親鸞（『定本教行信証』：9）は、『教行信証』の総標の文で「夫れ、真実の教を顕さば、すなわち『大無量寿経』是なり。」とされている。ここで、私が特に注目して考えていきたいのは、「真実教」と「大無量寿経」の二語の関係であり、そのあいだに「則」の字が用いられているという点である。そのことから考えられることは、「真実の教」と「大無量寿経」の二語は決して並列関係ではないということである。それは、端的に表現するならば、「親鸞一人の真実教を顕すとするならば、『大無量寿経』である」という意であって、逆に「『大無量寿経』は真実教である」ということは、親鸞は言っておられないということなのである。すなわち、『大無量寿経』が無条件に真実教であるということではなく、「親鸞一人において、真実教を顕らかにするならば、『大無量寿経』これである」という、親鸞一人においての主体的な「真実教」決定の宣言であると考えることが出来る。その決定こそが、親鸞が『教行信証』において「顕真実」として、あきらかにしようとされた教えの具体相であろう。それは、親鸞が、『教行信証』「教巻」で釈尊の出世本懐を、仏弟子阿難の誕生こそが「顕真実教の明証」であるとして、『大無量寿経』を真実の教と決定していかれた姿勢からうかがい知ることが出来る。

そのうえで、親鸞（『定本親鸞聖人全集』Ⅲ―和文篇：73）は、親鸞にとっての真実教である『大無量寿経』について、『尊号真像銘文』で、「『大無量寿経言』といふは、如来の四十八願をときたまへる経也。」と、「四十八願をときたまへる」と『大無量寿経』の要を主体的に受け取っていかれた。なかでも、親鸞（『定本教行信証』：97）は、『教行信証』「信巻」において、次のように『大無量寿経』を引用して述べられている。

至心信楽の本願の文、『大経』（筆者註：『大無量寿経』のこと）に言はく、設い我仏を得たらむに、十方の衆生、心を至し信楽して我が国に生まれんと欲ふて、乃至十念せん。若し生まれざれば正覚を取らじと。ただ五逆と誹謗正法とを除く、と。

ここで親鸞は唯一、この願文を「本願の文」と表現されている。つまり、至心信楽の願こそが「本」願であることを、明確に示されているのである。また親鸞は、至心信楽の願を「別願の中の別願」として基軸に置き、『大無量寿経』を読み取っていかれていたのである。

私は、そのような親鸞が『大無量寿経』を読んでいかれる基軸である至心信楽の願を中心として「真宗における障害者への視座」についての論考を展開したい。

そこで、この「本願文」で誓われている「十方衆生」という誓願の対象について考察しなければいけない。この「十方衆生」という言葉は本願成就文（『定本教行信証』：97-98）においては、次のように「諸有衆生」という言葉でもって教えられている。

本願成就の文、『経』（大経）に言はく、諸有衆生、其の名号を聞きて（聞其名号）、信心歓喜せむこと、乃至一念せむ。至心に回向せしめたまへり。彼の国に生まれむと願ぜば、即ち往生を得、不退転に住せむ。ただ五逆と誹謗正法とをば除く、と。已上

私は、親鸞が「信巻」のこの本願成就文の「諸有」という文字に「アラユル」とあえて訓点を付けられていることに注目したい。それは、法蔵菩薩の本願が、一切衆生の救済ということを課題として発された誓願であることが、この訓点によって、さらに明確化されていると考えるからである。つまり、阿弥陀如来の救済は、品位階次を簡ばずして十方衆生、諸有衆生と平等の救済が呼びかけられているということが明らかになってくるのである。さらに親鸞は『尊号真像銘文』(『定本親鸞聖人全集』Ⅲ—和文篇：55)において「「十方衆生」といふは、十方のよろづの衆生なり。すなわちわれらなり。」と、注釈されているように、「あらゆる衆生」といっても、「われら」といっても、「十方衆生」、「よろづの衆生」といっても、その本願の呼びかけを聞く、「われら」を離れてはない。すなわち、「十方衆生」、その呼びかけが成就するのである。その「われら」とは『歎異抄』「後序」(『定本親鸞聖人全集』Ⅳ—言行篇Ⅰ：37)において、下記のように言い伝えられている。

弥陀の五劫思惟の願をよくよく案ずれば、ひとへに親鸞一人がためなりけり。さればそれほどの業をもちける身にてありけるを、たすけんとおぼしめしたちける本願のかたじけなさよ

このように、親鸞において「われ」と述べられることは、どこまでも「親鸞一人」としての「われ」なのである。つまり、十方衆生という呼びかけは、どこまでも「われら」として、自己一人において、主体的に呼びかけを聞くところに開かれてゆくものである。つまり、自己一人において「主体的に呼びかけを

聞く」とは、とりもなおさず、本願によって呼びかけられている身ということを自覚することである。そして、「一人」(いちにん)として主体的に本願の呼びかけを聞くことによって、「われら」という群萠の中にあって、「一切衆生」という群萠の中の一人も漏らすことなく、如来による救済が現に恵まれている。その本願の教説に触れ、「一人」としての救いが成就するのである。つまり、「あらゆる衆生」として群萠の中の一人も漏らすことなく、一切衆生が本願によって、一人という独立者として「本願に呼びかけられている者」であることが明らかになるのである。

私は、そのような、「あらゆる衆生」に対して開かれた本願文および成就文にこそ、真宗における「障害者福祉」の原点的視座があると考える。ところが、むしろ親鸞が当時の障害者にどのようなまなざしを向けていたかということについて史学的に考察すると、『教行信証』において「障害者」への具体的な「まなざし」は読み取ることが出来ない。

また、真宗においては、『大無量寿経』における「善悪五悪段」や『浄土論』における「根欠(缺)」という語などが近世になって、障害者差別の根拠として使われたという歴史がある。これらの語について考えると、親鸞による『教行信証』をはじめとする諸著述での引用は皆無である。「親鸞による引用」が無いということは、親鸞の思想には、後年になって二つの箇所が差別を肯定し、助長する思想として利用されたような思想は無かったと考えられる。

これらの後世になって、差別的教学に用いられた用例や解釈等を考え、考察していくことは、「真宗障害者福祉」を考えていく上でも、非常に重要な内容を持つものである。しかしながら、本稿では、原点に立ち返り、親鸞が『大無量寿経』を真実教として主体的に読み取っていかれたように、この「アラユル衆生」と付された訓点に対して、主体的に読み取っていきたいのである。

では、現在の真宗においては、障害者をどのようにとらえて来ているのだろうか。真宗から見た障害者観についての考察を展開するとき、多くの場合『阿弥陀経』（真聖全Ⅰ：68）の「池の中の蓮華、大きさ車輪の如し。青き色には青き光、黄なる色には黄なる光、赤き色には赤き光、白き色には白き光あり。微妙香潔なり。」という経文が引用されることが多い。しかしながら、この経文を論拠にしようとするとき、はたして「障害問題」という課題についての具体的な姿がどれだけ明らかになっていくのかという疑問を払拭できない。つまり、世間で言われている「障害も個性の一つである」という考え方を取り入れ、その上で、同様の内容を持たせることが可能であるこの経文が探し当てられ、使われてきたと言ったほうが現実的であろう。

しかしながら、真宗における障害者への視座とはそのような、世間で言われている言葉を経文に探し当て用いるというどちらかといえば中途半端な視座でしか見ることができないのであろうか。むしろもっと積極的に見ていくことが出来るのではないか。

「障害も個性の一つである」という考え方が間違っていると述べようとしているのではない。そうではなくて、むしろ私が主張したいのは、それだけでは、現実を生きていく上で、不十分な点が多々出てきているということである。その問題点とは、「障害者」という、どちらかと言えば不条理な「生」そのものを、主体的に受け取っていくような、「生」の価値転換が必要であるということなのである。それは、とりもなおさず、「生」自体の積極的な意味づけと言えるであろう。つまり、「個性論」だけでは、そのような「生」を積極的な意味づけをすることが出来ないと述べたいのである。

そのような問題点を解決していく視座が、「あらゆる衆生」は、本願によって呼びかけられている存在であるという視座にあると考える。また、その一点にこそ、真の意味での真宗障害者福祉の原点が見出されるのではいかと考察する。それは、とりもなおさず、「障害者」という存在そのものが、弥陀の本願成就の一事によって、その障害をもった「身」のままで、あらゆるその他の条件を問わず認められ、「本願に呼びかけられている」存在となるという視座なのである。その視座によってこそ、障害者の「生」を越えていく新しい意味づけが出来ると言えるであろう。

つまり、それは具体的に健常なる状態にとらわれ、常に障害の克服や社会更生といった事柄に対し、「今以上に良くならなければいけない」と社会より強迫されている障害者の心理状態を解放することになるのである。そして、本願の呼びかけを聞くことにより障害者が、「障害」者としてではなく、「一人」としての独立者たらしめられるのである。その「独立」こそ、真宗における障害者解放の原点であり、真宗障害者福祉の視座の出発点なのである。そこに、如来の働きを受けて障害者みずからが、「如来より呼びかけられているもの」として如来招喚の勅命に信順し、自覚的願生道に立つことにより、自然に障害者自身が解放されていくのである。その視座こそが、真宗から見た障害者の自立観であり、独立観なのである。そのような障害者自身の「生」に対する新たな意味づけこそ、現在閉塞状況にある障害者福祉の世界を打開していく道を開くものになるのである。

第三章

「青い芝の会」の思想による障害と自立の問い直し

第一節　障害者運動のあけぼの

第一項　「青い芝の会」前夜

前章で、「健常者と障害者との共生」という内容について、本願成就文を考察することから、その内容を見いだそうとした。その中で、真宗における障害者社会福祉の考え方と社会モデルの考え方との関係性を検討してきた。本章では、真宗における障害者社会福祉の考え方の具体相として、日本型社会モデルの祖型を作った初期の「青い芝の会」の思想についての考察を行うことにより、「健常者と障害者との共生」の関係性を更に明確にしたい。

まず、その考察にはいる前に「青い芝の会」の発足について、時代背景という側面で論究していきたい。

岡村（1988：46-47）は、当時の障害者が置かれていた社会状況を次のように的確に表現している。

閉鎖的な、他人との接触はもちろん外部の情報や家族との交流からも完全に疎外され、障害者である、というただそれだけの理由から障害者は孤立した状態を強いられ…中略…「親の因果が子に報い、生まれもつかぬかたわとなり──」仏教の因果応報説が曲解され、迷信こそものの道理とまだ本気で信じ込んでいる親達のほうも、障害者の出生は前世の因縁であり祟りであり拭うにもとうていぬぐいきれない運命か天罰として甘受し、諦めきっていた。世間の視線や家系を意識する傾向が強い親ほど障害者が人目に触れることのみか存在さえ恥とし、国民の生存権保障の理念を具現化するものとして定められた「生活保護法」によってはじめて国や社会から保護を受けることが権利として認められた、その権利を行使することさえ不名誉と思い込んでいた。そうした意識はややもすれば障害者を社会からや家族から隔離するというかたちをとってあらわれる。さらにそれが昂じれば、まるでペットか玩具のように障害者を私物化し、ついには足手まとい、厄介者あつかいしてわが子を手にかけ、殺すか心中するかした（昭和三〇年から四七年までに発生した『心身障害者に係わる親子心中の件数』をみると、昭和三六年六件、三一年三件。三二年は一件で三三年は四件。三四年になると一一件の二ケタ台に増加し、三五年九件、四五年一五件、そして四七年には一七件も発生している）。…中略…前記の発生件数があくまでも〝事件〟として扱われ、社会に公表された数字であるとすれば、その一方には〝事件〟として扱われずにすみ、そのまま不問に付されたものもけっして少なくないにちがいない。むしろ、悲劇はかならずどこかでほとんど日常的にくり返されているのである。

この引用の中で「青い芝の会」の発足と発展について考えていく上で、注目していかなければいけないところが三点ある。それは、「仏教の因果応報説」（社会的理解）の問題、「生活保護」（生活環境）の問題、「親子心中」（家族関係）の問題の三点である。この問題は、この当時から現在に至るまで、障害者福祉に関する様々な問題を論究するにつけて論点となるところであり、現代の障害問題もこの三つの課題から出発していると考えても過言ではない。最初にこの三つの課題についての了解を記しておきたい。

まず、一点目の仏教の因果応報説の曲解についての課題であるが、障害当事者の花田春兆（1983：50～51）は次のように述べている。

こうした子どもが出現した場合、広い意味での家族（親戚とか一族とかを含めて）の人びとは、こんな子は私の家の血すじにはなかったのに……、と言いがちだったのです。私の家にはないというのは、つまり相手の血すじのせいだ、との意味がこもっているわけです。こうした傾向は、脳性マヒだけに限った問題ではありませんが、生まれつきと表現される状態が多く、原因が明確に摑めないケースが多いだけに、脳性マヒ児がよけいにそう言われたであろうことは、容易に想像できましょう。そうした子どもを持った物心両面の苦労の上に、そんな精神的圧迫を受けたのでは、それこそたまったもんじゃありません。自殺にまで追い込まれていった若い母親、つまり嫁も現実にいるのです。

「障害児が産まれる」という時点においての歴史的事実という観点から見れば、「産まれた」という「現象」にすぎないものを、「血筋」の問題として扱われているということ、すなわち、「障害児」という「個人」の誕生が「家族」、いや世代を超えた「血筋」というコミュニティーの課題に展開していることに着目したい。すなわち、本来ならば偏見や差別の眼差しは「障害を持った人」という個人へ向けられるものであるが、その「個人」の枠（領域）を越えて、「家族」や「家系」そのものが対象になっている。つまり、そこには一人の「障害者」に対して、その「家系」に属するその他大勢の健常者も「障害者」と同等の偏見で見られるという問題がある。この「血筋」の問題は先に挙げた岡村が指摘するように「仏教の因果応報説が曲解」されたことが影響しているのである。

では、「仏教の因果応報説が曲解」された内容とはいかなるものであろうか。その一例が『善悪因果経』と『因果和讃』である。双方とも中国で作られた偽経とされているが、江戸封建社会の上では儒教的世俗倫理や身分秩序を維持し、その身分制度の機構の根拠となる思想を裏付けるために、超宗派の僧侶が人々に説きひろめたという歴史的事実がある。それが、江戸時代以降、民衆の中で増幅され、拡大解釈をされながら広まっていった。そのことが、被差別部落や障害者などを差別する思想を肯定、助長し、現在に至っている。言い換えるならば、現在の様々な「差別思想」の温床となっている経典である。そのような問題意識で、「因果応報説」と「障害者差別」の関係について、『善悪因果経』における障害者差別の例を考えていきたい。尚、『善悪因果経』は『大正新修大蔵経』の八五巻（疑似部）の経典番号二八八一に所収されている。本来ならば、『大正新修大蔵経』からの引用がふさわしいのであろうが、「民間信仰としての『善悪因果経』」という課題なので、あえて引用は一般的に読誦されている本である大八木興文堂発行の『和文漢文善悪因果経』に依った。『善悪因果経』（『和文漢文善悪因果経』: 65, 67-68, 86, 88, 90-91）では、次のように述べられている。

人となり癃躄なるは、師長を見て起たざる中より来る。人となり僂脊なるは、軽衣にして出入し仏像の背く中より来る。…中略… 人となり、癩を病むは、三宝を破壊する中より来る。人となり手足随はざるは、衆生の手足を縛勅する中より来る。…中略… 人となり諸根不具足なるは、戒を破ぶる中より来る。…中略… 人となり寒熱を耐え履も、記録心無き者は、牛の中より来る。…中略… 人となり眼赤く歯短く、語らば便ち沫を吐き臥せば則ち身を纏う者は、蛇虺の中より来る。…中略… 人となり愚痴にして道理を解せざる者は、死して象、猪、牛、羊、水牛、蚤、虱、蚊、虻、蟻子等の形に墜つ。若し人身を得ば聾、盲、瘖瘂、癃殘、背僂、諸根不具足にして法を受くること能わず。

このように障害者への露骨な差別的表現がなされている。この偽経の要旨は障害者差別を行うために作られたのではなく、あくまでも善悪の因果を説き「避悪就善」を勧めるものであることはいうまでもない。そのような背景で障害者の親達は、「家に障害者が居る」ということが、すなわち、「血筋」の問題へとつながっていったのである。その「血筋」の差別の一面を補強したのは、神道的な「ケガレ意識」があったことは言うまでもない。

また、殊に真宗においては、『大無量寿経』における善悪五悪段や変成男子の願や、『浄土論』における「根欠（缺）」など、江戸時代以降、障害者差別の根拠として使われたという歴史がある。『大無量寿経』における五悪段の部分に関しては、無量寿経のサンスクリット原本では所収されていない部分で、中国に入ってくる段階で付け加えられたとする説が一般的である。また、三つの問題共に、親鸞による引用例は皆無である。「親鸞による引用例」がないということは、親鸞においては、後年になって三つの箇所が差別を肯定し助長する思想として利用されたような意識は無かったといえる。

二点目の「生活保護」の問題については、わが国における自立生活運動と、この生活保護の問題は決して切り離すことの出来ない問題であり、自立生活のキーワードとなっている。すなわち、全身性障害者を中心とする重度障害者が親元を離れ一人暮らしをするという「自立生活」を行う上で、生活保護の取得やその他の諸制度を利用して自立生活を行うというケースが一般的である。このような生活保護による生活資金を受けて、生活するということは障害者運動が始まる以前では考えられなかったことである。その「権利」が「不名誉」なものではなく、行使可能な権利として主張され出すのは後述する「マハラバ村」での諸問題を経てからである。

三点目に「親子心中」の問題であるが、このことの一例として、昭和四五年五月二九日横浜市金沢区富岡町で起きた、袴田秀子ちゃんという重度の脳性マヒ児に対する心中未遂事件がある。この事件の概要について自らが脳性マヒであり、かつ当時「青い芝の会」の本部副会長であった横塚晃一（1975：80）は、次のように当時の状況を記している。

この事件が発生するや、新聞をはじめとするマスコミは「またもや起きた悲劇、福祉政策の貧困が生んだ悲劇、施設さえあれば救える」などと書き立て、これに呼応して地元町内会や障害児をもつ親達の団体が減刑嘆願運動を始めた。

この事件に対して横塚晃一（1975：80）は次のように述べている。

これらは全て殺した親の側に立つものであり、「悲劇」という場合も殺した親、すなわち「健全者」にとっての悲劇なのであって、この場合一番大切なはずの本人（障害者）の存在はすっぽり抜け落ちているのである。このような事件が繰り返されるたびに、我々障害者は言い知れぬ憤りと危機感を抱かざるを得ない。

「障害者」である自身の「危機感」を述べている。この「危機意識」が皮肉なことに後の自立生活運動、ことに「親元を離れて地域で暮らす」という運動に至る序章となっていくのである。しかしながら、そのような状況下では障害者の多くは在宅療養するか施設に入所するかしかなかった。

また、当時の障害者に関する状況について考えると一九五六年には大阪府立堺養護学校をはじめとする三つの公立肢体不自由児養護学校が全国に先駆けて開校され、一九五八年には東京教育大学教育学部付属養護学校（現、筑波大学付属桐ヶ丘養護学校）が開校、日本身体障害者団体連合会（日身連、ＪＤ）が結成される。一九六一年には「三歳児一斉健康審査制度」が確立、同年に日本初の重症心身障害児施設である

「島田療育園」が開設される。翌年には「公立養護学校整備特別措置法」が改正され、障害者分離、別学体制の基礎が完成していく。また、同年には長崎の近藤原理らが「なずな寮」を開寮し、一九六三年には滋賀県に「びわこ学園」が開設され、同年、作家水上勉が『中央公論』六月号に当時の池田総理大臣に宛てた公開書簡である「拝啓総理大臣殿」が掲載された。その書簡について横田（1979：60）は次のように述べている。

作家の水上勉氏が次のような言葉を語っているのを私たちは注目しなければならない。
「今の日本では、奇形児が生まれた場合、病院は白シーツに包んでその子をすぐ、きれいな花園に持って行ってくれればいい。その奇形の児を太陽に向ける施設があればいいがそんなものは日本にない。いまの日本では生かしておいたら辛い。親も子も……」「私は、生命審議会を作ってもらって、そこへ相談に行けば、子どもの実状や家庭の事情を審査し、生死を決定するという風にしてほしいのです。」
「白いシーツに包んで花園へ」なんという恐しい言葉だろう。白いシーツに包むということは。花園へ運ぶということは。身体障害者は生きるな、生きてはいけない、という健全者の論理を見事に美化したものなのである。私たちは白いシーツという言葉の意味を確認し、それを根底からくつがえさなければならない。

このように、水上の文章を引用し、「私たちは白いシーツという言葉の意味を確認し、それを根底からくつがえさなければならない。」と批判している。しかしながら、現実社会は水上に対して批判的ではなく、逆にマスメディアに注目されていく。その結果と、一九六四年にライシャワー事件が起こったことが直接の機縁となって、翌年、社会開発懇談会が「精神薄弱者コロニー等答申」（俗に言う、「巨大コロニー建設の答申」）が出され、大規模障害者収容施設（コロニー）の建設が次第に始まり、コロニー建設ラッシュを迎えることになる。このことによって、障害者は、「家族の手厚い保護という名の下での隔離」から「施設収容による保護論」へと大きく変わっていくのである。

第二項　与えられる福祉から自分たちの福祉へ——「青い芝の会」の誕生

第一項で論究してきたように、当時の社会状況としては、偏見と、それらに起因する保護、そして大規模施設収容論が中心であった。それは、言い換えるならば親や社会から「与えられた福祉」であり、そこには、障害者の「自己決定権」など論究する余地もなかった。親や社会によって決定され、「保護」という名のもとに長い間抑圧されてきた「障害者福祉」でもあった。そのような社会状況の中で、日本において本格的な障害者のための障害者による団体（以下、「当事者団体」と呼ぶ）による障害者運動がどのように始まっていったのであろうか。以下、当事者団体である「県南障害者の会」と「青い芝の会」の成立を見ていきたい。なお、当事者運動の発展については杉本章（2001）がすでに「障害者史」の立場から検証している。本稿ではその研究成果をベースとして、以下の議論を展開していきたい。

日本で初めての本格的な「当事者団体」が産声を発したのは、一九五六年に茨城県で結成された「県南障害者の会」である。杉本（2001：59）は、そのことを次のように述べている。

一九五六（昭三一）年の暮れ、脳性マヒ、カリエス、ポリオ、筋ジストロフィー等の身体障害をもつ九人が「茨城県南障害者の会」（マヽ）を結成しています。この会は、当時では珍しい障害者自身が組織した団体ということもあって、様子を伝え聞いた県内各地の障害者からの参加希望者もあり、半年後には会員数も五〇人以上に増えました。活動は、バス旅行やハイキングなど親睦会的なものだったようですが、会員同士が結婚する例が相次ぎ、ちょっとした結婚ブームを巻き起こしました。

しかしながら、ここで付言しておかねばいけない点が二点ある。まず杉本は初期の「青い芝の会」を中心とする論究については、岡村青（1988）にすべての言及を依拠している。岡村（1988）は、これまでに述べたように史実に対し忠実である。しかしながら、岡村によると、引文の「茨城県南障害者の会」は、「県南障害者の会」という表記になっている。また、「県南障害者の会」の発起人である折本の文章（2002：10）では「県南障害者の会」となっていることから、杉本の文章は転記ミスであることがわかる。また、「障害者自身が組織した団体」と言えば、一九四七年に花田ら光明養護学校の卒業生三人によって結成され当時もうすでに専門家の間から評価を得ていた身障者同人誌『しののめ』が存在していた。『しののめ』は俳句、短歌、詩等を主体とした文芸同人誌として創刊されたが、少しずつその様相が変化していた。一九五五年（昭和三〇年）頃の『しののめ』の様子を岡村（1988：32-33）は、次のように述べている。

三〇年ごろになると障害者問題に正面から取り組むもの、あるいは部落解放運動を訴える者、なかには既成政党とのつながりをはっきりと持った者もいて、当初のスタイルから次第に党派性を帯び、その果す役割も純粋芸術を志向する方向からいえばだいぶ逸脱した、社会の不正や不条理を告発するある種の機関誌的側面を併せ持つようになったのは否めなかった。

ここに、「社会の不正や不条理を告発するある種の機関誌的側面を併せ持つようになった」と述べられているように、『しののめ』自体が、文学誌的な性格から、社会運動の機関誌的性格に変容していったといえる。また、県南障害者の会の発起人である折本らも『しののめ』の同人であったことから、県南障害者の会も多分に影響を受けているということは言うまでもない。しかしながら、当事者団体の出発点というと、県南障害者の会を指すことが一般的である。それは、この時点では『しののめ』が文学同人誌の域を出なかったということより、明確な年次が定かではないが一九六一年頃に県南障害者の会は「青い芝の会」茨城支部として再スタートを切り、「障害者運動」に取り組み、まさに一九六〇年代の当事者運動の主たる団体へと成長していったという歴史を持つからである。

県南障害者の会が後年、「青い芝の会」茨城支部となっていく母体である「青い芝の会」とはいかなる団体であったであろうか。その「青い芝の会」誕生の概略を杉本（2001：59）は、次のように述べている。

「県南障害者の会」結成の翌年一一月、東京の光明養護学校卒業生らによって「日本脳性マヒ者協会・青い芝の会」が結成され当初は未就学の脳性マヒ児のための塾を開設したり、女性障害者の編物教室を開くなどの活動を行っていました。「青い芝の会」の誕生がマスコミで大きく紹介され、結成から三年後には会員数が二四〇名を超えるまでになっていました。また各地で「青い芝の会」結成の動きが広がり、札幌、福岡、広島でも支部が結成されました。

光明養護学校の卒業生らが「青い芝の会」を結成し、全国に発展したことを述べている。しかしながら、前述の如く、すでにその当時、光明養護学校の卒業生らが中心となって結成された『しののめ』が存在していた。河口（1982：45）は『しののめ』と「青い芝の会」の関係を「高山と山北と金沢が「青い芝の会」をつくったのは、『東雲』（マヽ）での論理活動を実践化するため、我々が結束し、ともかく世の中に飛び出してみようというのが発端だった。」と、「青い芝の会」と『しののめ』とが深く関係していることが述べられている。また、大仏（1975：11）は後年、「青い芝の会」結成当初のことを対談の中で、次のように述べている。

今日では、だいたい、私たちの理論が「青い芝の会」の中心になっているから、何となく「青い芝」の発祥地は茨城という誤解すら生じていると思うんだけれども、本来は、東京の都立光明養護学校の同窓会から始まったものです。養護学校だから障害者が集まるんだが、そのなかで、どうしても脳性マヒ者は、同じ同窓生の中から疎外されていく。それで、脳性マヒだけの同窓会をつくろうとなったのが始まりです。

この文章の中で「どうしても脳性マヒ者は、同じ同窓生の中から疎外されていく」と述べられているが、それは脳性麻痺の場合、中枢神経系統の障害であり、しかも障害が全身にわたり、言語障害を併発する場合も多いという状況から、末梢神経系統の障害であり、当時流行し、小児麻痺と呼ばれていたポリオと一線を画して扱われた。言い換えるならば、脳性麻痺は障害者の中でも、「同胞」として扱われる対象ではなく、むしろ疎外視されていた状況であった。この風潮が、「全身性障害者」という言葉を作り出す一因となっていることは否めない事実である。

そのような状況の中で「青い芝の会」は誕生したのである。では、当事者である脳性麻痺者はどの様にその「誕生」を捉えていたのであろうか。参考になる文献を挙げるとするならば、脳性麻痺者であり翻訳家の二日市安（筆名は後藤安彦［1988：38-39］）は、次のように述べている。

一九五七（昭和三二）年の青い芝の会結成の報道は、ややオーバーに表現すれば、まさに闇のなかの光に等しかった。今の時点から振り返れば、当時の青い芝の会は脳性マヒ者同志が慰め合いいたわり合うことだけを目標にした団体であり、対社会的な働きかけなどメンバーの誰にも考えられないほどの微温的な組織に過ぎなかったわけであるが、在宅で孤立無援の状況にあった私にとっては、そういう会が存在すると考えるだけでも心の支えになった。だから一九六〇（昭和三五）年に国立身体障害センターを修了した私が、その翌年早々青い芝の会に入会したのは至極当然の成り行きだった。

ここで、「青い芝の会」の結成について、「孤立無援」の状況が打開される存在であると述べられているように、当時の脳性麻痺者にとっては、「青い芝の会」の結成が、いかに現状の生活の中に希望と光明を与えることであったかということをうかがい知ることが出来るであろう。

第三項　マハラバ村の生成――その歴史的側面について

前項で述べた県南障害者の会が「青い芝の会」茨城支部として、変容していくにつけて大きな手助けをしたのが大仏空である。その大仏空が「青い芝の会」の思想に大きな影響を与えることになるのである。この項では、その流れを「マハラバ村の生成」というキーワードで考えていきたい。議論すべき点は多いが、まず、その概略を杉本の文章を引用して考えていき、次にそこに内在する一つ一つの論について言及していきたい。

まず、杉本（2001：60）は大仏空と「青い芝の会」、そしてマハラバ村の関係とその顛末について、つぎのように述べている。

初期の「青い芝の会」が掲げていた当事者自身が運営する脳性マヒ者の生活の場としての「コロニー建設運動」を閑居山で実現しようと、一九六三（昭三八）年暮れから翌年にかけて「閑居山コロニー」を開き、後に東京、神奈川の「青い芝の会」の中心となるメンバーを迎え入れました。このコロニーは後に「マハ・ラバ村」と称されるようになりましたが、横塚晃一、横田弘さんら一九七〇年代の社会に大きな衝撃を与えた初期「青い芝の会」運動のリーダー達は、ここで親鸞の思想を軸とした大仏の独特の仏教思想に大きな影響を受け、運動の思想的基盤を鍛えられたのでした。その後、「マハ・ラバ村」では住人たちの結婚、出産が相次ぎ、一九六八（昭四三）年春に横田さん夫婦に子供が生まれて去った後、残っていた住人たちも山を降りて一九六九（昭四四）年秋には事実上崩壊し、大仏空も一九八四（昭五九）年七月に亡くなりました。しかし、「マハ・ラバ村」運動が「青い芝の会」の運動が初期の親睦・互助会的性格から脱して、社会の障害者差別に対する告発を基調とした先鋭な運動集団としての性格を持つようになる転機となったことは確かでしょう。

とその六年間の顛末を五〇〇字弱でまとめられている。その顛末記については大仏空の存命中にはまず、一九七三年に寺ノ門がマハラバ村の評伝である『偽りよ死ね』（寺ノ門 1973）を出版し、一九七五年にはマハラバ村参加者の横田と横塚がそれぞれ『転草』（横田 1975）、『母よ！殺すな』（横塚 1975）を出版、そして、一九八一年には同じく参加者の小山が『いきざま』（小山 1981）を出版し、一九八二年には河口栄二が『我が子、葦舟に乗せて』（河口 1982）を出版している。そして最後に、大仏没後、それらの大量の著作に目を通し、それを集約する形で岡村青が『脳性麻痺者と生きる』（岡村 1988）が成立していくのである。中でも唯一、マハラバ村の顛末だけに焦点を当てて、二五〇頁以上の分量で執筆されているのが横田（1975）である。そのようにマハラバ村に関する著述は膨大な量に及ぶ。そのような文献の量、その中で述べられる様々な出来事が次から次へと起こっていく六年間という長い時間とその出来事の数々を杉本は五〇〇字で的確にまとめている。

しかしながら、マハラバ村の顛末についてこれだけでは不十分なところがある。まず、大仏と閑居山の関係について述べていくことにする。大仏の生涯について、杉本（2001：59）は次のように述べている。

大仏空は、僧職から一時クリスチャンに転じたこともある大仏晃雄の長男として一九三〇（昭五）年に生まれましたが、父が太平洋戦争末期の一九四四（昭一九）年に茨城県新治郡にある閑居山願成寺の住職として赴任したのに伴われて閑居山に移り住みました。若い頃から各地を放浪して歩くなど、型破りの人生を送りましたが、一八六八（昭三八）年、父の死とともに閑居山に帰りました。

その願成寺のことを詳述すると、住所は茨城県新治郡千代田村上志築四六三にあり、古の徳一上人の開基とされ、茨城県の中でも由緒ある寺とされていた。現存する願成寺には大仏空の息子、大仏暁空が住職として住んでいる。その寺院の形状は「大伽藍がある寺院」というより、「本堂」とも言い難いもので、良く田舎にある一般的な木造平屋建ての民家のようなもので、一〇人程度しか起居することの出来ない建物であった。後に、「三階」と呼ばれる丸太作りの二階建ての離れと、プレハブ三棟が増築され、最初三人の住人から始まったマハラバ村も、最盛期には三〇人が起居していた。また、その閑居山の状況についてであるが、河口（1982：148）は「常磐線石岡駅から北に車で約二〇分の標高三〇〇メートル山の中腹にコロニー村はあり、あたりに人家は一軒もなかった。大仏は父が病死した昭和三八年を境に、仏像、仏具一式を整理し、コロニー村建設運動にすべてを賭ける覚悟で、踏み切っていた」と、述べている。更に閑居山で生活経験のある小山（1981：88）は、「閑居山にある今の坂はだいぶゆるやかになっているけれど、その当時は急な階段で、足の不自由な僕たちがその急な石段をのぼって行かねばならなかったんだ」と当時の状況を振り返っている。次にコロニーの名前である「マハラバ村」であるが、それについて大仏（1975：14）は、次のように述懐している。

村の名前は、あとからついちゃったんで、本当は名前を付ける気がなかった。ぼくは、最後まで、名前を付けたくなかったわけです。どうしてもつけたかったら千代田村上志築四六三でいいじゃないかと言った。そのうちに、「閑居山コロニー」なんて名乗る奴が出てきちゃって、それじゃ仕方ないから、統一しようということで「マハラバ」村という名前を付けるハメになったんですよ。

また、この「マハラバ村」という名称の決定について、横田（1975：85-86）は、次のように述べている。

それまでコロニーには正式の名前がなかったのである。矢田氏あたりは手紙の住所などに勝手に「閑居山コロニー」という名を用いていたようだが、和尚さんとすれば、やがてはこの場の障害者解放区を全国に拡げようとする理念の上から「閑居山コロニー」という名では困るのである。それともう一つ、これは私の考え過ぎかもしれないけれど、「閑居山コロニー」ということになると「閑居山」が経営する「コロニー」ということになるのではないだろうか。…中略…最近しきりに使われている「何とかコロニー」という名称と私たちの集団とでは質的に違うはずであるし、また違わなくてはならないはずなのだ。私たちの集団は、思想的な結合を基とした自立のセツルメントなのである。「閑居山願成寺」つまり大仏尊教師（和尚さん）の経営する「施設」であってはならないのである。だから和尚さんはこの名称をひどく嫌った。「マハ・ラーバ村」という名称を決めるまでには色々と紆余曲折があった。「マハ」というのは梵語で「大きい」という意味である。「ラーバ」というのは「叫び」を意味している。そして、この「叫び」は単なる「叫び」ということではなく、「絶叫」を意味しているのだ。即ち、絶望の果てのどうにもならない叫び、「さあ、俺を殺すんなら殺してみろ。」という、云わば居直りの叫びなのである。社会に絶望し、「家」に絶望し、親に絶望したものの集団としてこれ以上の名があるだろうか。私達は両手を挙げて賛成した。

このように、その経緯について述懐し、詳しく解説をしている。旧来「名は体を表す」といわれるように「マハラバ村」という「名」そのものが、マハラバ村の思想のすべてを物語り、歴史的性格と未来へ向けての方向性があった。

第二節 大仏空の『歎異抄』理解とマハラバ村の理論

第一項　念仏観とマハラバ村の名と念仏の関係

前節で、マハラバ村が存在していた時の社会状況とマハラバ村の持つ歴史について述べてきた。本節では、そのマハラバ村の思想をその後の「青い芝の会」の行動と結びつけて考察していきたい。その中で、第一項では、マハラバ村の思想的な指導を行った大仏空の思想の内容と、それに対するマハラバ村の住民が受容した内容について、吟味し、論究していきたい。

まず、大仏の思想を中心に論究していくと、大仏の思想とは、どの様なものであったのか。それを、河口（1982：149）は、次のように述べている。

> 大仏はコロニー村建設運動の指導者ではあるが脳性マヒ者ではないため、あくまでも助言者として脳性マヒ者の「自覚と思想」を植えつけようとした。大仏のものの見方、考え方は、親鸞の歎異抄と毛沢東の革命思想に尽きると言ってよく、それをひと言でいえば、この世の中の常識、通念を打破し、拒否してゆくことから真の人間社会が生まれてくる、という哲理といえた。

大仏の「毛沢東」に関する著述と親鸞に関する著述を比較する場合、親鸞に関する著述が、毛沢東のそれに比べて膨大な量が現存する。また、コロニーの住人だった人々の著述には大仏の親鸞に対する理解についての「書き抜き」はたくさんあるが、毛沢東についての書き抜きは一部にしか存在していない。先の河口の指摘にもあるようにマハラバ村での生活は、大仏空の独特の思想を基に日々の生活を展開していた。岡村（1988：175）は、次のように、マハラバ村での日々の生活を描写している。

夕餉が終ると、それまで食卓であったものがさっとテーブルに早がわりし、例によって大仏を囲んでの楽しい語らいが始まるのも、コロニーの日課だった。「大仏教祖どうぞ」一番弟子をもって自認する横田がお道化てみせる。「弥陀の誓願不思議に助けられ参らせ、往生をば遂げるなりと信じて念仏申さんと思い立つ心のおこるとき、すなわち摂取不捨の利益に預けしめたまうなり――」瞑黙し、よどみなく誦んじてみせる大仏の声は、深く、もの思う響きをもってきくものの心に滲み入った。

岡村（1988：175）はその文章に続けて、次のように大仏の『歎異抄』の解釈とその思想性について記述している。

阿弥陀仏に助けられ、極楽浄土に生まれることができると信じ、念仏を唱えようと思い立つ心が生じるとき、人間は阿弥陀仏に救われるというけれども、俺はなぁ、『思い立つ心』なんて初めからどうでもいいと思ってるんだ。人間の心ほど当てにならぬものはないんだし。その当てにもならない、か弱い人間ができることといったら『助けてくれぇ』とすがって、念仏を唱えることぐらいじゃないかなぁ。つまり自分が生きている証しとして大声で叫ぶ。それが歓喜の叫びか、絶望からの叫びか、怨嗟の叫びかは知らないが。まず念仏ありきで、そのあとから『思い立つ心』がついてくるんじゃないかと思うんだけどなぁこの思想について、少し文献学的な問題を指摘しておくと、岡村は「評伝」に『歎異抄』第一章についての大仏の解釈について記述する際、横田（1975）を参考にしたとみられる。この文章と同趣意の文章が横田（1975：46）に見られる。刊行年次順で考えると、横田の文章を引くのが順当であろうが、岡村の文章は横田（1975：46）を引き継ぎ、更に原文を整理し、諸本を対校して、語彙を補って記述されている。ここでは、引用文の原文であるマハラバ村住民の横田の文章を引かず、整理された形のものを中心にして、以下、その思想性について考察することにする。

また、横田（1975）は数あるマハラバ村に関する著書や記述がある中で、唯一、大仏自身が「序文」を書いている。また大仏が「青い芝の会」関係の書物に文章を寄せるということは、非常に珍しい。「青い芝の会」の『倫理解放テキスト』という小冊子に三冊のシリーズがあるが、大仏は、そこに解放理論として文章を寄せているぐらいである。しかも、『倫理解放テキスト』（一冊目）については、大仏の文章であることは大仏照子によって証言されているものの、著者名の記述はない。『倫理解放テキスト №.2』（二冊目）では、大仏の雅号である「風乱軒主人」の銘を残すのみである。また、『倫理解放テキスト 三版』（三冊目）では、記名なしの序文である「人々は我々をアナーキストだと云う」と、二冊目の「風乱軒主人」の文章に「社会科学としての労働」という表題を付けて再掲しているのみである。尚、『倫理解放テキスト』の三冊目以外は大仏の文章のみで構成され、三冊目は、それに『ジュリスト』に掲載された横塚のマハラバ村についての顛末記が大仏の二つの文章の間に引用されており、現在では、この三冊目の『倫理解放テキスト』が一番有名になっており、二〇〇一年、里内らによって復刊［茨城青い芝の会（2001）］されている。このように大仏が「大仏空」という名で、序文を書いているということは異例なことである。そのような経緯のある『転草』には大仏のマハラバ村での講義録だろうとされるものが四〇頁にもわたって掲載されていることや、横田自身が、執筆にあった大仏空に相談した時のエピソードが述べられていることから、完成稿間近で大仏空が目を通していた可能性が強い。そのような、『転草』が基になっているこの文については、非常に大仏空の思想としても信憑性の高いものである。

さて、思想の内容についてであるが、「自分が生きている証しとして大声で叫ぶ」という部分に着眼していきたい。この部分は『転草』（横田 1975：46）では「ただ人間にできることは『念仏する』こと、つまり自分が生きていることを大声で叫ぶこと、行動することなんじゃないかな。」と、よりシンプルな形で、表現されている。ここで、大仏の思想は念仏が生きているということを「大声で叫」び、「行動」することにあり、この理論が、マハラバ村の「名」にそのまま名付けられたと言ってもよいだろう。このマハラバ村と念仏についての包含関係については大仏は言及している文章が見つかっていない。しかしながら、マハラバ村を大仏の思想で考えるならば「念仏村」と名付けたのと同様の意味がある。すなわち、前節で述べた如く「マハラバ村」という「名」そのものが『歎異抄』の解釈に由来するものであり、まさに生活全体を挙げて『歎異抄』に聴こうとした姿勢そのものではないか。

さらに、「まず念仏ありきで、そのあとから『思い立つ心』がついてくる」という解釈では、「念仏ありき」すなわち、はじめに法藏菩薩の衆生を救おうとする願いがあり、そのあとに、衆生の信心というものが起こってくる。『歎異抄』の信心の了解の一つである「如来よりたまわりたる信心」という構造を貫いた精神である。だからこそ、「思い立つ心」すなわち、衆生自身の願いや思いが「初めからどうでもいい」と言い切ることができるのである。「たまわりたる」ものであるからこそ「あとから『思い立つ心』がついてくる」のである。しかしながらここで、少し注目しなければいけないのが、この文章の構造は「阿弥陀仏に助けられ、極楽浄土に生まれることができると信じ、念仏を唱えようと思い立つ心が生じるとき、人間は阿弥陀仏に救われるというけれども」という話が前提となっている。「極楽浄土」の救済の構造が、まず念仏すなわち、法蔵菩薩の願いがあり、その願いに基づいた法蔵菩薩の行によって信心をたまわり、「思い立つ心」すなわち、救済への道理がついてくると述べている文章なのである。それは、「阿弥陀仏に助けられ、極楽浄土に生まれることができると信」ずるということが「念仏」より先にあると述べているのである。しかしながら、『転草』にはこの「阿弥陀仏に助けられ、極楽浄土に生まれることができると信じ、念仏を唱えようと思い立つ心が生じるとき、人間は阿弥陀仏に救われるというけれども」という文章がすべて抜け落ちている。この点こそが、マハラバ村での『歎異抄』の理解の大きな問題点になるのである。

第二項　大仏の悪人正機についての理解と二種深信

また、横塚（1979：25-26）は自らの『歎異抄』との出遇いと、そのきっかけとなった大仏の『歎異抄』理解を次のように述懐している。

「善人なをもて往生をとぐ、いはんや悪人をや。しかるを世のひとつねにいはく、悪人なを往生す、いかにいはんや善人をやと。この条、一旦そのいはれあるににたれども……」これは鎌倉時代にかかれた歎異抄の一節である。歎異抄は浄土真宗の開祖である親鸞上人の教えを弟子が書き記したものであるが、その真髄は悪人正機、つまり「悪人こそまず救われるべきである」というのである。親鸞のいう悪人――うみかはにあみをひき、つりをして世をわたるものも、野やまにしゝをかり、とりをとりていのちをつぐともがら――は自分が悪人だということを知っており、なおかつ悪業をしなければ生きていけない悲しみを知っている。それに対して善人は「善行」（心身の修業を行い勉学にいそしみ他人に施しなどをする）のできる、いわば恵まれた人達なのである。親鸞は当時修業勉学する機会に恵まれた人達だけが救われるとする旧宗派を捨て、庶民――その時代の底辺をなす人々――の中で生きた人といえよう。現代において、人は無意識のうちに善い行いをすれば善いことがあり、幸せになれると思い、善い行いとは究極のところよく働くことだと素直に信じこんでいる。「一生懸命働き、社会の役に立ち、金を残し、自分の家を建て、良い家庭を築く、このようなことが善人の手本であり幸せの見本とされているけれど、このようなことができない人達はどうなるのかね。それは『不幸な人』すなわち悪とされる。しかし歎異抄の『悪人』という言葉を障害者という言葉に置き換えてごらん」これはマハラバ村（サンスクリットで大きな叫びの意）のリーダーであった大仏空（あきら）師の言葉であり、私と大仏師、歎異抄との出会いでもあった。

ここで、横塚は、大仏空の言葉を通しての『歎異抄』の言説との出遇いを述懐し、さらに、大仏の『歎異抄』理解について横塚（1979：26-27）はその思想性を述べている。

人は誰でも罪深いものである。知らず知らずのうちに人に迷惑をかけている。いや、迷惑をかけ罪を犯さなければ生きていけないのが人間である。それを償おうとすればまた一つ二つと悪いことをしてしまう。そんな罪深い自分に気がついた時に「助けてくれ」と叫ばなければならないだろう。その叫びを親鸞は念仏といったのだ。そして念仏を叫ぼうと思い立つ心の起こる時、仏はつかんで離さないというのだ。

これらの文章は、初出は法律雑誌『ジュリスト』の一九七四年一〇月臨時増加号に掲載されたものである。その後、この文章は横塚晃一の『母よ！殺すな』（横塚晃一 1975）に所収され、この『解放理論研究会テキスト（三版）』（横塚りゑ 1979）に再掲された。全体の文章は『解放理論研究会テキスト（三版）』の頁数で六頁から三一頁の二五頁にわたる著述である。『ジュリスト』、『母よ！殺すな』と『解放理論研究会テキスト（三版）』の三つの文章を全文にわたって比較すると、『母よ！殺すな』は『ジュリスト』の再掲であり、校異は見られないのであるが、『ジュリスト』と『解放理論研究会テキスト（三版）』とでは、例えば、「障害者（児）」という表現が「障害者あるいは障害児」となっていたり、章立て等に校異が認められるのであるが、基本的な文章は同じもので、内容的には変化がないくらいのものである。しかし、ただ、引用文中の「そして念仏を叫ぼうと思い立つ心の起こる時、仏はつかんで離さないというのだ。」という表現が、『ジュリスト』では、「そして念仏を叫ばなければいられなくなった時、必ず阿弥陀様が救って下さるというのだ。」となっているのが、最大の違いである。何故、二六頁中、この箇所だけが大きく変更されているかという点は、明確になっていない点である。

しかしながら、『ジュリスト』の叙述部を引かず、何故この文を引いたのかというと、先に挙げた「『思い立つ心』がついてくる」という理論が「仏はつかんで離さない」、すなわち、摂取不捨の利益にあずかるということが、明確に表現されているという点を述べたいからである。それが、『ジュリスト』、『母よ！殺すな』（横塚晃一 1975）では「阿弥陀様が救って下さる」という表現になっており、『解放理論研究会テキスト（三版）』（横塚りゑ 1979）のほうがより積極的で、且つ明快な解釈に変化している。そこに、大仏の『歎異抄』理解の本質を窺い知ることができる。

順序は逆となったが、横塚の引文の前半部分について、少し考察してみたい。前半部分で特筆すべき箇所は「歎異抄の『悪人』という言葉を障害者という言葉に置き換えてごらん。」という言葉であろう。この引文は言うまでもなく『歎異抄』第三章の課題をわかりやすく、噛み砕いて述べられているところである。訳文中に『歎異抄』十三章の「うみかはにあみをひき…中略… いのちをつぐともがら」を引用している。この言葉は次に続く「さるべき業縁のもよおせば、いかなるふるまいもすべし」（『定本親鸞聖人全集』Ⅳ—言行篇Ⅰ：23）という親鸞の「衆生は宿業存在である」という思想を引き出すために、唯円房が引用している言葉である。
この第一三章の言葉は、旧来、真宗学としての伝統的解釈では『歎異抄』の第三章の課題と、「合わせ鏡」のように、考えられてきている。大仏の思想も、ある意味でその伝統にのっとった形である。このように考察すると、ここで大仏が述べている「悪人」という言葉が、社会的悪、すなわち世間的な道徳に反するところの「悪」ではなく、「五逆罪」に代表される仏教的悪、すなわち仏教的道徳に反する「悪」のことを指していると考えられる。しかし、何故、そのような中で、「『悪人』という言葉を障害者という言葉に置き換えてごらん」という言葉が出てくるのであろうか。その問いを解く鍵は、河口（1982：150）が、次のように述べている言葉の中にある。

『歎異抄』は、悪人こそ本当の人間の機根（本質・可能性）なのだという〝悪人正機〟を唱えている。しかしこの〝悪人〟を〝障害者〟という言葉に置き換えてみると、まさに脳性マヒ者の姿そのものではないか。障害者は被差別者であり、すぐに被害者面をするが、同時に自分が加害者でもあることには少しも気づこうとはせず、悪人であることに気づいていない。

ここで、河口は、大仏の「悪人正機」の考え方を言葉を補って解説している。これは、障害者は「被害者」、つまり被差別者であり、なおかつ差別者であるという思想を示している。しかし、現実には「被害者面」をし、「差別者である自分」に気付こうともしないのである。それは、『歎異抄』十三章で述べられるところの「さるべき業縁のもよおせば、いかなるふるまいもすべし」、つまり、人間は縁しだいでいかなる振る舞いもしてしまうのだという自己の姿に気付こうともしない姿でもある。そのことを、大仏は石川と対談した対談集で、この横塚（1979：26-27）の文章の全文を引用している。その中で大仏（1975：

12-13）は、「『障害者は被差別者であり……』からがポイントなのです」と、述べ、さらに横塚の文章を引き終わった後（1975：13）に、次のように述べている。

「差別」というものに対しても、そう単純でないというかな、自分自身にも「差別」の原因がある。だけど自分自身が「差別」するだけで終わらないで、その「差別」を法律的に組織化し、社会化し文明とするところに問題があると、ぼくは考えているんです。だから、「差別」というものの原因は、そもそも、人間が〝生きる〟ということ自体にもっている。〝生きる〟ということが「差別」の原因だ。

これは、すなわち、『歎異抄』第三章でいうところの「煩悩具足のわれら」という、常に人間は差別をすることでしか生きていくことができない存在であるという親鸞の人間観を大仏がわかりやすく述べた文章である。つまり、「同時に自分が加害者でもあることには少しも気づこうとはしない」という姿は、自分自身を完全なる「被差別者」として位置づけ、どこか「善」的存在になろうとしている姿である。それは、『歎異抄』十三章の「さるべき業縁のもよおせば、いかなるふるまいもすべし」という「自己を凝視」すること、すなわち、『歎異抄』十三章の課題とするところである機の深信に欠いている姿なのである。その一点において、大仏は「悪人」と述べているのである。

この「機の深信」とは二種深信に由来するもので、旧来、真宗の信心の内景を「二種深信」として考えられてきた。つまり、如来からの「あらゆる衆生」に対する「呼びかけ」と、その「呼びかけ」を受けて、衆生に起こりうるのが、「如来よりたまわりたる信心」（『定本親鸞聖人全集』Ⅳ―言行篇Ⅰ：6）なのである「二種深信」は、中国の善導が『観経疏』で『観無量寿経』の三心（至誠心、深心、回向発願心）の内、「深心」について、二種類の深信にわけて、『観無量寿経』の経文を解釈している。親鸞（『定本教行信証』：103）は、この善導の『観経疏』の解釈を受けて、『教行信証』で次のように『観経疏』の文章を引用されている。

「深心」と言ふは、即ち是れ深信の心なり。また二種有り。一つには決定して深く、自身は現に是れ罪悪生死の凡夫、曠劫よりこのかた、常に没し常に流転して、出離の縁有ること無しと信ず（第一深信）。二つには決定して深く、彼の阿弥陀仏の四十八願は衆生を摂受して、疑いなく慮りなく彼の願力に乗じて、定んで往生を得と信ず（第二深信）。

善導は、深心を二種類の七つの深信として考えられるが、善導の釈文は七深心のうち、冒頭の二つの深信である。この冒頭の二つの深心については、古来「二種深信」と呼ばれ、一つの念仏信仰の二つの側面として特に重要視されてきた。

まず、第一深信である「機の深信」について述べると、この引用文中に「曠劫」、「現に」、「出離の縁有ること無し」という過去、現在、未来の三世にわたる輪回を示唆している。つまり、衆生は過去、現在、未来において、自分の力において仏に成り、救われていく機根がないということを示している。その主眼は、「罪悪深重煩悩熾盛」といわれるような自らが罪深く煩悩が盛んに燃え盛っている自分自身であるということを自覚することにある。そのような「罪悪深重煩悩熾盛」である自分自身であったと自覚することを「機の深信」というのである。言い換えるならば、『歎異抄』第三章（『定本親鸞聖人全集』Ⅳ―言行篇Ⅰ：7）で述べられる「煩悩具足のわれらは、いづれの行にても生死をはなるることあるべからずる」身の自覚であり、また『歎異抄』第十三章（『定本親鸞聖人全集』Ⅳ―言行篇Ⅰ：23）の「さるべき業縁のもよほさば、いかなるふるまひもすべし」という存在である自身が「罪悪生死の凡夫」であることの「自覚」

である。それは、とりもなおさず、つねに「本願の呼びかけ」に背き続けているという自覚からしかあきらかになっていかない。また、この「罪悪生死のわれ」というこの機の自覚が、「五濁の世、無仏の時」(『定本教行信証』: 33)、つまり「末法の世」であるという「時」の自覚に展開するのである。

次に、その機の自覚の上にたって、「法の深信」が説かれてくる。法の深信は第二深信から第七深信までであるが、その要となるのが、この第二深信である。それは、機の深信であきらかになった「五濁の世、無仏の時」「罪悪深重煩悩熾盛の凡夫」という時機そこから、「如来の呼びかけ」を「疑いなく慮りなく彼の願力に乗じて、定んで往生を得と信ず」という衆生からは起こり得ることのない「信」、つまり「救済」が如来より衆生に与えられるのである。つまり、弥陀の本願の「呼びかけ」を聞くということは「法の深信」に相当する。法の深信は、第一深信である「機の深信」を欠いて自身に展開されるものではない。必ず、「機の深信」を具するものである。

この「罪悪深重煩悩熾盛の凡夫」という機の自覚、つまり、「本願の呼びかけに背く者」としての自覚は、脳性麻痺者にとっていかなる事柄を指し示すのだろうか。それは、「本願のあらゆる衆生に対する呼びかけ」を聞かずして、どこまでも自己への欲求を肥大化し、流転してきた自らの「善人意識」を自覚するにほかならない。

大仏の述べるところの「悪人」というものは、まさに「同時に自分が加害者でもある」という意識、すなわち自身の内面を自覚し、凝視することをせずして、「被差別者面」という「善人面」をしているという意味で、マハラバ村の住人達に「悪人」と言ったのである。

そのような思想の基で、大仏は更に、言葉を続ける。そのことについては横塚(1979 : 27)が、先の文章に引き続いて、次のように述べている。

障害者は一般社会へ溶け込もうという気持ちが強い。それは『健全者』への憧れということだが、君達が考える程この社会も、健全者といわれるものもそんなに素晴らしいものではない。それが証拠に現に障害者を差別し、弾き出しているではないか。健全者の社会へ入ろうという姿勢をとればとる程、差別され弾き出されるのだ。だから今の社会を問い返し、変えていく為に敢えて今の社会に背を向けていこうではないか。

このことについて考えると、ただ、大仏が「同時に自分が加害者でもある」という機の深信について「自己を凝視」することだけを主張していたのではないことがわかる。すなわち、深い自己凝視は「加害者」であるという「煩悩具足われら」ということを明確化するだけに留まらず、逆に「被差別者」という「われら」を照らし出す。それは、「障害者である」という存在の事実が明瞭なものになっていくのである。それが「『健全者』への憧れ」という言葉で象徴される内容となっていく。すなわち、「健全者」になろうとするという行動の中に、自分はあくまでも「善人」であろうとする自己凝視の視座に欠いた自己像を見ていこうとしたのである。

そして、その大仏の「自己凝視の視座に欠いた自己像を見ていこう」という視座を岡村（1988：172-173）は「親鸞においては、ただ念仏して、弥陀に助けられ参らすべし…中略…とても、地獄は一定住処ぞかし」と、大仏が読んだとされる『歎異抄』の原文を引いた上で、次のように、大仏の『歎異抄』解釈について述べている。

絶対信を置く法然聖人の言葉にしたがって念仏をとなえ、その結果地獄へ落ちたとしても、念仏をとなえ、それで地獄へ落ちたのなら後悔することはない、といい切った親鸞上人のように、俺達も何かを信じ、そしてその信じたものを一途にまっとうしようではないか。たとえそれによって裏切られ、絶望し、挙げ句のはては途方もない地獄に突き落とされたとしても、信じたものにそうされたのならまだ救われよう。どんなに足掻き、七転八倒しても、障害者が健全者になれる道理がないのなら、開き直ってそれに徹すればいい。所詮は、地獄こそ確実にこの世の住み処だというなら、それならそれで俺達はそこで精一杯生きるしかないではないか。

ここで、大仏は、「地獄は一定住処ぞかし」という『歎異抄』第二章の言説を、「地獄こそ確実にこの世の住み処」と聴き当て、そこに「障害者であり、且つ差別者である」という障害者の自己像が帰結すると解釈していたと読み取ることができる。その上で「自己を主張」することが先に述べたように「マハラバ」、すなわち「大いなる叫び」であり、「念仏を称える」ことであるという具体的な方向性をもって、マハラバ村の住人に説いたのである。そこに大仏の思想の独自性があると言っていいであろう。それこそがマハラバ村の旗印であり、「マハラバ理論」と呼ばれているものの真意なのである。そしてマハラバ村での日常生活は、この「マハラバ理論」によって成り立っていたのである。

第三節　マハラバ理論から「青い芝の会」のテーゼへ

第一項　マハラバ村崩壊が示す課題

前節で、「マハラバ理論」の構造について明らかにした。しかしながら、「マハラバ理論」による、六年間にも及ぶ共同生活の内実は、どの様なものだったのだろうか。また、そのような生活の中で、大仏の「マハラバ理論」をマハラバ村の住民達がどの様に解釈し、捉えられていったのであろうか。また、何故、コロニーの名前を「念仏村」とまで名付けたのであろうか。また『歎異抄』の思想と毛沢東の『矛盾論』

に思想を基にした共同生活が何故、崩壊したのであろうか。次にそれらの問題について考えていきたい。まず、マハラバ村の実生活について横塚（1979：27）は、次のように述懐している。

有難い法話を聞き経典の勉強などに勤しんだというものではない。障害者特有の社会性のなさ、お互いのエゴのぶつけ合い、社会で差別され、こづき回されてきた故の人間不信と妙な甘え、家に閉じ込められていたが為の気のきかなさ、男女関係のもつれ等が渦巻き、それは壮烈なまでの人間ドラマであった。だからこそ歎異抄の世界を地でいったといえよう。

ここで、横塚が、「壮烈なまでの人間ドラマ」と述べているが、その内実はいかなるものであったのであろうか。大仏（1975：14）は対談の中で過去を回想し、つぎのように述べている。

いろいろなことがあった。そのなかには、男女間のもつれもあったし、障害者が働くとはどういうことかという議論もさんざんしたわけです。結局、労動とは現代文明の中にあるものであって、われわれが働いて、いくらかでも稼ぐとはどうなんだということ。手の動かない奴がいて、全然手の動かないのと、自由に動く奴が働いたら、貰う金は違うんじゃないかとか。テメエが働いたんだから、その金はテメエのものにするのは当たり前じゃないかとか。じゃ、働けない奴はどうするんだとか。いろんなことを議論し、殴り合いまでやった。

大仏も回想しているように、様々な「人間ドラマ」のなかでマハラバ村の六年間はすぎさったということが言えよう。その、様々な「生活問題」の議論の中で、「仏法を聴く」ということが、大仏の仏法に対する姿勢であったよう。まさにそれは、『歎異抄』第三章（『定本親鸞聖人全集』Ⅳ—言行篇Ⅰ：7）で述べられる「煩悩具足のわれら」という世界そのものであったのである。

しかしながら、そのような内実に対して、高石（1999：27-28）は「生活の中で仏法を聴く」ことについて、大仏と横塚の師弟関係を、次のように評価している。

このような大仏氏の願いに帯同したメンバーの一人が、横塚晃一氏であった。…中略…親鸞の教えをバックボーンにした、このような二人の思想的出遇いは、「ハンセン病差別問題」における、真宗大谷派住職玉光順正氏と長島愛生園入園者「藤井善」氏との関係に重なる。玉光氏は長島と「社会」を隔てたわずか三〇メートルの海峡に架かった邑久長島大橋（「人間回復の橋」と呼ばれる）の完成を祝って入園者に語った。「人間回復の橋、いい名前です。あなた達の人間が回復です。しかし、人間回復ということは、あなた達の人間を回復することは勿論ですが、そこへ閉じこめていた、隔離しいた我々の側の人間も同時に回復するということです。あなた達が本当に人間回復されない以上、そこへ閉じこめた側の人間も、実は回復されないのです。」その話を聞いた「藤井善」氏は、目の前がぱっと開けた。…中略…それまで多くの布教使によって「隔離はやむを得ないこと」と聞かされていた「藤井善」氏は玉光氏との出遇いによって覚醒する。「その時、私はひらめいたのです。世を捨てた私、関わりのない外、それが実はそうでなくて、私という人間がここにいるということは、私だけの人間でなくて、私にかかわりのある多くの人々と関係のある私であるということが」分かった。こうして「藤井善」氏は、本名伊奈教勝を宣言する。

ここで高石は、大仏と横塚の関係を玉光と伊奈との関係に重ね合わせて、マハラバ村の師弟関係を評価している。しかしながら、実際のには大仏とマハラバ村住人との間に、そのような「啐啄同時」の関係が結ばれていたのであろうか。そのことについては、横田の指摘が、ひとつの指標となる。横田（1975：216-217）は、マハラバ村の当時の状況について、次のように述懐し、指摘している。

「たとひ法然聖人にすかされまひらせて、念仏して地獄におちたりとも」という、絶対の他力感、言い換えれば和尚さんへの信頼感、契約の重み、そういったことが私の意識にあったかどうか。すべては「否」である。私がコロニー運動に参加したのは、結局、女が欲しかったからなのである。女と寝たかったからなのである。自分の生きる場が欲しかったからである。家にいれば「厄介者」になるしかなく、揚げ句の果てには「施設」に「収容」されなければならない立場から、どうしても逃れたかったからなのである。ただそれだけのことだったのである。だから、私はマハラバ村を捨てることが出来たのである。…中略…本当に和尚さんを信頼し得ていたら、マハラバ村が「障害者」運動の上でどの様な位置を占めているかを、私の内部でしっかりと把握し得ていたとしたら、私はマハラバ村に止まっていただろう。…中略…僧伽の思想性を充分把握し得ていたとしたら、仏陀が「五逆」の一つに何故「破和合僧」を数えたかも判り得たであろうし、その戒めを破ることはなかったであろう。

更に、マハラバ村の住民のそれぞれの思惑を横田（1975：221-222）は次のように記している。

他の人はどうだったろうか。折本昭子氏の場合、これは明らかに和尚さんの思想に共鳴したと言えるだろう。矢田氏、成田氏の場合はどうか。彼らは社会の中で生きることに「疲れ」を覚えてしまったのではないか。そして、安住の地、安心して気兼ねなく仲間と生きられる場所、「健全者」があらゆる意味で介入しない、干渉しない空間を求めていたのではないだろうか。小山氏の場合は、はっきり言って自分の「生活の場」としてのコロニーを望んでいた。コロニー運動を足がかりとして自己の力の拡大を考えていたのだと思う。横塚氏のことに関しては、これは正直言って判らないといった方がよいだろう。折本氏との結婚話で呼ばれたのだから、動機として私と同じだったとも言える。しかしそれだけのことで聡明な彼がコロニー運動に参加して行ったとは私には信じられない。当時彼は埼玉の実家で養鶏を行なっていたから、その仕事に行きづまった、とも考えられるし、長男である彼が重度「障害者」であるのに引き替え末っ子の次男が「健全者」だった関係で父親との心理的な葛藤があったことも事実だろう。無論、その上に立って和尚さんの思想に共鳴し、脳性マヒ者の千早城としてのマハラバ村建設を考えていたろうことは言うまでもない。原田氏とその他の人の場合はどうだろう。これは明らかに、マハラバ村があるから来た、という感じが強い。その中では、原田氏、漆原氏などはそれなりの意識があって参加していったと言えなくもない。だがその他の人、鈴木健太郎氏とか海老沢圭一氏、あるいは原哲男氏、大川まり子氏などの人々は社会のしくみや親の御都合によって「放り込まれた」という現象が客観的にも認められたし、本人の意識もついにそこから脱出し得なかつたのである。「異端の系譜」で示した和尚さんの思想と理想、それをマハラバ村で実現させるにはあまりにも「障害者」は貧しかったのである。

これが、マハラバ村の実状であった。マハラバ村の実状とは、高石が指摘するようなすべてが「啐啄同時」の師弟関係とはあまりにもかけ離れていた。それぞれが異なった理由を機縁として、それぞれがマハラバ村という運動に参加してきたのである。マハラバ村崩壊の一つの理由として、そのそれぞれのマハラバ村に対する思いの差異が引き金となったということが少なからず存在するといえる。

第二項　マハラバ村の住人にとってのマハラバ理論——浄土観と悪人観

前項で述べたように、横田の指摘によると、すべてが「啐啄同時」の師弟関係とは、あまりにもかけ離れた理由を機縁として、マハラバ村は生成され、その歪みが、マハラバ村の崩壊の繋がっていったということを明らかにした。しかしながら最初の機縁はそうとしても、そのような状況下で大仏の思想がどの様に解釈されていったのであろうか。まず、横田（1975：216-217）は、先の引用文で示したように『歎異抄』第二章を引き、「絶対の他力感、言い換えれば和尚さんへの信頼感、契約の重み、そういったことが私の意識にあっただろうか」と内省している。しかし、前項でも引用した如く、大仏の『歎異抄』第二章についての解釈は岡村（1988：173）が原文を引用した上で、大仏の解釈を、次のように述べている。

絶対信を置く法然聖人の言葉にしたがって念仏をとなえ、その結果地獄へ落ちたとしても、念仏をとなえ、それで地獄へ落ちたのなら後悔することはない、といい切った親鸞上人のように、俺達も何かを信じ、そしてその信じたものを一途にまっとうしようではないか。たとえそれによって裏切られ、絶望し、挙げ句のはては途方もない地獄に突き落とされたとしても、信じたものにそうされたのならまだ救われよう。

これまで考えてきたように、大仏は親鸞の生き方に徹底的に学び、「念仏を称える」ということを非常に重視した人物である。それが、横田（1975：46）の場合は、すでに『歎異抄』第二章の解釈で、「阿弥陀仏に助けられ、極楽浄土に生まれることができると信じ、念仏を唱えようと思い立つ心が生じるとき、人間は阿弥陀仏に救われるというけれども」という文章がすべて抜け落ちていると考えてきたように、大仏の解釈のような「念仏」という概念は伺い知ることが出来ない。また、「浄土」についても同じようなことがいえる。岡村（1988：188-189）は大仏の「浄土」と「往生」についての考え方を次のように述べている。

彼は往生とは何ぞと、教義の根幹にふれる部分を敢えて問うた。往生とは往きて生まれる、すなわち安らかになる、解放されるということに気づいた。解放されるべき正因をもつ悪人こそ極楽往生できると主張した。彼の論理は、死後の奇跡や傍倖を諭した当時の宗教界にあって、それらに真っ向うから対立する生への宗教だった。あるがままの人間実在を正面から見据えた宗教だった。それが異端の宗教といわれる所以なのだ。

これによると、往生とは、「安らかになる、解放されるということ」と解釈している。またそれに従って、大仏は親鸞の思想について、「死後の奇跡や傍倖を諭した当時の宗教界にあって、それらに真っ向うから対立する生への宗教」と評価し、「人間実在を正面から見据えた宗教」と述べている。それに対し横田（1975：166）は、往生について次のような視座のみで考えている。

「障害者」にとっての対象としての社会は、五色の雲が棚引き、天女が舞い踊る極楽浄土なのである。そこには、一切の苦悩も苦痛も存在し得ない、と思いこんでしまう。

この文章は、本意は、「障害者」からみた「健全者社会」を「極楽浄土」に喩えているわけで、これを、すぐ「横田の浄土観」としてしまうのは飛躍である。しかし、前項で「阿弥陀仏に助けられ、極楽浄土に生まれることができると信じ、念仏を唱えようと思い立つ心が生じるとき、人間は阿弥陀仏に救われるというけれども」という文章がすべて抜け落ちていると指摘したように、浄土という観点と救済の道理とが結びついていなかったのではないか。だからこそ、『歎異抄』第二章の問題にしても、大仏への絶対的信頼という問題でしか捉えることが出来ず、「障害者であることの自覚」という言葉だけが、「マハラバ理論」で掲げられている救済の道理に先立ってしまって、その内実が見えなくなっていたのではないだろうか。

次に、小山の場合はどうであっただろうか。小山（1981：101-103）は悪人正機について、次のように述べている。

その仏教（＝決意すること）をつきつめて行くと、僕たちとしては悪人正機になってしまうんだ。どんな悪人だって悪人だからこそ正しいんだと言う考え方。悪人と言う言葉を殺される側の障害者、社会からあってはならないはずの存在として考えられている僕達におきかえてみれば分るはずだ。…中略… 追いつめられた存在は絶えず悪人正機を主張するということなんだね。悪人正機というのは、今「暴力集団」なんて言葉があるね。これはヤクザのことだけれども、ああいったものが社会の浄化でなくなるかと言うと、なくなりゃしないんだよ、ああいうものは。何故ならば体制というものががっちり組まれると、あぶれ者が出ると言う必然から、絶対になくならないのだけれど、つまりいつの世にも体制からはみ出さざるを得ない存在というのがいつも必ず存在するわけなんだ。…中略… たとえば交通信号で赤の時にみんなが止らなければいけないという常識、ところがその中の一人が渡ったら違反になるわけだ。…中略… でも、どうしても何らかの事情で赤で信号をつっ切らなければならない人間というものが現実には出てくるわけよ。たとえ違反をしても、それは赤信号を見落した人間とかね、赤信号と知っていながら犯人を追いかけるおまわりさんとかね、その他にもいろいろあると思うけれどもこういうように秩序を破らざるを得ない存在というのがどうしても出て来るわけでね。…中略… 悪人正機というのは、そういう社会のあぶれ者たちが、自分の正当性を主張して万国のアブレタリアート団結せよ！　と言っているということなんだ。

この小山の了解は前述してきたように、機の深信を中心とする大仏独自の「マハラバ理論」とは、完全に趣を異にするのである。

これまで見てきたように、大仏の思想がマハラバ村の住人にすべて伝わっていたとはとうてい考えられない内容があった。大仏の『歎異抄』理解は、「機の深信」と「法の深信」、すなわち二種深信による自己凝視を重視し、そこに「念仏」の意味を見いだそうとした思想であるのに対し、その複雑である論理構造をマハラバ村の住人達が真の意味で理解できていたかどうかという点には疑問が残る状況である。しかしながら、正反対の視座から見ると、横塚は、大仏からその言行を、横田は、大仏の思想の中から「自己凝視」の視座を、小山は、大仏の対社会的、すなわち、社会に対して「自己を主張」するという姿勢を、それぞれ引き継いだということができる。ただ、それが「二種深信」の内、「念仏を叫ぼうと思い立つ心の起こる時、仏はつかんで離さない」という「念仏」による救済理論、つまり法の深信を大事にし、「念仏」に生きようとした、大仏の信仰的姿勢を「人生の課題」として生きるという姿勢は具体的にはあまり伝わらなかったと論究せざるを得ないのである。それが、そもそもマハラバ村で単に「課題とならなかった」というだけなのか、それとも別の要因があるのかは、大仏が故人である以上、今は知る由もない。ただ、「念仏を叫ぶ」という、信仰が具体的な「行動」となって現れるという、大仏の「信仰的側面」は、その後の「青い芝の会」の思想では軽視されがちであることは、あきらかなる事実なのである。

そのような中で、大仏（1975：8）は横田の『転草』の序文の締めくくりとして『歎異抄』後序の「火宅無常の世界はよろずのこと、みなもってそらごとたわごと、まことあることなきに、たゞ念仏のみぞまことにしておわします」という親鸞から唯円に伝わり、唯円の耳底に留まった親鸞の言説を引いている。序文の結文であるこの一言から、新たにマハラバ村の顛末記が開かれるところに、大仏はすべてのことを言い当てようとしているように私には聞こえるのである。

第三項 「青い芝の会」テーゼへの展開

さて、前項で、マハラバ村住民達の大仏の思想についての理解を述べてきた。では、彼らが大仏の思想を中心としたマハラバ村での生活の中で体得した思想は、その後、「青い芝の会」の活動の中で、どの様に展開し発展していったのであろうか。

マハラバ村崩壊後、マハラバ村の住民達は、「青い芝の会」活動を継続していくことになる。そして、彼らがマハラバ村を下山した矢先の一九七〇年五月、「袴田秀子ちゃん殺害事件」を機縁として、「青い芝の会」の活動は新たなる局面を迎えることになる。その事件の概略について、杉本(2001：78-79)は次のようにまとめている。

一九七〇(昭和四五)年五月、横浜市で障害をもつ二児の母親が将来を悲観して下の女の子(二歳・脳性マヒ)をエプロンの紐で絞め殺すという事件が起きました。これに対してマスコミは、福祉政策の貧困が生んだ悲劇であり、施設さえあればこのような悲劇は救われるとキャンペーンを張り、障害児の親の団体や地元町内会も減刑嘆願運動を始めました。これに対して「青い芝の会」神奈川県連合会(六九〔昭和四四〕年結成)は、殺された女児と同じ脳性マヒの障害をもつ者としての立場から、「障害者を殺しても当然ということがまかり通るならば我々はいつ殺されるかも知れない」と反論し、「殺した母親の気持ちはよく分かる」「障害児は死んだほうが幸せ」という一般世論を「殺された子どもの生命の尊厳はどうなるのか」と厳しく批判しました。そして、横浜地検や県庁、県議会議員などに意見書を出し、厳正裁判要求を行いました(刑法一九九条では「人ヲ殺シタル者ハ死刑又ハ無期若シクハ三年以上ノ懲役ニ処ス」とされている)。事件から一年以上経った七一（昭和四六）年六月、横浜地検はようやく起訴しましたが、裁判は第一回公判からわずか一カ月で結審し、判決は懲役二年、執行猶予三年という軽い刑でした。それは、社会が重度障害児の生命をその程度のものとして見ていることを示す、何よりの証拠でもありました。

「青い芝の会」は、この事件に対し、自身達が「脳性麻痺者である」という立場から、マスコミなどを賑わせていた、減刑嘆願運動に対し、猛烈に批判を加えていくことになった。そのような活動の中で生まれたのが「青い芝の会」のテーゼ（綱領）である。その「テーゼ」は、横田が起草し、一九七〇年一〇月発行の「青い芝の会」神奈川県連合会会報『あゆみ』一一号で掲載した。そのテーゼの全文は、次のようになっている。

一、我らは自らがＣＰ者であることを自覚する。
我らは、現代社会にあって「本来あってはならない存在」とされつつある自らの位置を認識し、そこに一切の運動の原点をおかなければならないと信じ、且つ行動する。

一、我らは強烈な自己主張を行う。
我らがＣＰ者である事を自覚したとき、そこに起こるのは自らを守ろうとする意志である。我らは強烈な自己主張こそそれを成し得る唯一の路であると信じ、且つ行動する。

一、我らは愛と正義を否定する。
我らは愛と正義のもつエゴイズムを鋭く告発し、それを否定する事によって生じる人間凝視に伴う相互理解こそ真の福祉と信じ、且つ行動する。

一、我らは問題解決の路を選ばない。

我らは安易に問題の解決を図ろうとすることがいかに危険な妥協への出発であるか、身をもって知ってきた。我らは次々と問題提起を行うことのみ我らの行い得る運動であると信じ、且つ行動する。

これについて起草者の横田（1979：165）は、起草当時の思いと状況を、後年になって自らの著書のなかで次のように述べている。

行動宣言こそ、私たち重度ＣＰ者の解放を進めていく為の旗印なのだと私は信じている。この行動宣言は、一九七〇年の重症児殺しに対する「青い芝」神奈川県連合会の運動を進めていく中から次第に具像体化されてきたＣＰ者の基本的テーゼなのである。この行動宣言は、…中略…私が試案として載せたことに始まる。当時、私は「あゆみ」の編集を担当していた。普通、会の機関誌は会の中央機関全体の編集方針によって内容が決められるのだが、私の場合は全く自由に仕事が出来たので、そうした意味では比較的私の思想を反映させる事が出来る「場」であった。一一号の一ページ全体にこの行動宣言が掲げられた時、当時の執行部から私はヒドクお叱りを受けた。

これによると、横田は「運動を進めていく中から次第に具像体化されてきたＣＰ者の基本的テーゼ」と「テーゼ」の文章を述べている。次に、このテーゼが、「中央機関全体の編集方針によって内容が決められるのだが、私の場合は全く自由に仕事が出来た」ことから、「行動宣言が掲げられた時、当時の執行部から私はヒドクお叱りを受けた」と述べられているように、起草後、編集会議にかけずに掲載した文章であり、掲載当時はこの文章に対してさまざまな議論があったことをうかがい知ることができる。

横田は、この述懐に続けて、「テーゼ」の文章についての解説を行っている。次に、その横田による解説を手がかりにして、「青い芝の会」のテーゼの内容、ことに大仏のマハラバ理論や仏教思想を引き継いでいると考えられる箇所について順に考察していきたい。

まず、第一テーゼの「本来、あってはならない存在」ということについて横田（1979：116）は、「重度CP者は『本来、あってはならない存在』として疎外の対象となっている。」と、述べた上で、川崎で起こった障害児殺しの事件を引き、更に横田（1979：117）は、次のように述べている。

加害者は、己れの体内から産み落とした「異物」「不条理な物体」「ダメな肉体」によって己れが疎外されることにがまんできなかったのだろう。「ダメな肉体」とは何を基準として定めるのか。これもその時代によってあるいは国家体制によってその価値を変えてはいるが、大前提として「働けないこと」「労働による報酬を基とした生活ができ得ないこと」があると言えよう。殊に日本資本主義体制の下では、「働ける」ということは剰余労働の大きさをもってそのものの価値を決めるのである。つまり、剰余労働をもたらさない者は「ダメな者」「ダメな肉体」ということになり、その者は現代社会に「本来、あってはならない存在」ということになる。

これによると、まず横田は「ダメな肉体」とは何なのかということを問うている。そして、その背景には日本の資本主義体制の下では「大前提として働けないこと、労働による報酬を基とした生活ができ得ないことがある」ということを示唆している。また、「ダメな者」「ダメな肉体」とは、「剰余労働をもたらさない者」であることと関係していると解釈している。その上で、そのような者は、現代社会に「本来、あってはならない存在」として位置づけられていると考えている。

横田（1979：118）は、更にその視座に立った上で、次のように述べている。

現在の社会体制下はもとより、人類社会そのものによって「本来、あってはならない存在」と規定されているCP者の位置を私たちは、強く確認しなければならない。「健全者」の世界に同化することを夢みたり、「健全者」に理解を求めるとかを考えることは自ら疎外、抑圧の道を歩むものと言わなければなるまい。各々の立場性を充分に把握し、そこから何をなすべきか、を捉えなければ真の意味の自己解放への門は開かれないだろう。繰返し言うが、今、私たちに最も必要なことは、人類社会にあっては「あってはならない存在」とされる自らのCP者であることの確認だろう。

「本来、あってはならない存在と規定されているCP者の位置」を強く認識することは、まさに前項までに考えてきた、「自己凝視」の視座である。それは「あってはならない存在」を自覚すること、つまり「脳性麻痺者の自覚」ということ、すなわち「健全者」になろうとする、その行動の中に、「健全者の世界に同化することを夢みたりする」など自分はあくまでも「善人」であろうとする、自己凝視の視座に欠いた自己像を見ていこうという、マハラバ理論の中でも、大仏が特に強調した思想に起因することが、わかるであろう。

その思想をふまえて第二テーゼの問題が浮き彫りにされる。横田（1979：119）は、第二テーゼの釈文を始めるにあたって、まず、「自己の存在、それは何ものにもかえ難い自己そのものなのである。肉体の差異、精神の在り方などは全く関わりのない自己の『いのち』そのものなのである。」と、障害の有無にかかわらず、人間は「自己のいのちそのもの」を生きているという価値観を示している。この「価値観」は、「一切衆生」の救済を課題とする浄土教的生命観に立てば、ごく基本的なものの考え方である。またこの「自己のいのちそのものを生きている」という思想は『歎異抄』第一章（『定本親鸞聖人全集』Ⅳ—言行篇

Ⅰ：4）の「弥陀の本願には老少・善悪のひとをえらばれず。」という摂取不捨の生命観そのものなのである。

しかしながら、このような思想は、当時としては珍しい考え方であったと言わざるを得ない。当時の「青い芝の会」以外の障害者運動の多くは、保護的指向性の強いものであったり、リハビリ等をして健常者に一歩でも近づいていこうとする「同化論」が中心であった。それについて、横田（1979：119）は、次のように述べている。

私たち「障害者」特にCP者たちは日常的に「健全者」の「保護」がなければ「生かされない」現実がある。…中略…そうした日常的な現実の繰返しの中では「障害者」の精神は、ともすれば、「健全者」に屈服し、「健全」に同化しようと思考し、「障害者」を理解してもらうことが「障害者福祉」の正しい姿であると思い込んでいる。「健全」に同化しようとすることは「健全者」によって規定されている「障害者」を認めることであり、自己を自ら「本来、あってはならない存在」と規定することではないのだろうか。事実、多くのCP者たちは、この「同化」への道を歩むことにより、自ら苦しみを深め、自己の「肉体」の否定、つまり、完全な自己否定にまで追いこまれていってしまうのである。

この横田の指摘によると、「同化」思想に障害者自らが突き進むことは、「健全者によって規定されている障害者を認めること」であり、自己を自ら「本来、あってはならない存在」と規定することになると批判を加えている。そして、「無条件の平等性」の視座に立ってさらに、横田（1979：120）は次のように言葉を続けている。

自己否定を繰返してみたところで、現在、今生きている自己の問題を少しも前進させはしない。執らえた現実を基として、その現実を高らかに詩いあげてこそ初めて人間としての存在があるのだ。その詩は悲しみの涙であるかもしれない。絶望の叫びであるかもしれない。しかし、この叫びこそ、この自己主張こそ、私たち「障害者」が生きる為に欠くことのできないものなのではあるまいか。

この引文中に出てくる「叫び」とは、これまで考えてきた「マハラバ理論」から考えると、まさしく「マハ・ラーバ」であり、「念仏」なのである。しかしながらここでは、「叫び」と「念仏」との関係が、大仏の思想と比べると、明確ではないことがわかる。確かに「自己否定を繰返してみたところで、今生きている自己の問題を少しも前進させはしない」ということで、逆に、現在における「自己の問題」が問われ、その救済の手段としての「叫び」、つまり念仏が述べられていることには違いない。しかしながら、それが「救い」に繋がらず、テーゼにある「強烈な自己主張」に繋がっている。この点から考えると、前項で「浄土観」として考えてきたように大仏の思想には、「阿弥陀仏に助けられ、極楽浄土に生まれることができると信じ」るという信仰的課題があったが、ここで横田が述べるところの「叫び」とは、救済という信仰的課題が見受けられないという点において、趣を異にすると述べておかねばならないであろう。

次に、第三テーゼについて検討を加えたい。横田（1979：120-121）は、第三テーゼの解釈で「愛」について、次のように述べている。

「愛」なくして生き物の存在はあり得ないとも言えよう。「愛」、特に「親」の「愛」とは、では一体何なのだろう。生物が子を産む、あるいは産もうとする意志を持つことは「種」の存続を図ろうとする行為であり、自己を拡大しょうとする意識の表われに他ならない。つまり、自己執着なのである。…中略…今こそ、私たちは「愛」を否定し去らなければならない。「愛」の本質に潜むエゴを見据えなければならない。そして、所詮自己執着から逃れ得ない人間の哀しみを確認し、その時点からの叫びをあげなければならないのだ。

ここで横田は、障害者への「愛」が、「自己執著」であるとしている。仏教では、「愛」について、仏が衆生に対して行う愛である「慈愛」と、衆生が行うエゴや自己執着による「渇愛」とに分けて考える。前者は清浄なる愛として、後者は不純なる愛として考えられてきた。この引用文からもわかるように、横田は一般的に「障害者に愛の手を……」という「愛」の根元を「自己執著」であり、渇愛であり、「エゴ」であると言い切っている。それは、大仏の「煩悩具足のわれら」という思想を引き継いでいる。そして、その「煩悩具足」という「われ」の姿を深信することによって、「所詮自己執着から逃れ得ない人間の哀しみを確認」している。その視座に立って、その「悲しみ」を社会に訴えていこうとする姿勢なのである。そして、最後の第四テーゼの解釈では横田（1979：122）は、次のような言葉を持ってテーゼに対する解釈を閉じている。

多くの障害者団体の活動方針といえば、…中略…「こうすれば障害者（児）は幸せになるのだ」とするか、或いは又「こうする事が、障害者（児）の解放に結びつくのだ」とするか、いづれにしても行政相手の要求実現交渉か、せいぜいいって裁判闘争を行なうか、どっちにしろ問題解決を計る事自体、常に妥協への出発点である事を知らなければならない。私達が成し得る事、それは次から次へと問題捷起を起す事以外にないのではないだろうか。私達は安易な妥協を行なってはならない。これは、数多くの障害者運動の歴史、というより「青い芝の会」自体が背負ってきた、背負い続けている歴史でもあるのである。

横田によると、それまでの障害者団体の活動方針は、「行政相手の要求実現交渉か、せいぜいいって裁判闘争」だったとして、それらの活動は「常に妥協への出発点」であったと総括している。そして、それらを踏まえたうえで、「次から次へと問題提起を起す事以外にない」という積極的な社会への問いかけであると同時に、「青い芝の会自体が背負ってきた、背負い続けている歴史でもあるのである。」という自己への問いかけを行い、論考を閉じている。

今まで考察してきたように、この「青い芝の会」のテーゼの多くは、大仏の思想を引き継いで、成立してきている。

このテーゼは、横田が「青い芝の会」の機関紙である『あゆみ』に独断で掲載して以降、次第に「青い芝の会」全体の活動の中心的思想となっていくのである。また後年（倉本 1999：223）になって、次の一文が付け加えられ、「青い芝の会」のテーゼは完成形態になるのである。

一、われらは健全者文明を否定する。

われらは健全者文明が創り出してきた現代文明がわれら脳性マヒ者をはじき出すことによってのみ成り立ってきたことを認識し、運動及び日常生活の中からわれら独自の文化を創り出すことが現代文明を告発することに通じることを信じ、且つ行動する。

この頃以降、大仏の仏教的思想を引き継いでいるという意識は次第に薄れていく。その原因については、大仏の死去や「青い芝の会」の全国化など諸説が考えられるであろう。しかしながら、その多くの原因の中でも、横田自身によるテーゼの解説は『障害者殺しの思想』（横田 1979）の中のみで、会報誌掲載時には掲載されていないという事情や、横田（1979）が絶版となり、その精緻な内容を容易に参照できなくなったということが大きな要因のひとつとしてあるのではなかろうか。

しかしながら、逆に、大仏の思想が「青い芝の会」の運動によって引き継がれていったものがある。それは、「健全者幻想」という思想である。横塚（1975：51）は、「健全者幻想」について、次のように述べている。

> 私達障害者の意識構造は、障害者以外は全て苦しみも悩みもない完全な人間のように錯覚し、健全者を至上目標にするようにできあがっております。つまり健全者は正しくよいものであり、障害者の存在は間違いなのだからたとえ一歩でも健全者に近づきたいというのであります。…中略…これでは全く自分の首をくるようなものではありませんか。以上のべた如き意義構造を私は健全者幻想と名づけてみました。このような健全者幻想を振り払わない限り本当の自己主張はできないと思います。

この「障害者以外は全て苦しみも悩みもない完全な人間のように錯覚」し、「正しくよいもの」に「たとえ一歩でも健全者に近づきたい」とする「健全者幻想」こそ、障害者差別と源を同じくする思想であり障害者の存在そのものを否定する思想である。それは、大仏の言う「被差別者であり、同時に差別者でもある」という、「煩悩具足のわれ」を見つめていく姿勢なのである。それは、青い芝の会の徹底した「自己凝視」の視座は、行き着くところ、障害者自らの「内なる差別性」と闘っていくという新たなる展開を生み出したのである。このようになっていった自己凝視を青い芝の会は「府中センター闘争」「優生保護法改正反対運動」「川崎バス闘争」と、次々に社会に対して問題提起していくような「集団」へと変化していったのである。

しかしながら、そのような歴史を有する反面、前項から見てきたように、大仏の思想とテーゼに関する横田の解説と詳細に比較すると、「浄土観」や「救済観」など、大仏の思想とテーゼとの間には差異が見受けられる点もあったといえる。

これまで考えてきたように、「青い芝の会」のテーゼは、「発達の有無」云々と言う前に、「人間として生まれている」という歴史的事実そのものに「いのちの平等性」を見いだしたと言える。つまり、青い芝の会の「テーゼ」は、健常者の身体の姿を優生と定め、脳性麻痺者の身体を劣生として脳性麻痺者を「治療の対象者」としか見ていかない「医学モデル」の考え方に対して、障害の有無を越えた「いのちの平等性」を見いだのである。このような「無条件の平等性」に依拠して、障害者の苦悩や生きにくさの根源を社会の問題として告発しようとした視座を「日本型社会モデル」と言うことが出来る。

青い芝の会「テーゼ」は、特に第二テーゼの考察に見られるように、青い芝の会の運動の核ともなった「無条件の平等性」を見いだした日本型社会モデルは欧米の障害者運動を源泉とする社会モデルとその根源を異にする。青い芝の会の場合、その理論構築の根源には『歎異抄』の仏教的生命観があった。つまり、横田らは『歎異抄』の生命観を学ぶことにより、如来の他力の働きによって自らの「生」の意味的転換がなされ、それが脳性麻痺者の存在の肯定という「生」価値的転換を促し、日本型社会モデルの根源に行き着いたと考察するのである。

第四節　「青い芝の会」の思想による障害と自立の問い直し

第一項　二種深信の内容としての障害者運動

これまで、本章では、「障害者解放と障害者運動」として、障害者運動の前夜から、マハラバ村の生成と崩壊、マハラバ理論とその問題点、そして、「青い芝の会」のテーゼへという流れで、主に思想史を中心にして考察してきた。

これまで述べてきたように、大仏のマハラバ理論は、『歎異抄』に基づく「機の深信」を中心にした思想であった。大仏の『歎異抄』による救済の思想を再掲（横塚 1979：26-27）すると、次のようなものであった。

人は誰でも罪深いものである。知らず知らずのうちに人に迷惑をかけている。いや、迷惑をかけ罪を犯さなければ生きていけないのが人間である。それを償おうとすればまた一つ二つと悪いことをしてしまう。そんな罪深い自分に気がついた時に『助けてくれ』と叫ばなければならないだろう。その叫びを親鸞は念仏といったのだ。そして念仏を叫ぼうと思い立つ心の起こる時、仏はつかんで離さないというのだ。

これによると、まずはじめに「人は誰でも罪深いもの」という機の深信があり、その機の深信から、念仏申さんと思いたつ心のおこるとき、すなわち「仏はつかんで離さない」という阿弥陀仏の摂取不捨の働きを受けると解釈している。大仏は、「彼の仏の願いに順ずるがゆえに」といわれるように、法蔵菩薩の「無上殊勝の願」から展開する願行成就によって「煩悩具足のわれらの救済の法」が確立され、機法二種深信によって、その救済が衆生の身において内在化するという親鸞における「信」の構造を把握していたと考えられる。その二種深信の視座に立って、大仏（1975：13）は、次のように述べている。

「差別」というものに対しても、そう単純ではないというかな、自分自身にも「差別」の原因がある。だけど自分自身が「差別」するだけで終わらないで、その「差別」を法律的に組織し、社会化し、文明とするところに問題があると、僕は考えているんです。だから、「差別」というものの原因は、そもそも、人間が〝生きる〟ということ自体にもっている。〝生きる〟ということが「差別」の原因だ。

ここではまず、「自分自身にも差別の原因がある」という「自らの罪悪性」と、「そもそも、人間が〝生きる〟ということ自体」という「五濁悪世」という「時」を共業する衆生の課題へと展開してている。それは、衆生に時機の課題が備わり、いよいよ「人は誰でも罪深いもの」という共業存在の自覚は、阿弥陀仏の本願の摂取不捨の救済に「深信する」ほかにその罪深さから解放される手段がないということがはっきりとしてきたのであろう。そこに、脳性麻痺者を中心とする閑居山願成寺での共同体の名前が「マハラバ村」、すなわち、「念仏村」でなければいけない必然性が存在する。すなわち、共同体の名前に「念仏」という意味を含有させることによって、「共同生活」のすべての生活の中で、阿弥陀仏の本願成就の世界に聞いていこうとする。それは「仏土」に聞く生活を共同体の「名」として掲げたのである。現に、大仏家内部の状況は、「私生活」のない生活が続いていたし、金銭になるものは金銭に換えつつも、借金をしながらのマハラバ村運営であった。まさに身命を顧みない姿勢で、マハラバ村という「念仏村」での生活を通して、仏土に聞こうとする生活であった。まさに、大仏にとっての「マハラバ村」は「寺院運営する障害者施設（コロニー）」ではなく、「生活」を通して、仏土に聞いていこうとする場であったに違いない。そこから、障害者運動が誕生したのである。

大仏の「マハラバ理論」を聞いていたマハラバ村住人達は先に述べたように、大仏の「二種深信」を中心とする思想を共同生活という「生活」の中で学び取った。そのような「自己凝視」の生活の中で、障害者自らが、「被差別者であり、同時に差別者である」という思想から生まれた課題こそが「健全者幻想」であった。それは、「健常者」に対しどうしても憧れを持ってしまう自分自身を見つめようとする、自身の「機の深信」の内容に他ならない。そしてさらに、健常者から「本来あってはならない存在」であると規定されているという自身を「凝視」する姿勢は、逆に「青い芝の会」のテーゼに代表されるような、「社会の価値基準」の成立の根底を「善人意識」にあると、その根本を見抜いていく力となっていったのである。

そのような「社会の価値基準」の成立の根底を「善人意識」にあると見抜き、社会を問う視座のひとつとして「青い芝の会」における優生思想との対峙がある。横田（1979：60）は「優生保護法」（旧法）を次のように引用している。

都道府県の区域を単位として設立された社団法人たる医師会の指定する医師（以下指定医師という）は、左の各号の一に該当するものに対して、本人及び配偶者の同意を得て、人工妊娠中絶を行なうことができる。

四、その胎児が重度の精神又は身体の障害の原因となる疾病又は欠陥を有しているおそれが著しいと認められるもの

横田は、条文の表題および一項から三項を省略することによって、同法が人工妊娠中絶の対象者として、障害者が取り上げられていることに代表されるような思想であると指摘している。それは、「障害者は不良な子孫である」として優生保護法の対象者となる存在であるということである。すなわち、健常者を中心にして、健常者自らを「健全」と規定して、それに対し、そこから外れるものを「障害者」と勝手に決めつけている。それだけではなく、「母胎保護」のためではなく、いかにも障害者の存在が「悪的なもの」として「中絶」の対象者とする健常者の思想が存在すると指摘しているのである。そのような思想の中に、健常者中心社会への健常者のおごりが根本にあると見抜いていったのである。それは、言い換えるなら、自らが「被差別者であり、同時に差別者である」という「機の深信」が展開して、優生思想を中心

とする健常者による恣意的な「善悪の価値基準」が蔓延し、「あってはならない存在である」と障害者を規定する社会が共業する世界として課題となり、障害者運動へと繋がっていったといえる。そこに、「青い芝の会」における「機の深信」を中心とする「社会観」の試論が確実に存在する。

第二項　マハラバ村の住人にとっての「浄土」の問題

マハラバ村の住人にとっての浄土の課題については、本章、第三節二項で、大仏の思想がマハラバ村の住人達に浸透するという過程の中で「阿弥陀仏に助けられ、極楽浄土に生まれることができると信じ、念仏を唱えようと思い立つ心が生じるとき、人間は阿弥陀仏に救われる」という部分が欠落していくという問題点があることを指摘した。なぜ「浄土観の欠落」が起きたのかという確実な史実として論証していくことは、マハラバ村崩壊から相当年月が経っている今になっては不可能に近い。しかしながら、浄土観の欠落という問題は、マハラバ村住人にとって大仏の「マハラバ理論」を理解するには大きな差異を引き出したのは事実として存在する。そのような視座に立って、マハラバ村住人にとって大仏の「マハラバ理論」を理解する上で、「浄土観の欠落」ということがどの様な問題点として挙げられるかを、次に検討したい。

大仏の思想（岡村 1988：175）をもう一度引用して考えたい。大仏は念仏と浄土の関係について次のように述べている。

> 阿弥陀仏に助けられ、極楽浄土に生まれることができると信じ、念仏を唱えようと思い立つ心が生じるとき、人間は阿弥陀仏に救われるというけれども、俺はなぁ、『思い立つ心』なんて初めからどうでもいいと思ってるんだ。人間の心ほど当てにならぬものはないんだし。その当てにもならない、か弱い人間ができることと

いったら『助けてくれぇ』とすがって、念仏を唱えることぐらいじゃないかなぁ。…中略… まず念仏ありきで、そのあとから『思い立つ心』がついてくるんじゃないかと思うんだけどなぁ」

ここで問題としたいのは、「マハラバ理論」でいう「阿弥陀仏に助けられ、極楽浄土に生まれることができると信じ、念仏を唱えようと思い立つ心が生じるとき、人間は阿弥陀仏に救われる」という箇所である。全体をみると、大仏の信仰告白であることは明らかである。信仰告白であるからこそ、「人間の心ほど当てにならぬ」、すなわち「罪悪深重の凡夫」という「機の深信」の内容が語られているのである。それによると、「まず念仏ありき」で法蔵菩薩の発願から大行、大信へと展開する親鸞の思想をおさえている。

そのような構造を持つ大仏の思想に対し、マハラバ村住人の回想録や「青い芝の会」のテーゼなどでは「阿弥陀仏に助けられ、極楽浄土に生まれることができると信じ、念仏を唱えようと思い立つ心が生じるとき、人間は阿弥陀仏に救われる」という信仰告白に関する部分が抜け落ちてくる。前項で述べた如く、いくら「機の深信」に優れていたとしても、「法の深信」、すなわち、「彼の阿弥陀仏の四十八願は衆生を摂受して、疑い無く慮り無く彼の願力に乗じて、定んで往生を得と信ず」という『大無量寿経』の法蔵菩薩の本願成就の世界に聞くという一点において、法の深信を欠いている。だから、「仏土に聞く」ということが課題とならない。すなわち、身命を顧みない姿勢で、マハラバ村という「念仏村」での生活を通して、「仏土に聞」こうとする大仏の信仰的姿勢とは、全く質の異なるものになってしまったのである。

第三項　真の独立者をめざして――障害と自立の問い直し

これまで考えてきたように、大仏の思想は親鸞の思想に立脚したものであった。しかしながら、その思想的問題としては、前節で述べた子弟間において思想の根底をなす「浄土観」の差異が大きく見られる。これは真宗学としては大いに議論すべき点であった。しかし、日本の障害者運動史という観点から、マハラバ理論と「青い芝の会」を考えると、日本における障害者福祉の大きなターニング・ポイントであったことは間違いない。それは、今まで社会のスタンダードとして存在した「健常者」という立場からみた障害者福祉論が問い直されたという点である。それは、真宗学として「浄土観」を問う以前に、日本の障害者運動や障害学の基盤として、大きな思想的ポジションを持ちうると考える。このことは、「障害と自立の問い直し」が行われたという意味で大きな礎となったことは言うまでもない。

つまり、本章の冒頭で述べた如く、それまで障害者は、親の十分な庇護の基か、十分に設備が管理された施設で一生涯を過ごすことが良しとされていた。障害者のイメージとしては健常者に従順な純粋で無垢な人として、「天使」のように扱われるのが一般的であった。また、当時、先進的な考え方で障害者問題に関わっていた人は、「障害者も発達し続ける存在である」という思想に代表されるように治療・訓練をして、少しでも「健常者」に近付くことが出来るように、努力して、社会復帰を目指す運動を行っていた。それらの思想は、障害者から健常者へと一歩ずつ近付いていくという、まさに菩薩が十信、十住、十廻向……と五十二位の位を一歩ずつ登っていくような聖道門的で、かつ地位向上的なあり方であった。「青い芝の会」の思想は、「テーゼ」にみられるように、自己の「いのち」そのものにおいて平等であるという、「障害の有無」や「発達の有無」などの諸条件を一切排除したところでの「平等性」を主張したのである。それは、「青い芝の会」の指摘を行うまで、日本の障害者福祉の中では無かったものであった。そして、マハラバ村で「一切衆生の救済」という日本浄土教、ことに親鸞の思想と障害者が出遇ったところで、初めて発生した思想である。その根元は機の深信、共業存在としての一切衆生という時機感である。そこに立つからこそ、一切衆生が「罪悪生死のわれら」として、本願の廻向成就を受くる存在なのである。つまり、『歎異抄』(『定本親鸞聖人全集』Ⅳ―言行篇Ⅰ：7-8)で、「自余の行もはげみて仏になるべかりける身が、念仏をまふして、地獄におちてさふらゞこそ、すかされたてまつりてといふ後悔もさふらはめ。いづれの行もおよびがたき身なれば、とても地獄は一定すみかぞかし。」という親鸞の言行が言い伝えられるように、機の深信に立つ障害者運動は、「地獄は一定」という自覚に立つ共生観があるといえる。その点を考えれば、「青い芝の会」の運動が果たした役割は、地位向上的な障害者運動から、一切衆生の平等という障害者運動へと一大転換しようとした役割があったといえる。

それは、次章以降で詳しく検討するが、市民としての個人の権利保障を求める側面を持つ欧米の障害者運動とは思想的源泉が異なるものである。つまりアメリカ障害学のような公民権獲得運動の流れにあるものでも、イギリス障害学のような「障害の社会モデル」をベースとした運動の流れでもない。「青い芝の会」を中心とする障害者運動の思想は、「われら」として「ともに生きる」という向下的平等観に基づく共生観であった。それは、機の深信により「向上」という精神に潜む自己の差別性を凝視し、「いのちの平等性」を自覚して生きることによって、ともに共通の地平に生きようとする視座であると言える。

このような、いのちの根源的平等性にもとづく地平は、「個人主義」を基盤とした平等観ではない。「如来」という絶対的他者に呼びかけられ、その「呼びかけ」を深信し、「如来の呼びかけの中にある身」という自覚をしたとき、本願の「正機」としての生命観であったといえる。そこでは、人間としての本質的地平を求めていく平等観があきらかになる。そのような意味において、このような機法二種深信に基づく「青い芝の会」の運動にみられる「いのちの本質的平等観」は日本の障害学の思想的源流であり、それに基づく障害者運動は、日本的障害者運動といえよう。それは、まさに「障害と自立の問い直し」といえるのである。

障害観・自立観の変遷と社会モデル

第一節　国連障害者権利条約の制定までの歴史の概観

本節では、二〇〇八年五月に発効した国連の「障害者権利条約」の思想の源流となった障害学を中心とした社会モデルについて考えていきたい。

では、障害者福祉について、世界的に考えると、どのような動向があったのだろうか。そのことについて、示唆を与えるのが、国連「精神薄弱者の権利宣言」・「障害者の権利宣言」に端を発する権利保障の歴史と、世界保健機関の「国際障害分類」（ＩＣＩＤＨ）に端を発する障害分類の歴史である。この法政史と解釈史という二つの流れは、まったく別個な関係であったのではなく、関連性を持っている。それらの関係性を概観すると、資料１の年表の如くになる。

第二次世界大戦後すぐに、国連は世界人権宣言を採択し、一貫してあらゆる人権問題に取り組んできた。障害者の問題も、その例外ではない。「精神薄弱者の権利宣言」以降、世界人権宣言に準じていく形で、障害者の国際的な人権保障への歩みが始まるのである。

この「精神薄弱者の権利宣言」採択以降の約三五年間の国連の障害者の人権保障への取り組みを概括す

資料1　障害者権利条約ならびに国際生活分類

1948年	「世界人権宣言」採択
1966年	「国際人権規約」採択
1971年	「精神薄弱者の権利宣言」採択
1975年	「障害者の権利宣言」採択
1976年	「国際人権規約(A規約、B規約)」発効 「国連障害者年(1981年)決議採択」(テーマ「完全参加と平等」)
1979年	「国際障害者年行動計画」採択
1980年	国際障害分類(ICIDH)初版承認
1981年	国際障害者年 「障害者インターナショナル」Disabled Peoples' International (DPI)結成
1982年	「障害者に関する世界行動計画」 「国連障害者の十年」(1983年～1992年)の宣言採択
1983年	「国連障害者の十年」開始年(～1992年)
1989年	「子どもの権利条約」採択
1990年	障害を持つアメリカ人法(ADA)制定←権利法制の第一歩
1991年	カナダのケベック委員会が「カナダ・モデル」を提案する←「社会モデル」への第一歩
1993年	「アジア太平洋障害者の十年」開始年(～2002年) 「障害者の機会均等化に関する基準規則」採択
1995年	イギリス『障害者差別禁止法』(DDA)制定
1997年6月	『国際障害分類ベータ1草稿』が決定
1999年7月	『国際障害分類ベータ2草稿』発行
1999年	「米州障害者差別撤廃条約」採択
2001年12月	「障害者の権利及び尊厳を保護・促進するための包括的・総合的な国際条約」決議案採
2001年5月	第54回世界保健会議で『国際生活機能分類』承認、略称も「ICF」と決定
2002年7月	障害者の権利及び尊厳を保護・促進するための包括的・総合的な国際条約に関する国連総会臨時委員会(障害者権利条約アドホック委員会)第1回会合
2002年12月	「アジア太平洋障害者の10年」の延長(新十年)
2004年1月	障害者権利条約起草作業部会
2006年12月5日	障害者権利条約アドホック委員会第8回会合 再開会期において採択
2006年12月13日	第61回国連総会本会議において障害者権利条約を採択
2007年3月30日	障害者権利条約を署名のために開放
2007年9月28日	日本が障害者権利条約に署名
2008年5月3日	障害者権利条約の効力発生

ると、特に障害者の権利ということが明確になった歴史と言える。その背景には一九八一年に結成された「障害者インターナショナル」（ＤＰＩ）の国際的な権利擁護運動や自立生活運動の機運の高まりを忘れてはいけない。つまり、障害者権利条約は、人々の障害観が大きく変わってきたことが根底にあり、それらの障害者運動の高揚の中で生まれた条約であるといっても良い。

では、そのような歴史の中で、「障害」の概念はどのように変遷・発展してきたのであろうか。次に、障害者権利条約をはじめとする障害者の人権保障の基礎を作り上げた障害観の変遷をたどりたい。

第二節　国際障害分類・国際生活機能分類（ＩＣＦ）の障害観・自立観

第一項　国際障害分類（ＩＣＩＤＨ）の障害観・自立観

次に、その障害観の解釈を先に述べた歴史軸にしたがって考察を深めたい。まず、国際障害分類（ＩＣＩＤＨ）の構造について考えたい。国際障害分類の障害構造図を次の「資料Ａ」に図示した。

国際障害分類（ＩＣＩＤＨ）の障害観では、はじめに疾病・変調があり、それが原因となって機能・形態障害（impairment）があり、その結果、能力障害（disability）が起こり、機能・形態障害と能力障害の結果、社会的不利（handicap）が生じるという構造になっている。この構造は機能・形態障害に対しては医療が、能力障害に対してはリハビリテーションが、社会的不利に対しては社会福祉がそれぞれ治療・対処にあたるとする構図を持っている。そのような構造を有する国際障害分類に対して、ファイファーは一九九八年に「国際障害分類改訂の必要性」という論文で、国際障害分類がもつ差別的構造を明らかにした。そのファイファーの「国際障害分類（ＩＣＩＤＨ）廃止論」の骨子を杉野昭博（Pfeiffer 1998 : 508-517, 杉野 2007 : 53-54）は六点にまとめている。その六点については、次の如くである。

資料A　ICIDH：WHO国際障害分類（1980）の障害構造モデル

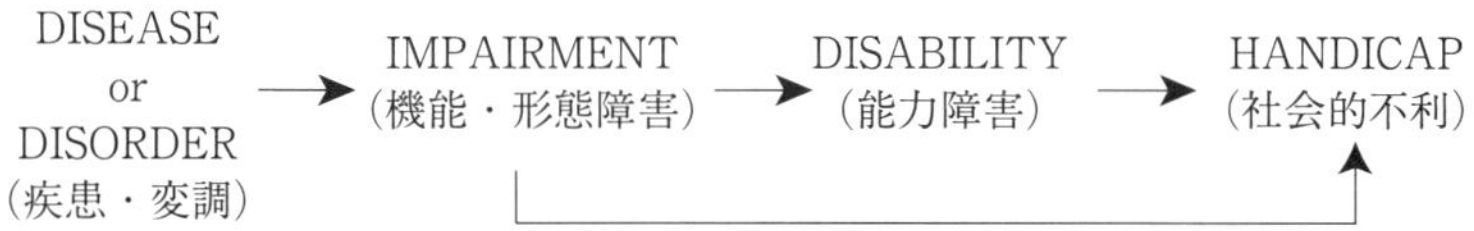

①国際障害分類は、かつてパーソンズが指摘した「病人役割」sick roleを無意識に想定している。

②国際障害分類は、「障害」問題を「医療化」する危険がある

③国際障害分類は優生学的考え方を助長するおそれがある

④「正常／ふつう」normal概念の問題性

⑤国際障害分類の支持者たちは認めようとしないが、（初版の障害認識論はインペアメントが能力障害や社会的不利の原因であるという）一方的因果関係が暗示されている

⑥「ハンディキャップ」という用語に象徴される「差別的表現」の問題

つまり、国際障害分類は、「疾病・変調」から「社会的不利」まで、一線上に並び、社会的不利が個人の「疾病・変調」だけが原因となって引き起こされているかのように述べられていることが問題であると主張したのである。

第二項　国際生活機能分類（ＩＣＦ）の障害観・自立観

このような障害学の立場に立脚するファイファーやＤＰＩなどの国際障害分類に対する批判を受けて、二〇〇一年、世界保健機関は、国際障害分類を修正し、国際生活機能分類を発表する。国際生活機能分類（ＩＣＦ）の構造を図示すると「資料Ｂ」のごとくになる。

それによると、国際障害分類が、「疾病・変調」から「社会的不利」まで直線上

資料Ｂ　ICF 国際生活機能分類（2001）の生活機能構造モデル

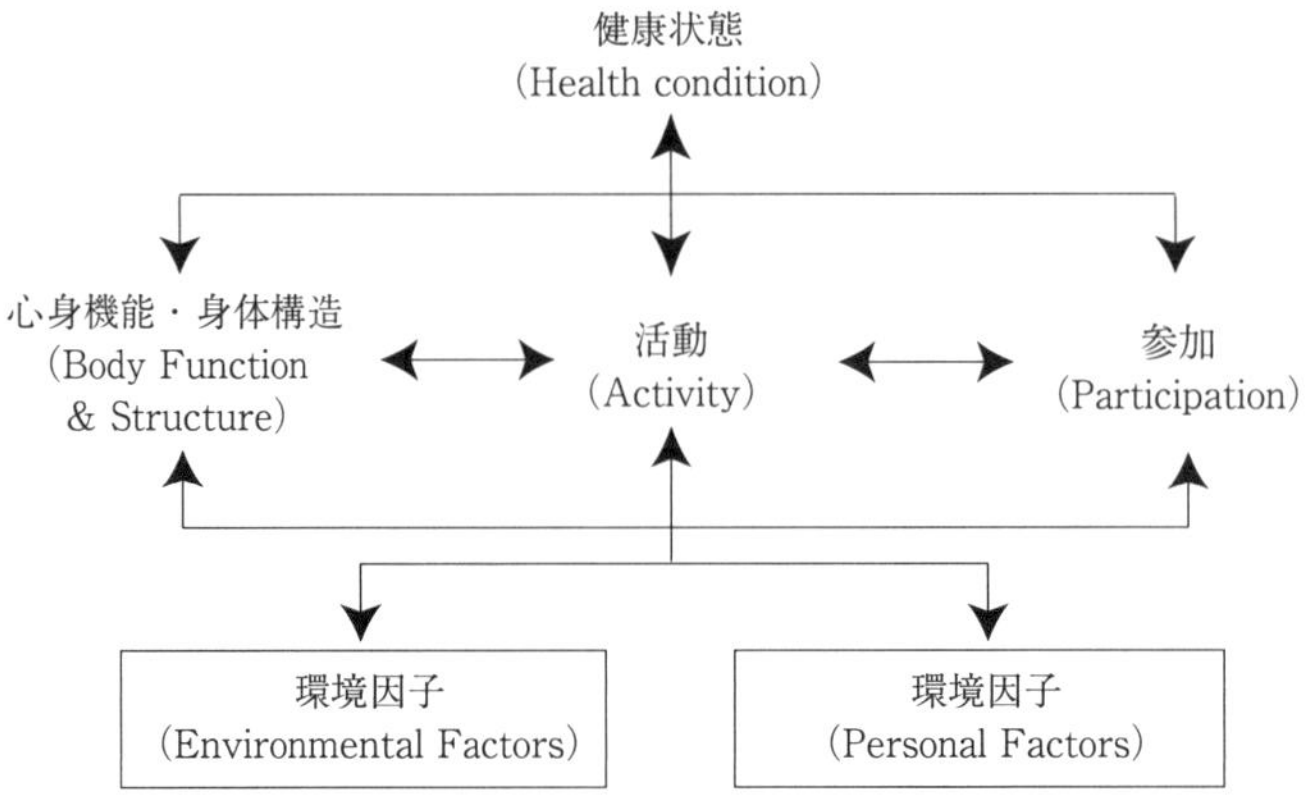

に、しかも一方向に展開していたのに対し、心身機能・身体構造、活動、参加の三構造が相互作用によって関係づけられ、しかも、その影響背景として、環境因子と個人因子をおいている。これによって、一見すると、ファイファーの批判は解消されたように見えるが、内実としては、心身機能・身体構造は機能・形態障害、つまり医療に対し、活動は能力障害、つまりリハビリテーションに対し、参加は社会的不利、つまり社会福祉に対している。つまり、基本的枠組みは、国際障害分類に対してファイファーが述べたような医療化された「障害観」を引き継いでいるとの批判が障害学の立場から行われてきている（杉野 2007）。

第三節　社会モデルの障害観・自立観

第一項　障害学の障害観・自立観

そのような国際障害分類や国際生活機能分類の障害観に対し、ファイファーと同じ障害学に立脚するオリバーは著書『障害の政治』で「障害者」を「政治的に抑圧され無力化された人々」として描いている。これは、基本的に世界保健機関の二つの障害観とは異なっている。それは、「障害」とは、社会によって作りだされたものとしてみる障害観である。

つまり、本節で述べようとした障害者観の変化とは、国際障害分類（ＩＣＩＤＨ）の構造に代表されるような障害を「疾病・変調」から「社会的不利」まで直線的に考え、障害者を「保護や治療の対象者」として見ていく障害者観から、オリバーの思想に代表されるような障害者という「政治的に抑圧され無力化された人々」と認識し、社会変革を志向し、社会全体で障害者の権利を保障するという障害者観の転換を意味しているのである。

この社会モデルは、オリバーをはじめとするイギリス障害学の議論展開と、アーヴィング・ゾラを中心とするアメリカ障害学の議論展開とは、若干の差異があるように見える。次に、この二つの社会モデルの思想を考察したい。

まず、アメリカ型社会モデルについて考えたい。アメリカ型社会モデルの具体相は、自立生活運動に代表される。アメリカの自立生活運動は、一九七〇年代にアメリカのカルフォルニア州バークレーで、当時カルフォルニア大学バークレー校の障害学生であったエド・ロバーツを中心として発展した。このアメリカの障害者自立生活運動は、公民権運動、消費者運動の流れをくむ運動である。つまり、アメリカの自立生活運動は、アメリカ文化を反映して、消費者としての権利を主張するという特徴があった。この運動は、言うならば「個人主義」をベースとした、メインストリームにおける地位獲得運動であったと言える。その意味において、「向上的社会モデル」と言える。

次に、イギリス型社会モデルについて、考えていきたい。イギリスにおける社会モデルの具体相は、隔離に反対する身体障害者連盟（ＵＰＩＡＳ）の思想に代表される。このＵＰＩＡＳは、福祉施設で暮らしていたポール・ハントの同団体結成の内容を示した手紙が新聞に掲載されたことに端を発する。ＵＰＩＡＳ（1975）は、「障害は社会が生み出したものであって、なくすべきものである。身体障害のある人々を障害者にしたのは社会だ」という見解を明確にした。この思想がイギリス型社会モデルのベースとなった。それは、それまでのステレオタイプの障害観から自己選択・自己決定できる社会へと社会変革をし、受け身の姿勢だった障害者の生活を変革した思想であると考えられる。言い換えるならば、アメリカ型社会モデルは、公民権運動や消費者運動の流れをくみ、市民として権利を獲得するための法制度の整備の必要性を訴えることが核であったが、イギリス型社会モデルは現状と社会構造の変革に主眼がおかれていると言える。

このような、アメリカ型社会モデルとイギリス型社会モデルの差異について、杉野（2007：148）は、次のように述べている。

障害（者）を排除する社会構造を社会意識にも配慮しつつ政治経済分析をおこなうイギリス社会モデルと、政治経済要因にも配慮しつつ障害（者）を排除する社会意識を研究するアメリカ社会モデルとの違いは、相対的なものでしかないのである。社会モデルが、唯物論的か観念論的かという相違は、障害者に対する抑圧の分析視点としていずれの側面に焦点を当てるかという方法論上の相違にすぎない。

この見解に依れば、一見しただけでは、イギリス型社会モデルもアメリカ型社会モデルも区別なく、統合されるように見える。では、本当にその違いは相対的なものであろうか。この問いについては、奇しくも杉野（2007：148）が、次のように述べている。

イギリス障害学が下部構造還元主義的なマルクス経済学原理にこだわることさえやめれば、英米の社会モデルは統一的に理解することが可能である。実際のところ、障害学が、マルクス主義的な経済決定論を奉じる必然性はなく、政治経済要因が考慮されていない偏見研究は無効であると宣言するだけで、障害学のアイデンティティは充分に保持されるし、オリバー社会モデルの意義も担保されるはずである。そして、一九九〇年代半ば以降は、イギリス障害学は、多かれ少なかれそうした方向に踏み出している。

この文章において杉野は、オリバーの思想をはじめとするイギリス障害学の思想的背景に「下部構造還元主義的なマルクス経済学原理」があると考えている。むろん、近年、トーマス・シェークスピア（http://www2.e.u-tokyo.ac.jp/read/jp/act/files/20101030_Shakespeare_j.doc からの引用、2011.2.20）がＲＥＡＤの「イギリスの障害学：その実績と課題」という公開講座で次のように述べている。

共有されている基盤、共通の原則とは、ほとんどの場合、障害学研究は変化をおこすものでなければいけないということだ。マイク（マイケル・オリバー）とコリン（1）は、二人ともマルクスの「フォイエルバッハに関するテーゼ」の第一一番目への、私の傾倒を分かち合ってくれると思う。彼はそこに「哲学者たちは、世界を様々に解釈してきただけである。肝心なのは、それを変革することにある」と書いている。この文言はマルクスの墓標に書かれており、彼の書き物机の上にも飾られていたかもしれない。私はここで言うが、コリンやマイクと違い、私はマルクスを人生や研究の有効的な道標とは考えないが、彼が関与を強調した点については共感している。

このように、マルクス主義を研究のバックボーンとしない研究もうかがい知ることができる。しかしながら、「障害学アーカイブ」があり、イギリスの障害学の中枢を担うＣＤＳ（リーズ大学障害学センター）は、マイケル・オリバーの思想的系譜が強いコリン・バーンズらが運営しているという点においても、イギリス障害学の主流の研究者が、マルクス主義の影響を強く受けていると考えることが妥当である。
では、イギリス型社会モデルとは、いかなるものなのか。そのことを再確認する上では、隔離に反対する身体障害者連盟（ＵＰＩＡＳ）の指摘を再確認しておく必要がある。ＵＰＩＡＳ（1976：3-4）は、次のように指摘している。

私たちの観点では、身体的インペアメントをもつ人々を障害者にさせているのは社会である。障害とは、私たちの身体的インペアメントに加えて、不必要に孤立させられ、社会への完全参加から排除されるという方法で、強制されているものである。このことを理解するには、身体的インペアメントと社会的な状況、つまり身体的インペアメントをもつ人々の「障害」とを明確に区別する必要がある。したがって私たちは、インペアメントを手足の全部あるいは一部の欠損、もしくは手足や身体の臓器や機能の不全と定義し、ディスアビリティを活動の不利や制限であり、それらは現在の社会の仕組みが身体的インペアメントをもつ人々について、まったくあるいはほとんど考慮していないために、社会の主要な活動からそうした人々が排除されていることと定義している。それゆえに、身体的な障害は社会的抑圧の特定の形態であると言える。

ここでは明らかにディスアビリティは「社会的抑圧の特定の形態」であると、明確化している。しかしながら、アメリカ障害学の父と呼ばれるアーヴィング・ゾラの見解は、このようなＵＰＩＡＳのディスアビリティの構造論と趣を異にしている。杉野（2007：106）は、アーヴィング・ゾラの障害の普遍化モデルを次のように、要約している。

ゾラの「障害の普遍化モデル」の主張は以下のように要約できるだろう。障害者や慢性病者の社会参加が排除される健康至上主義社会は、社会の医療化によって出現するのであるから、まずは医療化を抑制しなければならない。医療化は、医療専門職の権限が強化され拡大されることによって起きるので、専門職の権限を制限しなければならない。専門職の権限拡大は専門職自身の利益追求のみによって起きているのではなく、社会の要請によるものなので、政府が専門職の権限を制限することは困難である。したがって、専門職の権限は利用者の自己決定権を強めることによってしか制限できない。しかし、おそらくそれは、医療化の速度をゆるめることはできても、医療化過程そのものを停止するには不充分だろう。健康至上主義社会そのものを変革しようとするならば、患者数の飛躍的増大を待たねばならない。つまり、健康者と不健康者の数を逆転しなければならない。もしも「病人多数社会」が出現すれば、人口の過半数が「患者」あるいは「障害者」となり、利用者運動はマイノリティではなく多数派運動になり、「患者中心社会」が実現することによって、個人の適応よりも環境や社会の適応を重視するディスアビリティ（障壁）対策が普及して、患者や障害者の社会参加が促進されるというのがゾラの見取り図である。

ここで、アーヴィング・ゾラは、「健康者と不健康者の数を逆転」という発想を用いている。これは、マイケル・オリバー（2006：70）が主張する「ディスアビリティの特質は生産様式や思考様式における変化と、両者の関連を考慮したモデルを用いることによってはじめて理解できる。」という、構築主義の考え方とも議論の質を異にしている。つまり、このような点から見ても、イギリス型社会モデルと、アメリカ型社会モデルとの隔絶があると見ることができよう。つまり、イギリス社会モデルは、インペアメントとディスアビリティを区別することにより、「障害は社会的抑圧の特定の形態」であることをあきらかにしている。また、その社会的排除の構造を「政治的に抑圧され無力化された人々」としてとらえ、「障害の政治」として問題を解決しようとしている。それに対し、アメリカ社会モデルは、ゾラが述べるように「健康至上主義社会そのものを変革し」、「健康者と不健康者の数を逆転」することにより、「多数派運動」としての利用者運動を引き起こし、「患者や障害者の社会参加が促進」するという考え方である。このイギリス社会モデルとアメリカ社会モデルの間には、歴然とした思想的差異が認められる。つまり、社会的障壁を解消していくことに対し、イギリス社会モデルは、「障害の政治」として問題解決しようとしているのに対して、アメリカ社会モデルは、「健康至上主義社会そのものを変革」という視座に立って問題解決しようとしているのである。

これまで、日本においてイギリス社会モデルとアメリカ社会モデルの差異についてはあまり知られてこなかった。そのため、杉野（2007）の研究には、日本ではあまり紹介されてこなかった、アーヴィング・ゾラをはじめとするアメリカ障害学の研究内容を紹介する意図が多く含まれている。むろん、マイケル・オリバーをはじめとするイギリス障害学に比べると、アーヴィング・ゾラをはじめとするアメリカ障害学の諸議論は、日本において十分に紹介、翻訳、議論がされているとは言い難く、現在においては、この杉野の研究の他に、主立った先行研究がないという点において、言及の限界性がある。しかしながら、この杉野の先行研究は、英米障害学の諸議論を紹介するという一大研究の故にアメリカ型社会モデルの真価が問い直されている。その研究成果により、欧米の社会モデル、特にアーヴィング・ゾラを中心とするアメリカ社会モデルの精緻な議論を知ることができる。その一方で、先に引用した「英米の社会モデルは統一的に理解することが可能である」という杉野の見解は、イギリス社会モデルのトーマス・シェークスピアらアメリカ社会モデルに近い議論を重視するあまり、マイケル・オリバーや、その思想的系譜が強いコリン・バーンズらがの旧来のイギリス社会モデルを軽視する傾向が見受けられる。そのような意味において、杉野（2007）の研究はアメリカ型社会モデルへの傾斜があることを否むことができないといわねばならない。

第二項　国連障害者権利条約の障害観・自立観

本項では、二〇〇八年に発効した障害者権利条約の障害観と自立観について考えたい。障害者権利条約においては、障害の定義について、障害者権利条約本文に詳しく述べられていない。しかしながら、二〇〇四年の「作業部会」草案第三条（定義）に盛り込まれた「障害（ディスアビリティ）」という言葉に付された脚注（長瀬 2004：62）において、次のように述べられている。

作業部会の多くの構成員は、条約が障害（すなわち、すべての種別の障害）のあるすべての人の権利を保障すべきであることを強調して、「障害」という語は広く定義されるべきであると提案した。構成員の中には、障害の複雑性や条約の範囲を制限する危険性を考慮すれば、この条約には「障害」の定義を含めるべきでないとの見解を表明した者もいる。他の代表の中には、国際的文脈で用ゐられている既存の定義（世界保健機関の国際生活機能分類を含む。）を指摘した者もいる。定義が含まれる場合には、障害の医学モデルではなく、障害の社会モデルを反映する定義とすべきであることに概ね合意が得られた。

この文章からわかるように、障害の定義が医学モデルではなく、社会モデルを採用しようとしていることがうかがい知れる。実際の障害者権利条約では、第一条目的の項目（東 2008：217）は、次のようになっている。

この条約は、障害のあるすべての人によるすべての人権及び基本的自由の完全かつ平等な享有を促進し、保護し及び確保すること、並びに障害のある人の固有の尊厳の尊重を促進することを目的とする。

障害〔ディスアビリティ〕のある人には、長期の身体的、精神的、知的又は感覚的な機能障害〔インペアメント〕」のある人を含む。これらの機能障害は、種々の障壁と相互に作用することにより、機能障害のある人が他の者との平等を基礎として社会に完全かつ効果的に参加することを妨げることがある。

この第一条であるが、「作業部会」草案の註釈の経緯を踏まえて考えるならば、前段が目的、後段が障害の定義ととらえることもできる。つまり、後段で「障害〔ディスアビリティ〕のある人には、長期の身体的、精神的、知的又は感覚的な機能障害〔インペアメント〕のある人を含む」とあるように、「障害〔ディスアビリティ〕」と「機能障害〔インペアメント〕」を区別し、さらに、「障害〔ディスアビリティ〕のある人には、…中略…機能障害〔インペアメント〕のある人を含む」という表現をもちいることで、この条文の内容が「障害の社会モデルを反映する定義」が含まれていると考えることができる。しかしながら、後に続く「これらの機能障害は、種々の障壁と相互に作用することにより、機能障害のある人が他の者との平等を基礎として社会に完全かつ効果的に参加することを妨げることがある。」という文章において、「機能障害は、種々の障壁と相互に作用することにより」とあるように、インペアメントとディスアビリティが相互に作用することを前提として考えている。これは、ＵＰＩＡＳをはじめとするイギリス障害学で考えられてきた「ディスアビリティは社会的抑圧の特定の形態である」という視座とは、思想的温度差があるとしか言えない。しかしながら、「他の者との平等を基礎として社会に完全かつ効果的に参加する」という文言からわかるように権利の保障のための条約であり、障害者権利条約においては、障害学の議論のようにディスアビリティを社会構造として分析するための条約ではないことに注目する必要がある。つまり、権利条約の障害観は、障害者が有する「他の者との平等を基礎とし」た権利上の諸問題を「社会に完全かつ効果的に参加する」ための法律なのである。この障害者権利条約の趣旨について、より明確になるのが、自立生活の条項である。次に自立生活の条項である第十九条を詳しく検討したい。

障害者権利条約の第十九条（東 2008：241-243）は、次のようになっている。

第十九条　自立した生活〔生活の自律〕及び地域社会へのインクルージョン

この条約の締約国は、障害のあるすべての人に対し、他の者と平等の選択の自由をもって地域社会で生活する平等の権利を認める。締約国は、障害のある人によるこの権利の完全な享有並びに地域社会への障害のある人の完全なインクルージョン及び参加を容易にするための効果的かつ適切な措置をとるものとし、特に次のことを確保する。

(a) 障害のある人が、他の者との平等を基礎として、居住地及びどこで誰と生活するかを選択する機会を有すること、並びに特定の生活様式で生活するよう義務づけられないこと。

(b) 障害のある人が、地域社会における生活及びインクルージョンを支援するために並びに地域社会からの孤立及び隔離を防止するために必要な在宅サービス、居住サービスその他の地域社会の支援サービス（パーソナル・アシスタンスを含む。）にアクセスすること。

(c) 一般住民向けの地域社会サービス及び施設〔設備〕が、障害のある人にとって他の者との平等を基礎として利用可能であり、かつ、障害のある人の必要〔ニーズ〕に応ずること。

ここで、まず注目すべき点として、「障害のあるすべての人に対し、他の者と平等の選択の自由をもって地域社会で生活する平等の権利を認める」とあるように地域での自立生活を行う権利を規定していることである。その上で、「権利の完全な享有並びに地域社会への障害のある人の完全なインクルージョン及び参加を容易にするための効果的かつ適切な措置をとる」ことが締約国に示されている。それは、イギリス社会モデルが社会の抑圧構造の分析による、社会問題としての障害問題の改善・解決を目指しているのに対し、障害者権利条約では、「完全なインクルージョン及び参加」という言葉に代表されるように、結果がインクルーシヴな状態になることを求めている。単純な形をもちいて言い換えるならば、イギリス社会モデルは、抑圧構造の原因となる「抑圧」そのものに目を向け、その改善・解決を目指しているのに対し、むしろ障害者権利条約では、「結果の平等」に重きを置いて成文化していると考えられる。

次に注目すべき点は、(a)から(c)までの締約国がとるべき手段が述べられていることである。(a)では、住居について「特定の生活様式で生活するよう義務づけられないこと。」が述べられている。そのことは、(b)の「地域社会からの孤立及び隔離を防止するために」という文言からわかるように、「完全なインクルージョン及び参加」を前提とした「地域社会における生活及びインクルージョン」が求められている。(c)では、「他の者との平等を基礎として利用可能」という文言にうかがえるように、あらゆる障害者が実際に地域生活を支えるためのサービスをアクセスし、利用出来るよう条件整備を求めている。

このように、障害者権利条約の障害観と自立観は、「他の者との平等を基礎」として、行為の結果の平等としての「完全なインクルージョン及び参加」を目指すものであるといえる。つまり、ＩＣＩＤＨのように、障害を分類する視座でも、ＩＣＦのように生活機能を分類する視座でも、イギリスやアメリカの社会モデルのような社会の抑圧構造を分析し、問題解決を目指す視座でもないといえる。障害者権利条約は、「他の者との平等を基礎」とした権利保障という形をとって結果として「社会問題としての障害問題」を解決していこうとする視座であると考えられる。

第三項　改正「障害者基本法」の障害観

次に、改正「障害者基本法」の障害観・自立観を考えたい。二〇〇九年一二月、障害者権利条約の締結の必要な国内法の整備を集中的に審議し改革していくことを目的として、「障がい者制度改革推進本部」

が設置され、その基で、障害者施策の推進に関する意見をまとめる場として「障がい者制度改革推進会議」が発足した。このような潮流の中で二〇一一年に「障害者基本法」の改正が行われた。本項では、この改正「障害者基本法」の障害観・自立観を考えたい。

まず、障害者の定義について考えたい。障害者基本法の旧法の定義（内閣府 2011：1-2）では、次のようになっている。

（定義）
第二条　この法律において「障害者」とは、身体障害、知的障害又は精神障害（以下「障害」と総称する。）があるため、継続的に日常生活又は社会生活に相当な制限を受ける者をいう。

これに対して、改正法（内閣府 2011：1-2）では次のように改められている。

（定義）
第二条　この法律において、次の各号に掲げる用語の意義は、それぞれ当該各号に定めるところによる。
1　障害者　身体障害、知的障害、精神障害（発達障害を含む。）その他の心身の機能の障害（以下「障害」と総称する。）がある者であって、障害及び社会的障壁により継続的に日常生活又は社会生活に相当な制限を受ける状態にあるものをいう。
2　社会的障壁　障害がある者にとって日常生活又は社会生活を営む上で障壁となるような社会における事物、制度、慣行、観念その他一切のものをいう。

ここで、注目したいのが、障害者とは、旧法では、「身体障害、知的障害又は精神障害（以下「障害」と総称する。）があるため、継続的に日常生活又は社会生活に相当な制限を受ける者」と定義されていたことに対し、改正法では、「障害及び社会的障壁により継続的に日常生活又は社会生活に相当な制限を受ける状態」という定義を行っている。ここで述べられるところの社会的障壁とは、二項の「障害がある者にとつて日常生活又は社会生活を営む上で障壁となるような社会における事物、制度、慣行、観念その他一切のもの」を指すのである。つまり、この社会的障壁とは、「ディスアビリティ」を指していると考えることができる。このことを言い換えるならば、旧法では障害者とはインペアメントを持つ者という意味だけが述べられていたが、改正法ではインペアメントがあるものであり、インペアメントおよびディスアビリティによって「相当な制限を受ける者」という定義になる。これは、障害者権利条約の障害の定義である「障害（ディスアビリティ）のある人には、…中略…機能障害（インペアメント）のある人を含む」という定義に比べると、障害の定義が狭義になっている。それは、障害者権利条約では、ディスアビリティのある人の中にインペアメントを持つ人が含まれているのに対し、改正障害者基本法では、インペアメントおよびディスアビリティをもつ人という表現になっている。

次に、第三条の検討に移りたい。第三条については、旧法が「基本的理念」、改正法「地域社会における共生等」というタイトルになっており、内容は同様の範囲を指すと考えられる。旧法（内閣府 2011：2-3）では、次のようになっている。

（基本的理念）

第三条　すべて障害者は、個人の尊厳が重んぜられ、その尊厳にふさわしい生活を保障される権利を有する

2　すべて障害者は、社会を構成する一員として社会、経済、文化その他あらゆる分野の活動に参加す

る機会が与えられる。

3　何人も、障害者に対して、障害を理由として、差別することその他の権利利益を侵害する行為をしてはならない。

また、改正法（内閣府 2011：2-3）では、次のように改められている。

（地域社会における共生等）

第三条　第一条に規定する社会の実現は、全ての障害者が、障害者でない者と等しく、基本的人権を享有する個人としてその尊厳が重んぜられ、その尊厳にふさわしい生活を保障される権利を有することを前提としつつ、次に掲げる事項を旨として図られなければならない。

1　全て障害者は、社会を構成する一員として社会、経済、文化その他あらゆる分野の活動に参加する機会が確保されること。

2　全て障害者は、可能な限り、どこで誰と生活するかについての選択の機会が確保され、地域社会において他の人々と共生することを妨げられないこと。

3　全て障害者は、可能な限り、言語（手話を含む。）その他の意思疎通のための手段についての選択の機会が確保されるとともに、情報の取得又は利用のための手段についての選択の機会の拡大が図られること。

比較すると、旧法の「すべて障害者は、個人の尊厳が重んぜられ」という文言が、改正法では、「全ての障害者が、障害者でない者と等しく、基本的人権を享有する個人としてその尊厳が重んぜられ」という表現に改正されている。また、「あらゆる分野の活動に参加する機会が与えられる。」という表現が、「あらゆる分野の活動に参加する機会が確保されること。」という表現に改正されている。このことからわかるように、「機会が与えられる」という慈悲救済的な思想から、「参加する機会が確保されること」という権利保障の思想に展開していることがわかる。また、「可能な限り、どこで誰と生活するかについての選択の機会が確保され、地域社会において他の人々と共生することを妨げられない」という新しく挿入された条項について考えると、この条項は先に述べた障害者権利条約の第十九条の（a）と内容が似ている。障害者権利条約第十九条の（a）は、「障害のある人が、他の者との平等を基礎として、居住地及びどこで誰と生活するかを選択する機会を有すること、並びに特定の生活様式で生活するよう義務づけられないこと。」となっているのに対して、改正障害者基本法では、「可能な限り、どこで誰と生活するかについての選択の機会が確保され」というように「可能な限り」という表現が附されていることは、注目しなければいけないことである。

改正法では第三条の「地域社会における共生等」の次の条文に、「差別の禁止」というタイトルの第四条が新たに付け加えられた。これは、旧法第三条の３がベースとなり、２項と３項が追加されいる。第四条（内閣府 2011:3-4）は、次のようになっている。

（差別の禁止）

第四条　何人も、障害者に対して、障害を理由として、差別することその他の権利利益を侵害する行為をしてはならない。

２　社会的障壁の除去は、それを必要としている障害者が現に存し、かつ、その実施に伴う負担が過重でないときは、それを怠ることによつて前項の規定に違反することとならないよう、その実施について必要かつ合理的な配慮がされなければならない。

3　国は、第一項の規定に違反する行為の防止に関する啓発及び知識の普及を図るため、当該行為の防止を図るために必要となる情報の収集、整理及び提供を行うものとする。

ここでは、「何人も、障害者に対して、障害を理由として、差別することその他の権利利益を侵害する行為をしてはならない」という旧法第三条の3の文章の後に「実施について必要かつ合理的な配慮がされなければならない」という合理的配慮の義務を定める規定と、普及・啓発の規定が加えられている。

これまで改正障害者基本法の障害観を考えてきたが、改正障害者基本法の障害観と障害者権利条約の障害観の間には、温度差を見ることができる。つまり、障害者権利条約の障害観と自立観は、「他の者との平等を基礎」として、行為の結果の平等としての「完全なインクルージョン及び参加」を目指そうとしていたものであるのに対して、改正障害者基本法は、「可能な限り」という文言が附されたことに代表されるように、同じ権利保障を思想的ベースとして置きながらも、障害者権利条約の概念より狭義の権利保障の概念となり、しかも障害観としては後退したといえる。

以上の考察から、「障害と自立をとらえる新たな視座の構築」には、障害者権利条約と障害者基本法の障害観や自立観の根本となった社会モデルの概念に立ち返って考える必要がある。中でも、アメリカ社会モデルは、「健康至上主義社会そのものを変革」という視座に立って問題解決しようとしているのに対し、イギリス社会モデルは「障害の政治」として問題解決しようとしているので、社会構造や障害者施策を考える上では、イギリス社会モデルが「社会問題としての障害問題」をより根源的問題として考えている。つまり、「障害と自立をとらえる新たな視座の構築」は、より根本的な概念であるイギリス社会モデルをベースに考える必要があると考察する。

次章では、この考察の結果であるイギリス社会モデルを踏まえつつ、真宗障害者福祉における「社会モデル」の受容について考えたい。

第四節　真宗障害者福祉と「社会モデル」

第一項　真宗障害者福祉史上における障害観

旧来、仏教福祉は社会的弱者に対して、慈悲の目で見、保護・更正を促していくことが主眼となってきた。この傾向は、真宗大谷派においても通底するものと考える。つまり、本研究第二章第二節三項において、すでに次のように結論付けた。

大谷派における近代の社会福祉事業は、仏眼協会の成立が特殊伝導をその趣旨とすること以外については、教学的展開と、社会福祉事業が関連性を持っていないという問題点が確実に存在する感が否めない。むしろ、社会福祉事業の活動根拠としての教学的源泉というよりも、戦後の同朋共生運動という名に見られるように、あらゆる人々と共に生きようとした真宗者の実践的あゆみが見て取れるのである。（中略）このことは時代の制約であろうが、各々の活動が、それぞれの当事者運動をフォローするのではなく、教団として真身会などの活動に見られるように、啓発（当時の用語で言うならば「啓蒙」）、活動、ないしは義捐金活動に見られるように、啓発・慈善活動に重点が置かれている。また、この傾向は現在も続いていると言えよう。

ここで述べた如く、明治維新以後、現在に至るまで真宗大谷派の中で、あらゆる人々とともに生きようとした視座はうかがえるものの、オリバーが指摘するような健常者によって「抑圧され、無力化されていく構造」については問われてこなかったとしか言いようがない。

そのように捉える時の「社会的弱者」は、弱者を健常者というマジョリティであり、強者である者が、「劣った者」、「手をさしのべるべきもの」「共に生きてやらねばいけないもの」として、捉える社会的弱者観が根底にある。これは、仏教者による障害観も同じようなことが言える。つまり、仏教者や宗教者の「障害観」は、障害者を「哀れみ」や「慈しみ」の対象として捉え、独立した「個」として捉えていなかったと言えるのではないか。

そのような障害観は、現代の真宗大谷派においても、深く根を張っている。例えば三島多聞（2011：22-23）は、中村久子について次のように述べている。


弥陀の本願、四十八願の第一願はこうです。「たとい我、仏を得んに、国に地獄・餓鬼・畜生あらば、正覚を取らじ。」平たく言うならば、〝念仏申す世界には、地獄・餓鬼・畜生の関係はない。地獄・餓鬼・畜生呼ばわりされたところでは、人間は生きていけないんだという叫び〟になるという意味です。「私は犬やネコではないんだ。人間になろう」という思いを起こした。十歳そこそこの久子さんはそこまで感じていないかもしれませんけれども、小さな胸に起こされたその心は、弥陀の本願の第一願なんです。その証拠に彼女はどうしたかというと、両手に包帯を巻き、箸を挟めば一人で食事が出来ると思ったのでしょう。それを毎日毎日練習するのです。ふつうはだいたい三日か四日らるうちに、うまくできないことに癇癪を起こすのがオチです。そうなれば久子さんの単なる出来心でしかありません。しかし、これが本願の第一願だったと私が申し上げるのは、久子さんが絶対あきらめず、とうとう一念の時をかけて一人で食事が出来るようになったからなのです。これは出来心ではありません。彼女の小さな胸に起きた弥陀の第一願の動機です。

この三島の論調は、本書全体を貫くものであるが、中村の突発性脱疽による四肢切断というインペアメントと、「手を使わずにご飯を食べるのは犬やネコや畜生や」（2011：19）と世間から言われるという、世間からの差別による社会的障壁（ディスアビリティ）を混同した上で、さらに「人間になりたい！」（2011：21）と願うとことを「本願の第一願」と言っている。つまり、中村にディスアビリティを与えた社会的障壁（社会の責任）を問うことなく、弥陀の第一願と賛美している。もちろん、五体満足な身体を持っている人を中心として作られた社会の中で、それと異なった中村が排除され、それに対して努力の結果、あらゆる物事が出来るようになっていくことと、弥陀の誓願の内容は本質的に異なっている。それは、次に引用する真宗障害者福祉の思想的研究とも方向性を異にしている。頼尊（2007a：7）では、真宗における障害者福祉の思想について、次のように述べている。

具体的に健常なる状態にとらわれ、常に障害の克服や社会更生といった事柄に対し、「今以上に良くならなければいけない」と社会より強迫されている障害者の心理状態を解放することになるのである。

この二者の見解は根本的に異なると言える。無論、三島の第一願の了解が特異なものであることは言うまでもないが三島（2011：39）は続けて、第一願について、次のように述べている。

その時です。自分の都合で見ていた母は鬼みたいな母でしたけれども、念仏の教えによって導かれ、私のことを思い続けて生涯をささげてくださった、悲母なる菩薩だったのだと、いただきなおすのです。鬼の母が菩薩の母となったのです。南無阿弥陀仏の信心が鬼を、地獄を、餓鬼を浄土にしてしまったのです。鬼の母が悲母なる菩薩となったのです。ここにも弥陀の本願・第一願がはたらいている。

これ「鬼の母が悲母なる菩薩となった」という思想と親鸞の思想とはいかなる関係を結ぶことができるであろうか。親鸞は『顕浄土真実教行証文類』総序（『定本教行信証』：5）で、次のように述べている。

然れは則ち、浄邦縁熟して、調達、闍世をして逆害を興せしむ。浄業機彰れて、釈迦、韋提をして安養を選はしめたまへり。斯れ乃ち権化の仁、斉しく苦悩の群萠を救済し、世雄の悲正しく逆謗闡提を恵まむと欲す。

この箇所では、マガダ国の王である頻婆娑羅の子の阿闍世が、釈尊の従兄弟にあたる提婆達多にそそのかされ、父王を殺し、母后韋提希を幽閉して即位したたという、俗に言う「王舎城の悲劇」について書かれている。そして、幽閉された韋提希に対して釈尊が『観無量寿経』を説くことになるのである。親鸞は、この王舎城の悲劇を「権化の仁」として、浄土の教えが開示される縁として大切にされている。しかしながら、逆に「後序」（『定本教行信証』：380-381）では、親鸞の身に起こった事実を、次のようにも述べている。

竊かに以みれは、聖道の諸教は行証久しく廃れ、浄土の真宗は証道今盛なり。然に、諸寺の釈門、教に昏くして真仮の門戸を知らず、洛都の儒林行に迷ふて邪正の道路を弁うること無し。斯を以て、興福寺の学徒、太上天皇後鳥羽の院と号す諱尊成、今上、土御門院と号す諱為仁の聖暦、承元丁の卯の歳、仲春上旬の候に奏達す。主上臣下、法に背き義に違し、忿を成し、怨を結ぶ。茲に因りて、真宗興隆の大祖源空法師、并に門徒数輩、罪科を考へず、猥しく死罪に坐す。或は僧儀を改めて、姓名を賜ふて遠流に処す。予は其の一なり。しかれは、巳に僧に非ず俗に非ず。是のゆえに禿の字を以て姓と為す。空師并に弟子等、諸方の辺州に坐して、

五年の居諸を経たりき。皇帝諱守成の聖代、建暦辛の未の歳、子月の中旬第七日に勅免を蒙りて

ここでは、自らの身の上に起きた承元の法難について、厳しく批判的に表現されている。つまり、ここには、「総序」に見た「権化の仁」という姿勢は、寸分も見られない。ここからわかるように、三島が弥陀の第一願の捉え方を中心にして中村の信仰観を述べる際、その本願論は、いかにステレオタイプなイメージを植え付けているかがわかる。

このように、障害者を排除する社会を問うことがなく、また、「如来の働きを受けて、回心すれば社会に対する見方が変わり、その世界が浄土に変わる」といったような誤った見識が現代の真宗教団にも根強く残っている。もちろん、このような浄土観は、親鸞の浄土観と異なると言える。

そのような思想の上での「救済」の構造を考えると、何らかの形でマジョリティである健常者に近づくように指導・援助を行うという発想や、「障害者」というある意味上での不条理な「生」を宗教によって「救っていく」、あるいは、絶対的他者によって「救われていく」という発想しか生まれてこない。また「障害者の信仰の問題」という時、必ずそのような健常者側から見た障害観が、「救済の内容」を語るときに「下敷き」となっている。つまり、障害者自身の「救済観」の内容も、宗教者の「健常者側から見た障害観」が色濃く反映しているのである。しかし、「健常者側から見た障害観」の中には、マジョリティ優位なものの考え方、つまり「救済観」があることを見落としてはいけない。

このような「視座」は、国際的動向から考えると、大きく逸脱したものと考えられる。そのような問題について、次節で考えていきたい。

第二項　真宗障害者福祉と社会モデル

社会モデルは、障害者の権利の問題を政治的な問題として考えていく。それで、社会福祉の学域から仏

教社会福祉を見直すと同時にあるもう一つの方向性、つまり、仏教の思想から現在の社会福祉のあり方を見直すという側面を持つ真宗障害者福祉から考えると、相応しないとする考え方もできるであろう。それだけにとどまらず、現実には、障害者を「政治的に抑圧をしていたマジョリティ優位の考え方を問う」ということそのものが、「革新的」なものとして考えられ、「自覚の宗教」とも言われる真宗の教えと源泉を異にすると考えてしまいがちである。

しかしながら、現在においても、障害者の多くは、偏見や差別、権利侵害など、その人の尊厳を否定するような環境に置かれている。その環境下に置かれることによって障害者自身は生きる意欲すら奪われた「無力状態（パワーレス）」に陥る。そのような中で、オリバーらが「障害者」disabled people を「政治的に抑圧され無力化された人々」として描いている社会モデルの障害観があるのである。つまり、「障害者が現に抑圧されている状況下で生きることを余儀なくされている」という現実において、国際的動向としてオリバーらが述べる社会モデルの考え方に転換してきているということが大きな意味を持つ。

先に述べた如く、今までの真宗障害者福祉で語られるところの「障害観」を近年の社会モデルの障害観をもって考えるならば、旧来の「真宗」が障害者に与えた「救済観」は、正しく「信仰」という名の下で、障害者を「無力状態」に陥らせてはいなかったか。そもそも「障害者」を「政治的に抑圧され無力化された人々」として考えてきただろうか。この問いに対しては、今まで考察してきたように、これまでの真宗における障害者への視座は、その多くは、障害者を「無力状態（パワーレス）」に陥らせるようなものであったと考察せざるを得ない。

次章以降において、「障害と自立をとらえる新たな視座の構築」に向けて、もう一度、親鸞の思想に立ち返り、論究していきたい。

障害と自立をとらえる新たな視座の構築

第一節　親鸞と宗教改革

第一項　宗教改革者としての親鸞

本研究において、障害者の解放を考える方法に二通りあると考える。一つには、これまで考えてきたように、社会的に構築されるディスアビリティからの解放である。このことは、障害学の中心的課題である。障害の社会モデルは、この無力化状態に陥らせる社会の抑圧を除去、あるいは軽減していこうとするパラダイムである。

それと同時に本研究においては、障害当事者が、どのようにインペアメントに向き合い、当事者自らが持つインペアメントにまつわる苦悩からどのように解放されていくかを考えたい。むろん、障害の社会モデルでは、個人的なインペアメントに対する感情も、様々な抑圧によって社会的に作り出されたものと考えられているが、ここでは、仏教が考える「人間の関係性（縁起）について無智であるからこそ人間は苦悩するのである（無明）」という考え方から、障害者の個人的苦悩からの解放されていく方法について考えたい。そして、その真宗学的視座から見える地平から、再度、障害の社会モデルを深く論究していきたい。

本来の仏教は、ブッダと同じ「さとり」の境地に至ることが中心的な課題として考えられてきた。そのため、様々な修行や学び（教学）が盛んに行われてきた。それは、「人間（一切衆生）が苦悩する現在を過ごしやすくするには、いかに生活すればよいか」という問いに対して開かれた教えであったと言える。つまり、仏教においては、人間の苦しみ（苦悩）の根源は、ひとりひとりが持つ自己執着にあると考える。そのため、仏教では自己執着から離れるために様々な宗教的実践が行われてきたと言える。つまり、究極的には、「さとり」とは、自己執着からの解放と言える。

しかしながら、たんに「自己執着からの解放」といっても、どのぐらいの宗教的実践をすると、「さとり」が開かれるのかは、具体的に見えない。そこで行者（菩薩）が仏と同じ「さとり」の境地に達するまでの階梯を、十信、十住、十行、十廻向、十地、等覚、妙覚という五十二位に示している（『菩薩瓔珞本業経』、『大正新脩大蔵経』二四巻：1010-1023）。「信心」とは、十信の一番目で、この五二のステージの第一ステージに相当する。仏教は、信心から入信し、妙覚に向かって、多くの宗教的実践をおこなっていくことを基本としている。この五二のステージを上っていく行為こそが、「さとり」を開くために必ず必要とされてきたのである。つまり、仏教そのものの修行は、まさに、人間性の向上に努める道であると言ってよい。その意味では、入信、つまり自分の力で「仏道を成就したい（発菩提心）」と信心を発すことが、仏教入門として大変重要視されてきた。例えば、最澄は、『願文』（『大正新脩大蔵経』七四巻：135）において、次のような誓願をたてている。

謹みて迷狂の心に随い三二の願を発こす。無所得を以て方便と為し、無上第一義の為に金剛不壊不退の心願を発こす。

我れ未だ六根相似の位を得ざるより以還出仮せじ。其の一。

未だ理を照らすの心を得ざるより以還才芸あらじ。其の二。

未だ浄戒を具足することを得ざるより以還檀主の法会に預からじ。其の三。

未だ般若の心を得ざるより以還世間の人事の縁務に著かじ。相似の位を除く。　其の四。

三際の中間に修する所の功徳は独り己が身に受けず、普く有識に回施して悉く皆無上菩提を得せしめん。其の五。

伏して願くば、解脱の味独り飲まず、安楽の果独り証せず。法界の衆生と同じく妙覚に登り法界の衆生と同じく妙味も服せん。若し此の願力に依りて六根相似の位に至り、若し五神通を得ん時は必ず自度を取らず、正位を証せず、一切に著せざらん。願くば、必ず今生無作無縁の四弘誓願に引導せられて、周く法界を旋り、遍く六道に入り、仏国土を浄め、衆生を成就し、未来際を尽くすまで恒に仏事を作さん

ここでは、最澄は、五つの誓願を建立している。このように、仏門に入ると時、発心を行うことが、通例のように大切に扱われてきた。

しかしながら、これまで考えてきたように、親鸞は、仏道修行の第一ステージである「信心」までもが、「如来よりたまわりたる信心」（『歎異抄』第六章、『定本親鸞聖人全集』Ⅳ—言行篇Ⅰ：6）として、如来が衆生に発させた信心であって、衆生が自ら発した信心ではないという見解を示した。また、その信心については、親鸞（『浄土和讃』弥陀経意、『定本親鸞聖人全集』Ⅲ—和讃篇：57）は、『浄土和讃』において「信心よろこぶそのひとを、如来とひとしとときたまふ。大信心は仏性なり、仏性すなはち如来なり」と述べている。ここによると、信心の人は、如来と等しいと説かれている。それは、妙覚という第五二のステージ、つまりこのステージこそが仏・如来の境地であるが、その境地と、如来よりたまわった第一ステージであ

る信心の境地は、ともに仏から示された境地であるので、等しい（如来等同）と説いたのである。

もちろん、この思想は厳密には、親鸞独自の思想ではなく、インド、中国、日本の浄土教に伝統的に伝わる解釈ではあるものの、親鸞が一番先鋭化したといって他ならない。つまり、「如来等同」の考え方に立つと、菩薩道の五二のステージは無意味なものになってしまう。それも、究極的には、たった一回の「南無阿弥陀仏」という念仏の声を聞くだけで、妙覚の境地と同じ功徳があると説いたのである（『教行信証』）。それは、如来の力（本願他力）によって救われていこうとする教えであり、五二のステージを縦に超えていくのではなく、横に超えていこうという教説であった。親鸞（『定本親鸞聖人全集』Ⅲ—和文篇：68-69）は仮名聖教である『尊号真像銘文』に横さまに超えていくあり方を次のように述べている。

「即横超截五悪趣」といふは、信心をうればすなわち横に五悪趣をきるなりとしるべしとなり。横超といふは、横は如来の願力、他力をまふすなり、超は生死の大海をやすくこえて无上大涅槃のみやこにいるなりと。信心を浄土宗の正意としるなり、このこゝろをえつれば、他力は義なきを義とすとなり、義といふは行者のはからふこゝろなり。このゆへに自力といふなり、よくよくこゝろふべしと。

ここでは、信心を得る、如来の願力によって「よこさま」に「生死」を越え、「无上大涅槃」という「さとり」の境界に入ると述べられている。

このような法然や親鸞の宗教運動に対し、当時の比叡山を中心とする日本の仏教界は、大きな危機意識があったに違いない。当時の比叡山は、仏道の学場であった側面と千日回峰行など五二のステージを上る修行の場であった側面と、院政などに代表される貴族が政治をおこなう場であった側面と、浄土教の道場であった側面の四つの側面を持っていた。特に行者は、親鸞の思想の出現により修行の立脚地が揺らいだに違いない。また、院政などの政治の立場では、政治の位が、仏教の修行のステージと世俗的には同価と考えられていた（王法仏法論）ので、貴族社会の秩序までもを根底から覆す思想であったと考えられる（このことについては、平［2001：48-52］などに散見できる）。

法然や親鸞の念仏弾圧（承元の法難）は『皇帝紀抄』（『大日本資料』第四編之九：504）や『愚管抄』（『日本古典文学大系』八六巻：294）や『四十八巻伝』（『浄土宗全書』一六巻　伝記系譜1：157）には、いわゆる松虫鈴虫伝説に代表される「吉水教団内の女性に関する問題」の結果、法難が起こったと解釈されている。つまり法然の弟子である住蓮房、安楽房が建永元（一二〇六）年の暮れに催した念仏集会に、後鳥羽上皇が熊野詣のため不在であった中、上皇に仕えていた一九歳の松虫と一七歳の鈴虫が参列し、松虫、鈴虫は安楽らにひかれて出家、剃髪してしまった。そのことを知った上皇は逆鱗した。この事件を「松虫鈴虫事件」と一般的に言われているが、史実的には定かではない。しかしながら、翌年二月、専修念仏の停止が決定され、住蓮房、安楽房を含む弟子数人が死罪、法然、親鸞を含む数人が流罪という非常に重い処罰を受けるという「承元の法難」が起こったのは紛れもない史実である。この史実について、『歎異抄』の末尾の文（『歎異抄』流罪記録、『定本親鸞聖人全集』Ⅳ―言行篇Ⅰ：40-41）は、当時の様子を次のように伝えている。

後鳥羽院御宇、法然聖人他力本願念仏宗を興行す。于時、興福寺僧侶敵奏之上、御弟子中狼藉子細あるよし、無実風聞によりて罪科に処せらるる人数事

一　法然聖人並御弟子七人流罪、また御弟子四人死罪におこなわるるなり。聖人は土佐国番田という所へ流罪、罪名藤井元彦男云々、生年七十六歳なり。

親鸞は越後国、罪名藤井善信云々、生年三十五歳なり。

浄円房備後国、澄西禅光房伯耆国、好覚房伊豆国、行空法本房佐渡国、幸西成覚房・善恵房二人、同遠流にさ

だまる。しかるに無動寺之善題大僧正、これを申しあずかると云々　遠流之人々已上八人なりと云々

被行死罪人々。

一番　西意善綽房

二番　性願房

三番　住蓮房

四番　安楽房

二位法印尊長之沙汰也。

親鸞改僧儀賜俗名、仍非僧非俗。然間以禿字為姓被経奏問畢。彼御申状、于今外記庁納云々

流罪已後愚禿親鸞令書給也

しかしながら、上皇の逆鱗というよりも、仏教を中心とする社会秩序の崩壊を恐れた上での法難といってもよいのではなかろうか。現に親鸞は、『教行信証』「後序」（『定本教行信証』: 380-381）では、親鸞の身に起こった事実を、次のように厳しく非難している。

竊かに以みれば、聖道の諸教は行証久しく廃れ、浄土の真宗は証道今盛なり。然に、諸寺の釈門、教に昏くして真仮の門戸を知らず、洛都の儒林行に迷ふて邪正の道路を弁うること無し。斯を以て、興福寺の学徒、太上天皇後鳥羽の院と号す諱尊成、今上、土御門院と号す諱為仁の聖暦、承元丁の卯の歳、仲春上旬の候に奏達す。主上臣下、法に背き義に違し、忿を成し、怨を結ぶ。茲に因りて、真宗興隆の大祖源空法師、并に門徒数輩、罪科を考へず、猥しく死罪に坐す。或は僧儀を改めて、姓名を賜ふて遠流に処す。予は其の一なり。しかれは、已に僧に非ず俗に非ず。是のゆえに禿の字を以て姓と為す。空師并に弟子等、諸方の辺州に坐して、

五年の居諸を経たりき。皇帝諱守成の聖代、建暦辛の未の歳、子月の中旬第七日に勅免を蒙りて

ここに、「主上臣下、法に背き義に違し、忿を成し、怨を結ぶ。茲に因りて、真宗興隆の大祖源空法師、并に門徒数輩、罪科を考へず、猥しく死罪に坐す。」とあるように、法難自身を「法に背き義に違し」、「罪科を考へず、猥しく」行った行為であったと述べている。特に、当時は僧侶に対しては流罪が最高刑とされていて、「死罪」という扱いがなかったとされている。このことひとつをとっても、「承元の法難」の特異性を伺い知ることができる。つまり特段に為政者から恐れられた思想集団であったといえる。つまり、この点からも法然・親鸞の宗教改革者としての側面を伺い知ることができるのである。

つまり、如来等同の思想は、自力の向上心（発菩提心）を否定し、如来よりたまわるものであると教えを説いたところ。その内容について、承元の法難の直接の原因になった『興福寺奏状』（岩波日本思想大系一五『鎌倉仏教』：312）には「第一新宗を立つる失、第二新像を図する失、第三釈尊を軽んずる失、第四万善を妨ぐる失、第五霊神に背く失、第六浄土に暗き失、第七念仏を誤る失、第八釈衆を損ずる失、第九国土を乱る失」と九つの過失を述べている。この九つ目に「国土を乱る失」とあるように、いかに法然・親鸞の教学が当時の社会を揺るがす内容であったかということがわかる。親鸞の宗教改革性は、「さとり」を得ようとする修行の内容に自力、つまり自らの計らいという自己執着が残っているという指摘そのものにあったのである（平 2012：67-96）。それは、「向上心」を否定するところに、自己執着からの解放という仏教の根本課題があると見いだしたのである。

第二項　教信行証から教行信証へ

さて前項では、親鸞の宗教改革者としての側面にスポットを当てて考えてきた。しかしながら、いく

ら宗教改革性のある思想を明らかにしたとしても、その思想に頷き、人生を歩もうとすることがないと、「教え」は観念となり、仏教とはならない。なぜならば、仏教は、自己執着からの解放、つまり「さとり」の境地を得ることを究極の目標とした宗教的実践道であるからである。それは、「さとり」の境地とは何かということを分析していく学問とは一線を画している。なぜなら、自己執着から解放されるという実体験がなくては、それは観念にとどまり、人間の生き方を示すということにはならないのである。逆をいうならば、人間は自己執着の解放に行きつく生き方を示されることによってのみ、はじめて「さとり」が一切衆生のもの、つまり誰にでも再現が可能なものとして明示され、宗教が普遍性を持つのである。言い換えれば、「さとり」の境地とは何かという教えと、その「教えの境地」に至る実践方法の双方が明示されてはじめて、宗教的目覚めは個人のものではなく万人のものになる。

親鸞の宗教改革性を端的に表現するならば、「教行信証」という言葉に端的に集約される。仏教は、「さとり」に至る教え（教）があり、それを信じて（信）、修行し（行）、「さとり」を得る（証）という順序で実践することが通例である。つまり、教信行証という過程を経て「さとり」を得るのである。その意味において、「（入）信」は、仏教の第一関門だったのである。しかし親鸞は、「如来よりたまわりたる信心」（『歎異抄』第六章、『定本親鸞聖人全集』Ⅳ―言行篇Ⅰ：6）として、如来が衆生に発させた信心という了解を示すことによって、「信」は、如来の呼びかけ（行）によって下支えされているものに質的転換がなされたと言ってよい。つまり、「さとり」へと導く行為（行）の主体が如来へと転換されたことによって、「さとり」そのものの教えとその境地に至る修行の双方の主体が如来になったと言える。つまり、衆生が教えを信じるか否かより前に、行があるのである。つまり、親鸞の実践順序は「さとり」に至る教え（教）があり、その教えを信じるよう如来より呼びかけられ（行）、それを信じて（信）、「さとり」を得る（証）という教行信証という順番となっている。これは、親鸞の宗教改革性そのものを最もシンプルな形で表現したものと言える。

また、親鸞の主著は『顕浄土真実教行証文類』であるが、この書を「教行信証」と略して表現されることが多いが、親鸞自身は教行信証というタイトルの付け方をしていない。また、『顕浄土真実教行証文類』を漢文の文字数で見ると約七万字ほどであるが、教行信証という語はたった二度、「教巻」と「証巻」にそれぞれ一回ずつ用例として見られるのみである。ただ、「顕浄土真実教文類一」（「教巻」と呼び習わしているもの）、「顕浄土真実行文類二」（「行巻」）、「顕浄土真実信文類三」（「信巻」）、「顕浄土真実証文類四」（「証巻」）、「顕浄土真仏土文類五」（「真仏土巻」）、「顕浄土方便化身土文類六」（「化身土巻」）という順で巻数が振られているので、教行信証といわれるゆえんのひとつとなっている。

このように、教行信証という呼び名自体に親鸞の仏道に対する精神のエッセンスが凝縮されている。また、現存する親鸞自筆本の形態は、六分冊であるが、その分け方は、教行で一冊、信、証、真仏土、化身土本、化身土末の六冊となっている。また、親鸞存命中の書写本である高田本の「信巻」途中の欄外には「信末 始」と書かれていることが意味するように、「信巻」と「化身土巻」が非常に大部なものとなっている。それに比べ、「教行巻」や「証巻」は、文字数としては、比較的に少ないと言える（赤松 2012：204-258）。

つまり、「さとり」の境界（証）やそれに達するための教え（教）や行い（行）については、『教行信証』では多く語られていない。また、「教巻」と「行巻」が文字数の関係上で一冊になっていることも、了解の仕方によれば、教と行が如来の境界であるから一冊にまとめられているとも読み取れるのである（曽我 1971：要約）。

『顕浄土真実教行証文類』の書誌学的考察はさておき、親鸞の教行信証の発見は、仏道自体がコペルニクス的転回をした瞬間であったと言える。しかしながら、教行の主体が如来であったとしても、そのことをなかなか信ずることができないという課題にぶち当たるのである。『教行信証』の「信巻」は、この点の課題に焦点が当てられている。つまり、「如来等同」と如来より呼びかけられているものの、それを否定しようとする衆生の課題こそが、「信」の課題なのである。

親鸞の教行信証の発見は、それまで、自己執着からの解放という「さとり」の境界を教信行証という過程の「教」と「行」を如来の境界とすることによって、自力で修行し、「さとり」の境界へ向かうものではなく、教行という「如来の呼びかけ（はたらき）」を受けて、衆生の信が問われてくるものに展開されたのである。この如来の「はたらき」こそ、慈悲（大悲）であり、如来の一切衆生に対する救済心であると言える。そのような意味において親鸞の宗教改革性は、一切衆生の存在が、「さとり」への行を行ずる主体から、如来の大悲を受ける主体へ、つまり「如来より救済される対象」となるという意味で、「さとり」から「救済」へという存在論的転換がおっているということなのである。つまり、「如来等同」という慈悲を受けるものとしての衆生の誕生である。そこにこそ、親鸞の宗教改革の普遍性がある。

では、次項以降、「さとり」から「すくい（救済）」へと本質的転換を遂げた親鸞の宗教改革性の本質である救済の内容を考えていきたい。

第二節　親鸞における救済の構造

第一項　向下的救済構造

では、次に真宗における「救済」の構造を考えたい。つまり、真宗における「救済」とは何かという問題がある。一般的に、「救済」というと、救い助けることであり、その典型が貧窮者を救済するという意味を持つ救貧であった。また金品を用いた救貧活動を行うと同時に、ことに仏教においては、布教活動等により精神的な救済活動を行ってきたと言える。その一般的な救済構造と真宗の救済構造は、根本的に大きな差異があると言わなければいけない。その差異とは、どのようなものであるのだろうか。

では、親鸞にとって、救済とは、いかなるものであっただろうか。次に、親鸞における「救済の構造」を見ていきたい。『歎異抄』（『定本親鸞聖人全集』Ⅳ—言行篇Ⅰ：7-8）では、次のように親鸞の言行を伝えている。

> 自余の行もはげみて仏になるべかりける身が、念仏をまふして、地獄におちてさふらはゞこそ、すかされたてまつりてといふ後悔もさふらはめ。いづれの行もおよびがたき身なれば、とても地獄は一定すみかぞかし。

このように、親鸞の救済観は、「地獄に生きることを後悔せず」という生き方そのものであったと言える。つまり、「地獄は一定」という言葉に代表されるような「向下的救済観」といえるのである。

この「向下的救済観」とは、いかなるものだろうか。それは、これまで考えてきたように、親鸞の救済観は「すでに本願に呼びかけられている存在」であったことを自覚するところに開かれるとする考え方であった。つまり、「向下」という語意だけを見ると、例えば出家・遁世などの「向上」的社会観からのドロップアウト的発想が想起される。しかしながら、この「向下的救済観」には、そのような意味は含まれていない。旧来、仏門に入ることは、出家や遁世といわれ、世間の価値観からドロップアウトすることを意味していたことは事実である。しかしながら、親鸞は、その仏門に入ることすら、自力と他力に分けている。親鸞は、『教行信証』行巻（『定本教行信証』：67）で、次のような法然の『選択集』冒頭の文章を引用している。

『選択本願念仏集』源空集　に云わく、南無阿弥陀仏　往生の業は念仏を本とす、と。また云わく、それ速やかに生死を離れんと欲わば、二種の勝法の中に、しばらく聖道門を閣きて、選びて浄土門に入れ。浄土門に入らんと欲わば、正雑二行の中に、しばらくもろもろの雑行を抛ちて、選びて正行に帰すべし。正行を修せんと欲わば、正助二業の中に、なお助業を傍らにして、選びて正定を専らすべし。正定の業とは、すなわちこれ仏の名を称するなり。称名は必ず生まるることを得、仏の本願に依るがゆえに、と。已上。明らかに知りぬ、これ凡聖自力の行にあらず。かるがゆえに不回向の行と名づくるなり。大小の聖人・重軽の悪人、みな同じく斉しく選択の大宝海に帰して、念仏成仏すべし。

つまり、ここで聖道門（自力）と浄土門（他力）の違いを明確に分けている。言い換えるならば、聖道門の視座であれば仏門に入ることにも「向上心」が残っていると指摘しているのである。つまり、自力の向上心を前提とした仏道修行は他力（浄土門）ではないといっている。要するに、ここで「向下」という概念を用いて、明確にしようと考えている事柄は、「向下」の思想が示している射程範囲と「出家・遁世」が指し示している射程範囲は、明確に異なるということである。

では、「向上的救済観」の射程範囲とはいかなる内容を持つのだろうか。向下的救済観の「向下」とは、いかなる意味を持ち得ているであろうか。この「向下」とは、「向上」に対する「向下」である。向上をしないとはいかなる内容であろうか。

まず、向上心を捨てることであるかのように思われる。先の法然の指摘を要約すると、「向上心を捨てて人間的に向上するいうこともあり得る。」という指摘であった。しかしながら、ここで述べようとしている向下的救済観という観点は「向上心を捨てて人間的に向上する」という精神状態をいうのではない。

仏教では、迷いの根本原因となる煩悩の根本のひとつに「慢（まん）」という考え方がある。慢とは、自他を比較して他を軽蔑し、自らの力を価値観の基準としてあてにし、心が高ぶることである。この「慢」には仏教上では数種類の分類と詳細内容（『倶舎論』巻第一九、『大正新脩大蔵経』二九巻：98-103）があるが、その中でも自慢、我慢や卑下慢という言葉は、世俗化されて日常語として使われている。

この「卑下慢」という言葉が向下という思想を明確化していくには大いに参考になる。卑下慢とは、卑下しながらそれを美徳としてほこる気持ちを指し示している。つまり、卑下することは、自分の気持ちや美徳という自らの価値観をあてにしている。それは、自力の他にない。

仏教では、人間はありのままの「関係性（縁起）」によって成り立っていることを如実に知り、そのことが自然の法則であると理解し、それに従って生きることを「さとりを開く（開悟）」という。また、そのありのままにある世界を「（真）如（しんにょ）」と称してきたのである。そして、人間は、どこまでも如という世界観を理解できない存在であると教えている。その如という世界観を理解し、受容できないものとしているのは、煩悩であり、慢であると考えているのである。

つまり、「人間は関係性内の存在である」という如の状態を理解することを他力の世界観に生きるというのである。この他力の世界観に生きることは、自分自身を向上させ誇大化する必要もなければ、卑下する必要もない。その意味では、「如」としか本来的には表現できない。しかしながら、如の世界観ということを説明する責任が仏教に出会った人たちに生じた。それは、「如」という世界観を具体的に教えとし、文字にする必要性に迫られたといって良い。それは、例えば禅宗では「不立文字」として表現した。浄土教系の教義では、「如」の世界観をわかりやすく表現するのに浄土と地獄という言葉を仮に用いた。この浄土という世界観は、本来、如である「さとり」の世界を仮に実体化して表したものである。それに対して、地獄とは、如である関係性を無視していく人間のあり方をことごとく無視し続けている人間の相を極端な描写を用いて実体化した世界観のことである。日本においては、恵心僧都源信の『往生要集』の第一章の「厭離穢土」章（『往生要集』厭離穢土章、『大正新脩大蔵経』八四巻：33-41）でかなり実体化して表現される地獄の姿（等活地獄等）がことさらに「地獄絵図」などで有名になり、「如に背き生活する人間の姿を誇大化した表現」であることが忘れられがちである。方便として、地獄に対して恐怖心を煽り、真如の世界の喩えである浄土の世界観に仮に触れることが大事であると浄土教系の教義では説いてきた歴史があるので、あながちに間違っていたということを述べるつもりはない。

しかしながら、実際の教義においては、地獄とは、この世のあり方を誇張表現しただけなので、今を生きていることは、地獄に生活していることにほかならない。逆をいうならば、如の世界に触れるということは、今の世界そのものが地獄であるということを知ることに他ならない。つまり、如の自覚（さとり）と、地獄に生活する自身の自覚は、同じ境地であるといえる。つまり、不立文字で表される関係性の自覚そのものなのである。

つまり、「如」の世界に生きていることがさとりの具体的な内容なら、いうまでもなく「さとり」は死後の世界観を指すものではない。浄土教では、煩悩は生きている上では常につきまとうものであるので、浄土という世界観をあえて死後において実現する世界であると説いた。それは、古代インドの世界観のひとつに輪廻転生（りんねてんしょう）という価値観があったからである。本来的な仏教は、古代インドの思想である輪廻転生を否定し、如という関係性を明確に示すこととところから始まっている。しかしながら、如の世界を具体的な浄土という譬喩として伝えていく中で、古代インドの輪廻転生の思想を利用して如の世界を理解することの難しさと際限のない煩悩や慢を表現するために、「輪廻を超え、煩悩を吹き消した状態として、浄土に行く」と喩えられたことに端を発し、しだいに浄土は如の世界の具体的な譬喩ではなく、死後の世界という通俗的な了解になったのである。そのことに呼応して、対概念である、本来はこの世の人間のあり方の極端な描写であったはずの地獄が、死後のものであるかのように通俗的に理解される

ようになったといわれる。（小川 2003）

しかしながら、本論文においては、浄土、地獄とは、如である関係性を知らしめるための具体的かつ極端な譬喩としての浄土、地獄という本来的な意味で用い論を展開する。関係性を如実に知り、如の世界に生きようとすることは、この世が地獄と比喩されている世界であるということを自覚して生きることに他ならない。つまり、如である世界を生きることと、地獄を生きることは、根本的には同じことになる。そのような意味において、浄土教の伝統の中では、「いづれの行もおよびがたき身なれば、とても地獄は一定すみかぞかし。」（『定本親鸞聖人全集』Ⅳ―言行篇Ⅰ：7-8）という世界観が出てきた。つまり、いろいろな修行をして如の世界観を体得しようと努力するのではなく、どんな修行を行っても、煩悩や慢が生起するので、この世である地獄に生きるほかにないという自覚の言葉である。

また、親鸞（『定本親鸞聖人全集』Ⅳ―書簡篇Ⅰ：75-76）は、『末灯鈔』において、次のように述べている。

故法然聖人は「浄土宗のひとは愚者になりて往生す」と候しことを、たしかにうけたまはり候しうへに、ものもおぼえぬあさましき人々のまいりたるを御覧じては、往生必定すべしとて、えませたまひしをみまいらせ候き。ふみさたして、さかさかしきひとのまいりたるをば、往生はいかゞあらんずらんと、たしかにうけたまはりき。いまにいたるまで、おもひあはせられ候なり。ひとびとにすかされさせたまはで、御信心たぢろかせたまはずして、をのをの御往生候べきなり。たゞし、ひとにすかされたまひ候はずとも、信心のさだまらぬひとは正定聚に住したまはずして、うかれたまひたるひとなり。

ここで、親鸞は、法然の「浄土宗のひとは愚者になりて往生す」という言行を述懐している。先の「いづれの行もおよびがたき身なれば、とても地獄は一定すみかぞかし。」の思想は、ただ「地獄は一定すみかぞかし」という機の自覚にとどまらない。その機の自覚そのものが、「愚者になりて往生す」と言われてくるように「愚者」になるということそのものが「往生」へとつながっていくのである。つまり、「地獄に生きることを後悔せず」という生き方こそが、浄土教における「如である関係性」の自覚そのものであり、「さとり（浄土教では、「証果」という）」の内容そのものである。浄土教の場合、その証果（さとり）の境地が、すべての人々に、仏から願われ、仏から呼びかけられ、仏から与えられていると教えている。つまり、個人の努力の結果によって証果が開かれるのではなく、仏から与えられているとしているのである。ここに、浄土教における、「さとりを開くための修行などの努力をする主体」が、人間の努力から、仏の努力へとコペルニクス的転回がなされているのである。

この「努力」する主体の展開が、一つ目の要点と言える。つまり、「努力（修行）の主体」を人間から仏に転換したことで、本来的には如である世界観は、人間自身がさとりを開き、見いだしていく世界観ではなく、仏から教えられ、知らしめられる内容としての世界観になるのである。言い換えると、人間はさとりの境地に達して、「教えを導き出す存在」から、「教えに聴き、教えに生きる存在」へと転換されるのである。つまり、この「証果」は、あくまでも人間が見いだす境地ではなく、仏から知らしめられる教えの内容となる。それは、仏から万人に平等に呼びかけられている証果なので、その意味では、仏の側の呼びかけとしての「絶対的平等観」といえる。

しかしながら、実際には、人間自身は、煩悩や慢が生起する存在である。ありのままの関係性を知り、ありのまま生きることはできない。つまり、どこまでも、「如の状態に背き生活する」ほかに、別の生き方があるわけがない。つねに煩悩や慢が生起し、その中で自力で生き抜こうとする。その自力心とは、如の関係性、つまり「平等性」に気付こうとせず、慢であふれ、他と比較することによって自身の立ち位置を決めてしまうのである。つまり、絶対的平等性という世界観には生きられないのである。この絶対的平等性とは、如来の無条件の平等性という大悲のことをさすのである。

つまり、構図としては、仏から知らしめられる世界観は、人間の生き様としては、煩悩や慢が生起する、まさに地獄そのものの生き様を示すのである。その背反する二つの世界観をつなぐのが、絶対的平等観という教えを聞き、その世界観に生きようととする行為である。宗教用語を用いるならば、このことこそ浄土教を信仰（信心）するという行為なのである。

しかしながら、この「無条件の平等性を生きようとすること」と「無条件の平等性に生きること」とは、内容が全く異なり、似て非なるものである。「生きようとすること」とは、教えに聴き、その道を歩もうと志すことである。実際に煩悩や慢が生起せず、如という無条件の平等性に生きているかどうかは、問われない。つまり、「絶対的平等観」というさとりの境地に達しているかどうかは問われないのである。その意味においては、絶対的平等観に生きているのではなく、絶対的平等観という世界観に向かおうと決心し、その「向かおう」としているという境地に生きているといえる。そのことは、「愚者になりて往生す」といわれるように絶対的平等観に向かって、「愚」に帰って生きるという意味において、「向下」的平等観いうように「向下的」という生き方の方向性を指し示すしかでき得ないのである。この点こそが第二の要点である。

整理するならば、仏教的世界観は、縁起的関係性であるという如の世界観であると言える。しかし、如ということだけを言われても内容がすこぶる不明確なので、浄土教においては、浄土・地獄という譬喩で教えられている。その譬喩の内容を紐解けば、仏の絶対的平等観という世界観で如を人間に教えようとしている。しかしながら、人間としては、その世界観を生きようと願うことしかできない。そこに「向下」的平等観に生きる主体が誕生するのである。つまり、絶対的平等観は、仏の示す世界観であり、向下的平等観は、自分自身の世界観と相反する仏の世界観を聴き、その世界観に生きようとする人間の生きたそのものなのである。

第二項　「すでに」の救済構造

さて、前項では、親鸞における向下的救済構造について考えてきた。そこには、「絶対的平等観」という仏の世界観と常に真向かいになることにより、その「如」という世界観に向かって生きようとすることに、仏教的意味があることを確認した。

本項においては、そのような如の世界である絶対的平等観にどのようにどのように触れる（出遇い）ことができ得るのかを親鸞と絶対的平等観との出遇いを参考に考えたい。親鸞（『定本教行信証』：6-7）は、『教行信証』「総序」において、絶対的平等観である仏の世界観との出会いについて次のように語っている。

　ここに愚禿釈の親鸞、慶ばしいかな、西蕃・月支の聖典、東夏・日域の師釈、遇いがたくして今遇うことを得たり。聞きがたくしてすでに聞くことを得たり。真宗の教行証を敬信して、特に如来の恩徳の深きことを知りぬ。聞くところを慶び、獲るところを嘆ずるなりと。

ここで、「遇いがたくして今遇うことを得たり」、「すでに聞くことを得たり」と述べられている。このことは、本研究において大きな意味を持つと言える。それは、「如」の世界がいつからあるのかという如の世界の起源を見つめることになるからである。それは、言い換えるならば「無条件の平等性」がどこから生起するのかという問いと同じことなのである。

つまり、これまで考えてきたように、「絶対的平等観」という思想そのものを自分自身の力（自力）で考え、編み出した思想であるのなら、それはいくら「絶対的平等観」に向き合うといっても、自己完結する循環的思想に収まってしまう。それであれば、コペルニクス的転回とはいえないであろう。そこに「遇いがたくして今遇う」、「すでに」という、我々の思慮分別を超えたところからの「呼びかけ」に出遇うことの意味がある。出遇うというよりは、むしろ「如」の世界観の創造主や起源を設けないことで、自身の思慮分別を遙かに超えた世界観に触れ、その絶対的平等観と向き合っていくということとして自覚するのである。そこに、自力的思考から、他力的思考へとシフトチェンジする点（転依、回心）がある。親鸞は、親鸞（『定本教行信証』「後序」：381）は、自力的思考から他力的思考へとシフトチェンジした点について『教行信証』「後序」において「しかるに愚禿釈の鸞、建仁辛の酉の暦、雑行を棄てて本願に帰す。」と、「回心」（転依）の体験を述べている。また、『歎異抄』第一六章（『定本親鸞聖人全集』Ⅳ―言行篇Ⅰ：30）では、この「回心」について、次のように述べている。

一向専修のひとにおいては、回心ということ、ただひとたびあるべし。その回心は、日ごろ本願他力真宗をしらざるひと、弥陀の智慧をたまわりて日ごろのこころにては、往生かなうべからずとおもいて、もとのこころをひきかえて、本願をたのみまいらするをこそ、回心とはもうしそうらえ。

この「回心」とは、絶対的平等観に出遇う点であり、向下的平等観に生きようとすることである。そのあゆみの内容にこそ精神的な意味においての「救済」であるのである。かといって「絶対的平等観」を自覚したからといって、現状が変わるのもではない。むしろ、苦悩する現実において、思慮分別を超えたところ呼びかけを自覚するによって「すでに道が開けていた」ことを気付くことに、その要がある。

また、この「遇いがたくして今遇う」、「すでに」という他力的思考へというシフトチェンジには、もうひとつの特徴がある。それは、具体的に人を通してしか、人間には「如」の世界観を理解することができないということである。つまり、この救済構造自体が絶対的平等観という「如」の世界との出遇いと自覚そのものである以上、具体的には絶対的平等観という視座に出遇い、向下的平等観に生きようとしている人々（仏教では、「諸仏」という）の生きざまを通してでしかその内容は伝わらない。この「諸仏」とは、親鸞にとっては、具体的には法然であるといえる。親鸞は法然の教えを通して、絶対的平等観という教えに出遇い、その精神をを感得したといえよう。

これまで、「すでに」というキーワードで考察してきたように、この救済構造は未来への改善的救済観をベースとしないのである。むしろ、人間のもろもろの「苦しみ」の根源は、本来、如であるという関係性について無自覚であるというところにあるとする思想である。つまり、「すでに」という言葉をもって、改善志向が強い「未来的救済」というよりも、仏教の伝統（諸仏）という「歴史」のなかに救済の内容を見ていこうとするのである。そのような意味において、この救済観は「歴史的救済観」といってほかならない。つまり、これまでに考えてきたように本研究における障害者福祉論の「救済観」の要は、如の世界を絶対的平等観という教えとして伝える呼びかけを聴き、「すでに救済の中にある身」を自覚し、向下的平等観に生きようとすることにあるのである。

第三項　「歴史」との出遇い――転依

では、この「向下的救済観」に基づいた新たな障害者福祉の具体的視座とはいかなるものなのだろうか。このことに基づいて考えるならば、この世において「障害者」は、「われ」ただひとりではない。過去より多くの障害者が「すでに」生きてこられているという歴史的事実がある。様々な社会的抑圧の中で、あるいは差別や虐殺の歴史の中で、インペアメントがある先輩方は生きてこられたのである。その世界観こそ、如の世界と言える。

しかしながら、「苦悩する者」にとっては、煩悩や慢が生起するので「すでに生きてこられた先輩方」（諸仏）という視座は見失われている。それは、「如」の世界を見失っている状態であると言える。つまり、先輩方を思念することは、「すでに救済の中にある身」を自覚することに他ならないのである。

しかしながら、「苦しんでいる私」だけしか見えていない時、社会全体が「否定すべき現状」であり、「改善すべき現状」としか見えないのである。むしろ、如の世界観である「歴史的救済観」を見失うときに、「改善点」だけしか見えず、「生きていくことができる」という逆のベクトルの救済観が同時に存在しているということを見失われるのである。つまり、ベクトルの両側面が片方しか見えなくなるのである。

「すでに生きてこられた先輩方」を自覚することは、生き方の転換である。それは、「どのような状況になったとしても生きていくことができる」という自信へとつながっていくことができる。それは、「すでに生きてこられた先輩方」を自覚するという「歴史的救済観」に出遇うことによって、自らの価値観が転ぜられていくのである。その「転ぜられ方」は、自らの努力によって救済されるものではなく、先輩方の生きてこられた道に気付かされ、導かれていく新たな人間観であり、価値観の転換である。つまり、人間の思慮分別を超えて生きていける道の発見である。その「思慮分別を超えて生きていける道の発見」こそが、具体的には、「如」世界観との出遇いになるのである。そこに「自力の救済観」を超えていく新たな救済観がある。つまり、絶対的平等観という「すでに生きてこられた先輩方の歴史」との出遇いが、新たなる人間観である向下的平等観を生きようとする地平を生み出すのである。

では、この「すでに生きてこられた先輩方の歴史」との出遇いは、どのような人間観を開くのであろうか。「すでに生きてこられた先輩方の歴史」に出遇うことは、ただ自分が「歴史的救済観」に出遇い、「人生を生ききっていける」ということだけが明確になるわけではない。自分にとっての先人たちと歴史的救済観において、つながりが明らかになるということは、現在を共に生きる「仲間」、そして、これから人生を生きようとしていく仲間と、同じくして「歴史的救済観」においてつながっていくのである。それは、とりもなおさず、あらゆる人々（諸有衆生）との関係性が歴史的救済観で明確になるのである。つまり、ここで言われる「あらゆる人々の関係性」とは、縁起そのものなのであり、その縁起の考え方を理解することは、如の世界そのものである。そのことにより、一切衆生への如来の救済の道理が自らの生き方となって結実（本願成就）するのである。第二章ですでに見てきたように、阿弥陀仏の本願の呼びかけは、「あらゆる人々」の救済を説くものであった。具体的にその内容を示せば、歴史的救済観において「あらゆる人々」との関係性が明確になることは、向下的共生観が明確になるということである。それは、歴史的救済観において、「すでに」共生していたという関係性を明確な人生の指標として、指し示すものである。また、そのことは、仏から「あらゆる人々」と呼びかけられているという歴史的救済の中にある一人（いちにん）としての「われ」と、歴史的救済観でつながっている仲間という意味においての「われら」との関係性を明確にするものである。

つまり、本稿で論じる「向下的平等観」を基軸とした障害者福祉の考え方は、歴史的救済観に照らし出され、「如」の働きを受ける身となるという意味において、絶対的平等観に出遇うことによって、限りない「歴史的救済観」という視座を得ていく自立観なのである。それは、すでに第二章で見てきたように、「われら」という共生の地平を得ていくことになるのである。つまり、「如」の世界観に照らし出される「われら」という自覚のもとで「今以上に良くならなければいけない」という向上的克服論から解放され、自立へのスキルの獲得の有無を問わない向下的共生運動が展開されるのである。そのような意味において、歴史的救済観から見れば、本来、「すでに」共生社会があるのである。しかし、その「本来的な共生社会」に生きるものが、歴史的救済観を「忘れる」ところに、アラユル人々とのつながりが「見えなく」

なり、あらゆる物事との関係性（縁起）を生きることがない世界を生み出してしまう根源になるのである。

つまり、「如」といわれる世界は、「一如」とも言われるように、仏教ではありのままにある世界は、ひとつであると考えられている。例えば、同じ絵を鑑賞していても鑑賞者の視点によって異なった見え方をする場合が多い。だから、解釈も人それぞれぞれである。だが、解釈が複数あるからといって、鑑賞した絵が複数あるわけではなく、絵はたったひとつなのである（一如）。つまり、このことからわかることは、人間は物事をありのままに捉えているのではなく、個人の経験や主観によって解釈し、内容を変化させながら認識していることがわかる。仏教では、そのありのままの世界（一如）に対して、人間は経験や主観があるため正確な認識ではなく、正確さに欠けた認識になってしまうと考えられている。このように、ありのままの世界を認識しようとしても、経験や主観というありのままの認識を邪魔するもの（煩悩）があるので、それらの世界をありのままに理解できないのである。

そのような意味において、一如という世界は、「ありのままに、すでにある」という世界観なので、人間の意識や認識以前にすでに共生の世界が開かれていると考えられている。つまり、経験や主観があるため、本来的な共生思想を自覚することができないと仏教では考えるのである。視点を変えて考えるならば、人間の思慮分別を超えた世界の具体相が「ありのままにある」という共生の世界観であるといえるのである。その視座に立つと、共生社会とは、「帰すべき元の社会」という意味になる。つまり、「今の社会」が「元（一如）の社会」から考えると逸脱的社会となるわけである。仏教においては、その逸脱性を自覚し、元の世界観である一如に帰っていこうとすることを「さとり」の世界に向かっていくと称してきた。煩悩による物事に対する執着から離れ、一如という「さとり」の世界観に帰っていくということは、ありのままの世界を認め合う社会になるということにつながる。その世界は、仏の世界観であり、煩悩の生起による争いごとが水に流された状態となる世界（国土）という意味で、浄仏国土（浄土）と呼ばれてきた。そのような価値観に生きることを「すくい」（救済）と呼び習わしてきた。つまり、浄土教の伝統の中では、「さとり」と「すくい」はひとつの物事の両側面である。つまり、切り離すことができない関係性なのである。

一如という本来的な共生思想への帰着は、「さとり」そのものと「すくい」そのものを表現するのである。だが、これまでも述べてきたように煩悩があるうちは、その世界観の教え（はたらきかけ）を受け、その課題に向き合いながら生きていこうとすることしかできない。つまり、元の世界観から逸脱している現実を批判的に見、その現実に生きている慚愧（懺悔）して生きるほかに道はない。親鸞（『定本教行信証』：308-309）は、人間の凡愚性を次のように述べている。

悲しき哉、垢障の凡愚、無際より已来、助正間雑し、定散心雑するが故に・出離・其期無し。自ら流転輪廻を度るに、微塵劫を超過すれども、仏願力に帰し叵たく、大信海に入り叵たし。良に傷嗟す可し。深く悲歎す可し。凡そ大小聖人・一切善人・本願の嘉号を以て己が善根と為るが故に・信を生ずること能わ不、仏智を了ら不。彼の因を建立せることを了知すること能わ不るが故に・報土に入ること無き也。

このように、親鸞は、「本願の嘉号を以て己が善根と為る」と自らの自力性を強く悲歎している。そのような姿勢からは、新たに共生社会を作っていこうという発想は生まれてこない。むしろ、懺悔の先に見えてくる社会としての共生社会があるのみである。言い換えるならば、懺悔の姿勢（機の深信）を欠いた「新たに共生社会を作っていこうという発想」は、煩悩による逸脱社会の延長線上にあるもの、つまり自力的社会観であると言える。そのような意味においては、「共生社会を作っていく」という自力的社会観ではなく、懺悔の先にある社会観こそが、「すでに共生社会がある」という向下的社会観といえよう。

その意味において、向下的共生社会は、新たに作っていく社会ではなく、「すでにある」社会を再認識していくという意味において、他力的社会観であり、「よこさまに超えていく」という横超的社会観であると言えるのである。ここに、西洋社会の地位向上的平等観にはない、歴史的救済観に基づいた「われら」としての向下的共生観が生み出されるのである。

ところで歴史的救済観に基づく救済観は、見方によれば、階級差別や支配体制側の理論展開を助長しかねない思想と混同してしまう危険性がある。これまでも見てきたように向下的共生への視座は、「如」という自身の思慮分別を遙かに超えた世界観に触れ、無条件の平等性に頷くことによって、抑圧から解放され、結果的に「社会問題の解決・改善」につながって行くものである。また、「すでに生きてこられた障害者の先輩方」という歴史的救済観との出遇いは、そのような思慮分別を超えた「如」の世界観を具現化する存在としての意味を持つ。つまり、向下の思想は、「一如」という本来的な共生思想を自覚することを要とする思想であると考えてきた。そのように考えたとき、はじめて「すでに生きてこられた障害者の先輩方」を「諸仏」として見る歴史的救済観が内実化するのである。つまり、歴史的救済観は「現状肯定をする道具」としての意味内容ではなく、現に「向上史観」を超えていく、「反抑圧」の旗印となるのである。それは、歴史的救済観に触れるということは、現実の認識世界が煩悩の所為であり、一如の世界をありのままに見る（正見）ことができないということを深く自覚し、懺悔するということなのである。つまり、如来の絶対的平等観との出遇いにより「帰すべき社会観」が明確化されることによって、現実社会は逸脱社会と認識されるので、「帰すべき社会観」に対する逸脱社会を肯定することはありえない。そのような意味で「反抑圧の旗印」となるのである。

また、「念仏者」とは、「南無阿弥陀仏」を、呪術的に称え続けることであると誤解されることが多いが、仏教語としての念仏とは、呪文のように「南無阿弥陀仏」と称え続けることだけを指すのではない。本来的には念仏とは「仏の教えや働き」を思い起こし、信じるという行為（このことを観想という）を指すのである。そして、「仏の教えや働き」を思い起こすという行為が容易に行えるように、仏の名前を称えるという行為を行うのである。つまり、本来的な語義に立ち返ると、念仏とは、あらゆる関係性（縁起）によって物事が成り立っていることを思い浮かべ、その関係性に頭を下げることである。この念仏とは「憶念仏事」から来ている。親鸞（『定本親鸞聖人全集』Ⅲ—和文篇：164）は『唯信鈔文意』で「憶念は信心をえたるひとは、うたがひなきゆへに本願をつねにおもひいづるこゝろのたえぬをいふなり。」とのべている。つまり、憶念を「常に思い出ずる心の絶えぬ」と述べているように、あらゆる関係性によって物事は成り立っていることを忘れないようにするためのものなのである。つまり、念仏とはこれまで考えてきたように、「仏の教えや働き」を思い起こすことなのである。それは、如の世界である絶対的平等観に常に触れていないと、人間の煩悩の延長線上になってしまい、その価値観の元では決して向下的平等観に生きようとすら思えないのである。つまり、憶念しない歴史的救済観はないのである。それは、「如の教えや働き」を思い起こすという行為を伴わない向下的社会モデルはないのである。つまり、「憶念」を忘れたところに、向下的共生観の歴史に参画することを忘れてしまうのである。つまり、いくら向下的社会モデルに頷いたとしても、向上主義のなかで育ってきたものが、「向上」という呪縛から解き放たれるかといえばそうではない。人間には「我執（エゴ）」がある以上、自力の執心から離れ得ない。そのようなとき、如の世界観を憶念するのではなく、「我」を念じて（あてにして）生きようとする。つまり、向下的共生観は、忘れ去られてしまうのである。

だからこそ、この向下的共生観を「常に思い出ずる心の絶えぬ」よう憶念する必要がある。そのようにして憶念するところには、如という共生の世界観の働きによって、絶対共生観にもとづく向下的社会モデルが開かれるのである。

第三節　新たな障害者福祉の視座としての向下的社会モデルの射程範囲

では、これまでの研究成果をもとにして「障害と自立をとらえる新たな視座の構築」に向けて考えていきたい。ここで、キーワードなりうるのが、上述の「向下的平等観」である。この「向下」とは、ここでは「向上（自力）」との対概念で考えてきていることはいうまでもない。本稿で考える新たな障害者福祉の具体的視座は、「地獄は一定」という言葉に代表されるような「絶対的平等観」に基づく共生観であると確認してきた。それは「すでに生きてこられた障害者の先輩方」を「諸仏」として見、その呼びかけのもとで「向下的平等観」に生きていこうとする姿勢そのものなのである。つまり、このことは「向上的共生観—向下的共生観」という軸として考えることが出来る。

これまで考えてきたように、福祉の大まかな潮流を概観すると、慈善的な「たすけあい」から、社会科学的な観察・分析・解釈・了解に基づく「社会福祉」へと変遷してきたと言える。ことに障害者分野については、先に述べた慈善的障害観から、医学モデルの障害観へと展開してきた。さらに、それに抗して社会モデルの障害観が生成されてきた。つまり、歴史軸として障害者福祉の展開を追うならば、「慈善思想—医学モデル—社会モデル軸」であると言えるのである。

この「慈善思想—医学モデル—社会モデル」という展開軸と「向下—向上」という展開軸を、それぞれ組み合わせると、向上的慈善思想、向上的医学モデル、向上的社会モデル、向下的慈善モデル、向下的医学モデル、向下的社会モデルの六つの思想・モデルである。それぞれの位置づけは、表5—1のように考えられる。

表5-1　障害観の展開と「向上－向下」の関係

①向上的慈善思想 慈善活動によって、障害者の社会的向上を図ろうとする思想である。
②向下的慈善思想 如来の力である他力、つまり一如の関係性に頷きながら、如来の促しの下での慈善活動によって、慈善的救済を図ろうとする思想である。
③向上的医学モデル 如来の力である他力、つまり一如の関係性を知ることなく、障害者本人の努力のみによって身体機能を改善しようとすることが、社会復帰につながるという考え方である。
④向下的医学（個人）モデル 如来の力である他力、つまり一如の関係性に頷きながらも、障害者本人の努力のみによって、身体機能を改善しようとすることが、社会復帰につながるという考え方である。例えるならば、「社会の抑圧性を問わない真宗信仰」がこの象限に類する。
⑤向上的社会モデル 如来の力である他力、つまり一如の関係性を知ることなく、「個人主義」をベースとした「自立」観である。つまり、「自立」という事象に関して、個人の権利性が明確なものになり、権利性を担保することにより個人があきらかになり、個々人が社会復帰のためのスキルを向上させていく中で共生社会が作られていくことを主眼とした自立観である。
⑥向下的社会モデル 如来の力である他力、つまり一如の関係性に頷き、「われら」の思想に基づく「向下的共生観」に基づいた共生社会に目覚めていこうという社会観である。つまり「共生社会を作っていこう」という自力的社会観ではなく、「すでに如来の呼びかけの下での共生社会がある」という自然（じねん）的社会観に基づき、社会に参画していく自立観である。それは、今まで障害者を抑圧し、排除し続けてきたという自らの社会的罪障性を問い直し、懺悔し、その状態を向下的平等観に基づいて改善していこうとする社会観である。つまり、「社会的罪障性を問い直し、懺悔」する生活は、他力の思想にシフトチェンジするだけではなく、歴史的救済観に基づく「われら」という思想に基づいて、本来的な共生社会に立ち返るという意味で「向下的共生観」に基づく生活と言えるのである。

ただし表5－1の思想・モデルを完全に分け隔てて考えることができるかといえば、否である。各々の思想・モデルは、便宜上の分類において分類・検討を加えてきたのであって、それぞれが、明確に分化できるわけではなく、近接領域での相互関係が見受けられる。次章では、この位置づけを前提に、本稿で考える新たな障害者福祉の視座である向下的社会モデルの内容を検討する。

次に、この六つの思想・モデルを用いて、仏教における福祉に関する三つの思想について考察する。第二章第一節で考えてきたように、①仏教福祉の思想、②仏教社会福祉の思想、③真宗社会福祉の思想という仏教における福祉に関する三つの考え方がある。仏教福祉思想と仏教社会福祉思想は、共に各宗派が行う「仏教における福祉に関する事業」である。そして、親鸞の思想は向下の仏道と言え

表5-2　仏教における福祉に関する3つの思想の位置づけ

①仏教福祉思想（仏教的慈善思想） 本来的に慈善モデルの象限のみをさすべきであるが、一部の医学モデルを含有している。これは、四箇院や仏教医療学の存在を配慮しての位置づけである。
②仏教社会福祉思想（仏教的医学モデル） 仏教社会福祉は、広義的には医学モデルと社会モデルのすべてを指し示す大きな思想であるはずである。しかしながら、現状においては、序章で述べた如く仏教社会福祉の現場において、社会モデルや障害者権利条約に関しての議論の形跡は見受けられない。つまり、国際生活機能分類（ICF）の障害観である相互作用モデルが、狭義的には、仏教的医学モデルの射程範囲であると考えるのが妥当である。
③真宗社会福祉思想（向下的社会モデル） 前項②と同様に、社会福祉思想と標榜するのであるから、広義的には、医学モデルをも射程範囲とする必要がある。しかしながら、これまで考えてきたように、社会福祉思想の流れは「慈善思想—医学モデル—社会モデル」という方向軸において発展してきたという歴史的事実があるので、狭義的には社会モデルを射程範囲とすると考えられる。また、仏教福祉モデルと仏教社会福祉モデルは、各宗派が行う思想なので、向上の仏道も射程範囲に含まれていたが、親鸞の仏道は向下の仏道であるが故、社会モデルの内、向下の方向軸の象限のみを射程範囲とすると考えられる。

るが、宗派によっては自らが修行を行い、自ら功徳を積み、徳を向上させ、「さとり」を開くことを仏道の目標とする宗派もある。従って、向下的仏道の実践化にとどまらず、向上的仏道の実践大系としての福祉事業という意味も含有されるので、向下と向上の両方にまたがっている。このような、三つの思想の差異を示すと、表5−2のように考えられる。先に述べた如く、これらの思想は相互に影響しあい浸透しあっているものであるため、切り分けることは困難である。だが、方向性を明確に定めるために、このような枠組みに分けて考える。

次に、アメリカ社会モデル、イギリス社会モデル、向下的社会モデルという三つの社会モデルの射程範囲について考察を行いたい。アメリカ社会モデルとイギリス社会モデルについては、すでに第四章三節一項で考えてきた。そのような障害学における議論と向下的社会モデルはどのような関係性があるのだろうか。三つのモデルの射程範囲について整理すると表5−3のようになる。

この整理を踏まえて、向下的社会モデルと、アメリカ社会モデル、イギリス社会モデルとの関係性を考察すると、向下的社会モデルの枠組みだけが既存の思想的枠組みではないということが指摘できる。つまり「障害と自立を捉える新たな視座」であるとい

表5-3

①アメリカ社会モデル

アメリカ型社会モデルの具体相は、自立生活運動に代表される。アメリカの自立生活運動は、1970年代にアメリカのカルフォルニア州バークレーで、当時カルフォルニア大学バークレー校の障害学生であったエド・ロバーツを中心として発展した。このアメリカの障害者自立生活運動は、公民権運動、消費者運動の流れをくむ運動である。つまり、アメリカの自立生活運動は、アメリカ文化を反映して、消費者としての権利を主張し、障害者の社会的地位を向上させていこうとするという特徴があった。一方、公民権運動や消費者運動の流れを受けたアメリカの自立生活運動は、教育を受けた一部の教育を受けた中流階級の障害者が中心となって活動してきたということが知られている。つまり、貧困の中にある半分以上の障害者は、自立生活運動につながらなかったと言える。その意味において、「向上的社会モデル」と言える。

②イギリス社会モデル

イギリスにおける社会モデルの具体相は、隔離に反対する身体障害者連盟（UPIAS）の思想に代表される。このUPIASは、福祉施設で暮らしていたポール・ハントの同団体結成の内容を示した手紙が新聞に掲載されたことに端を発する。UPIASは、「障害は社会が生み出したものであって、なくすべきものである。身体障害のある人々を障害者にしたのは社会だ」という見解を明確にした。この思想がイギリス型社会モデルのベースとなった。それは、それまでのステレオタイプの障害観から自己選択・自己決定できる社会へと社会変革をし、受け身の姿勢だった障害者の生活を変革した思想であると考えられる。言い換えるならば、アメリカ型社会モデルは、公民権運動や消費者運動の流れをくみ、市民として権利を獲得するための法制度の整備の必要性を訴え、障害者の地位を向上させ賢い消費者になることが核であったが、イギリス型社会モデルは現状と「障害の政治」として社会構造の変革に主眼がおかれていると言える。このように、イギリス社会モデルは、社会構造の変革や、インクルーシブな社会の創造に主眼を置いている。この「インクルーシブな社会の創造」の内容は、アメリカ型社会モデルと異なり、必ずしも地位向上的社会観がベースとはなっていない。これまで考えてきたように、向下的社会モデルは、向下的平等観に基づく共生思想であった。イギリス型社会モデルは、社会構造の変革に主眼におき、アメリカ型社会モデルのように障害者自身の地位向上による「インクルーシブな社会の創造」を主眼としていないのである。そのような意味では、向下的社会モデルの一形態と言える。しかし親鸞の思想に見られるような自力と他力の峻別は明確ではない。その意味においては、向下の思想とそれに基づく障害観・自立観が自覚的に深められているモデルとは言えない。

③向下的社会モデル

「向下的平等観」を基軸とした向下的社会モデルの考え方は、これまで考えてきたように、本願の呼びかけに聞き、本願の働きを受ける身となるという意味において、「われら」という向下的平等観に出遇うことによって、歴史的救済観に基づいてあらゆる人々が共生していく世界観である。つまり「われら」という自覚のもとで、障害の軽減・克服を求める障害観・自立観から解放されていく向下的共生運動の基盤になるモデルであると言える。

うことである。それは、社会モデルという西洋の障害のとらえ方と、向下的共生観という親鸞思想に淵源を持つ東洋の世界観との融合であるといえる。なぜ、そのような思想的枠組みが必要なのかを考えると、これまで考えてきたように西欧の科学・思想の行き詰まりの中で、それを克服する新たな視座を東洋（仏教）思想に求めるということが必要になってきている。それは、東洋思想をベースに西洋の障害・共生を巡る思想を融合し、運動や実戦の新たな思想的基盤を構築することを意味する。そのような意味において新たな視座と言える。

　次章以下においては、具体的に向下的社会モデルと障害者の自立生活がどのような関係性を持つのかを検討したい。

向下的社会モデルとピアの思想

第一節　向下的社会モデルと健全者幻想

向下的社会モデルに生きることは、向上的生活に比べて、外見上は「障害に甘えている」ように見える。その原因は、向下的社会モデルを生きることは、リハビリを中心とした機能回復の手段を用いることによって「健常者の姿」を取り戻そうとする動きと相反するように見えるからである。この問題は、第三章「青い芝の会」の「テーゼ」を考察する中で健全者幻想という言葉ですでに考えてきた。では、なぜ、障害者は健全者にあこがれを持つのだろうか。それは、一義的には、健全者幻想を起こさせるような仕方で、社会から抑圧されているという障害者の状態に起因する。また、「青い芝の会」の健全者幻想の考え方の背景には『歎異抄』があることをすでに考えてきた。本節においては、初期「青い芝の会」の言及を参考にしながら、向下的社会モデルの内実を深めたい。

具体的には横塚晃一（1975：51）は次のように「健全者幻想」について述べている。

私達障害者の意識構造は、障害者以外は全て苦しみも悩みもない完全な人間のように錯覚し、健全者を至上目標にするようにできあがっております。つまり健全者は正しくよいものであり、障害者の存在は間違いなのだからたとえ一歩でも健全者に近づきたいというのであります。私達は、養護学校、補導所などの障害児（者）施設において他人の二倍も三倍も努力して健全者に追いつけと教育されてきました。こうして自分の障害者としての立場はどこかへおき忘れ、健全者になったつもりの言葉が口からとびだすし、勤め先の会社などで明らかに差別されているにもかかわらず意識の上では経営者になったつもりのようなことを言い出すのです。これでは全く自分の首をくくるようなものではありませんか。以上述べた如き意識構造を私は健全者幻想と名づけてみました。このような健全者幻想を振り払わない限り本当の自己主張はできないと思います。

これまで考えてきたように、健全者幻想とは、「自力の執心」であるといえる。自己の肥大化された欲求は、絶対的平等観に学ぶことなく、背き続け、幻想にとらわれ、自己否定を繰り返す。このような、人間の誰しもが持ち合わせている健全者幻想を障害者みずからが根底から問い直し、その存在を自覚しないと、真の意味で「肥大化した欲求」からは解放されていくことにはならない。

しかしながら、健全者幻想の言葉の背景には「煩悩」がある。煩悩とは、限りない自己執着に満ちあふれた向上心と考えることができる。親鸞（『定本教行信証』：86）は「よく一念喜愛の心を発すれば、煩悩を断ぜずして涅槃を得るなり。」と述べられているように、親鸞は、煩悩という自己執着を断ち切ることは不可能であると考えている。また、その煩悩を断ち切らずして、「さとり」の世界観（涅槃）を得ることができると述べている。

その意味においては、限りない向上心である「健全者幻想」を完全になくし、絶対的共生観に生きることは不可能である。つまり、ここで述べる「解放」とは限りない向上心がなくなり、新たなる地平に帰入することを示すのではない。「健全者幻想」を持ちながらにして、向下的社会モデルに生きることが出来るのである。そこには、「健全者幻想」を持つ自身の「生」への姿勢が絶対的平等観という仏の世界観に照らし出され、如来より問い返されるのである。（二種深信）そのようなことから考えると、向下的社会モデルのもとで生きることは、常に自らの健全者幻想に向き合って生きる生き方が始まるといっても過言ではない。

しかしながら、向下的平等観に生きることは、自己執着のゆえんである「健全者幻想」と向かい合って生きることになるわけで、向上的生活を直接に生きるものではなくなるのである。つまり、「限りない向上心」に対する自覚がある以上、再び自損損他する自力の世界には退転しない（不退転）のである。また、リハビリのような「健全なる姿」を目標として自らの身体機能を向上させていくことに対して、「幻想」と言い切っていくところには、必然的に向上的生活に対する批判的視座を包含するのである。

「限りない向上心」を自覚することは、人間の無明性を自覚するということであろう。無明存在であることを自覚したところで無明であることには変わりないが、無明を「有明」とする呪縛からは解放されるのである。そこにこそ、『歎異抄』第二章（『定本親鸞聖人全集』Ⅳ—言行篇Ⅰ：８）で述べられる「いずれの行もおよびがたき身なれば、とても地獄は一定すみかぞかし」という「地平」に立つ、歴史的救済観が成り立つのである。その救済こそが底明るい「解放」となるのである。この一点にこそ、向下的社会モデルの要があるのである。

かといって、向下的社会モデルは「医療」という事象に対を否定するものなのであろうか。それは、歴史的救済観と向下的共生観との関係性を見つめていく中で、自ずと答えが出てくるだろう。

このことを考えるにあたっては、『歎異抄』第四章（『定本親鸞聖人全集』Ⅳ—言行篇Ⅰ：８）の指摘が、ひとつの指標となる。

慈悲に聖道・浄土のかはりめあり。聖道の慈悲といふは、ものをあはれみ、かなしみ、はぐゝむなり。しかれども、おもふがごとくたすけとぐること、きはめてありがたし。浄土の慈悲というは、念仏して、いそぎ仏になりて、大慈大悲心をもって、おもうがごとく衆生を利益するをいうべきなり。今生に、いかに、いとおし不便とおもうとも、存知のごとくたすけがたければ、この慈悲始終なし。しかれば、念仏もうすのみぞ、すえとおりたる大慈大悲心にてそうろうべきと云々

ここでは、聖道の慈悲について「おもふがごとくたすけとぐること、きはめてありがたし」、「今生に、いかに、いとおし不便とおもうとも、存知のごとくたすけがたければ、この慈悲始終なし」と指摘している。それに対し、浄土の慈悲は「すえとおりたる大慈大悲心」であると述べている。この『歎異抄』の文章の主題は「慈悲」であるが、聖道と浄土の「行」の性質全体に関わる指摘であるととらえることもできる。

これによると、聖道門 については、「この慈悲始終なし」とあるように不徹底性や不完全性が指摘されている。それ故に聖道門から浄土門へのシフトチェンジ（転依・回心）が主体的に必要となっていくわけである。

しかしながら、浄土門にシフトチェンジすることは、聖道門的事物から、無縁になるということであろうか。そのことについては、『恵信尼消息』第五通に親鸞（『定本親鸞聖人全集』Ⅲ―書簡篇：195-196）で述べられている親鸞の「生」に対する姿勢が参考になる。

よくよくあんじてみれば、この十七八ねんがそのかみ、げにげにしく三ぶきやうをせんぶよみて、すざう

りやくのためにとてよみはじめてありしを、これはなにごとぞ、じしんけう人しんなんちうてんきやうなむとて、身づから信じ人をおしへて信ぜしむる事、まことの仏おんをむくゐたてまつるものと信じながら、みやうがうのほかには、なにごとのふそくにて、かならずきやうをよまんとするや、と思いかへしてよまざりしことの、さればなほもすこしのこるところのありけるや、人のしうしんじりきのしんは、よくよくしりよあるべしとおもひなしてのちは、きやうよむことはとゞまりぬ。

この文章は、佐貫での三部経千部読誦を振り返り、恵信尼に伝えたとされる文章である。これは、親鸞が飢饉で悩み苦しんでいた在地の人々に、雨乞いのために三部経を転読するよう願われ、その結果、転読を開始する。しかし、四五日後に読誦を中止し常陸へと移り住んだということが、その背景にあるのではなかろうか。そのようなことが、近年の親鸞伝に関する研究の中の一説となっている（平 2012 : 121-139）。

ここからも、自力の行が「とぐること、きはめてありがたし」とわかりつつも、三部経転読を行わざるを得なかった親鸞の逼迫した状況をうかがい知ることができる。しかしながら、親鸞はそこに「雜行を棄てて本願に帰」（『定本教行信証』「後序」: 381）したものが「名号の他」の行を、今ここにおいて修そうとしていると、自身を「自信教人信」（『定本教行信証』「信巻」:148）という善導の『往生礼讃』の言葉をもって深く内省されたのである。つまり、親鸞は三部経転読するという、慈善行として呪術的な観点から経典を読誦するという「利他行」を行おうとした。そして、その行為の中で、「如来からの呼びかけ」に再び出遇い直し、呪術的に読誦する身から、仏の呼びかけを聞く身に転換されていったと考えることが出来る。このような、『恵信尼消息』で見られる親鸞自身の体験と『歎異抄』第四章とは、全く別なものではない。

これら『恵信尼消息』が伝える親鸞の実像と『歎異抄』の文言を詳細に検討すると、聖道門・浄土門という峻別は、単に「あれか、これか」という二分法で考えることが出来ないことがわかる。

むしろ、向下的社会モデルに生きる障害者が現に社会の中で生活を行う以上、医療行為そのものと関係を持つことは不可避である。そのなかで、むしろ、医療行為を「行う」という行為そのものの是非論ではなく、その行為の中で、「健全者幻想」と向き合うということが重要であると考える。それは、とりもなおさず、「行う」という行為そのものの中に「おもふがごとくたすけとぐること、きはめてありがたし。」という問題を内包していることを自覚していくことである。つまり、諸先輩方との出遇いが、「どのような状況になったとしても生きていくことができる」という自信へとつながっていく。そのことが、今まで「すでに生きていくことができる道」への帰順につながって行くのである。つまり、今まで「生きていくことが出来ない」と思い込んでいた自分に懺悔することになるのである。その懺悔心から、自身の内部にある「内なる健全者幻想」との向き合いが始まるのである。

このように、向下的社会モデルの考え方は「医療行為」自体を否定しているわけではない。むしろ、「生きていくことが出来ない」と自己執着じ、医学モデルの思想に陥り、「すでに生きていくことができる」という歴史的救済観を見失うところに、大きな問題があるのである。つまり、「医療がなければ救われない」と錯覚してしまう。そこに医療に対する精神的依存を見ることができるのである。このことが医学モデル的な生き方への端緒となるのである。それは、先に見てきた「聖道の慈悲」と言われるような「向上的生活」という域をもはや超えている。健「全」者幻想と呼ばれるように、「完全な身体を求めること」に対する無批判的追従がみられるのである。そこに「幻想」であると言われるゆえんがあるのである。

つまり、これまで見てきたように向下的社会モデルとは、医療を否定することではない。むしろ、障害者自身が、医療にとらわれ、健全な身体を求めることに対する無批判的追従を批判的に捉えている視座である。つまり、障害者自身が自己選択自己決定の上で、医療行為を社会的サービスとして利用することに対しては、否定していないということを確認しておく必要がある。

第二節　向下的社会モデルと生の価値観の再生

では、実際に向下的社会モデルを生きるとは、どういう視座なのだろうか。障害者と取り巻く環境を考えると、例えば早期発見・早期治療をはじめ優生思想など「完全な身体を求めること」に対する社会的抑圧がある。そこには、障害者自身の自己選択自己決定と無関係に障害者に対し医療行為がなされてきた歴史がある。そこには、医療の身体への侵襲の問題をはじめとして、多くの抑圧や差別、人権侵害が存在している。このような自身の内部にある「内なる健全者幻想」との向き合いは、必然的に社会の医学モデル性と対峙していくことになるのである。つまり、自身に内在する優生思想については、「内なる健全者幻想」という側面で向き合ってきたといえる。その一方で「完全な身体を求めること」に対する社会的抑圧がある。横田ら「青い芝の会」のメンバーが、この「内なる健全者幻想」との向き合いの中で運動を展開していくことは容易であったかといえばそうではない。この問題について第二章で検討した「青い芝の会」の思想に関する全国障害者問題研究会（以下「全障研」）の批判を検討することによって、向下的社会モデルの内実を深めたい。

「全障研」の立場に立つ河野勝行（1987：79-82）は、以下のように、「青い芝の会」の思想を「努力の責任性が免除されるような、裏がえしの特権主義である」と批判している。

今日障害者運動に混乱をもちこんでいるひと握りの人たちの中に、親鸞の思想が屈折したかたちで影を落としているからです。その親鸞の教えとは直接にはいわゆる悪人正機の説です。「善人なおもて往生を遂ぐ、いわんや悪人においてをや」の思想です。…中略… 悪人こそがまっ先に救われる、だとすれば……。これはまさに裏がえしの特権主義であり、開きなおりの奨励にほかなりません。もちろん、このような理解が親鸞の真意に外れた誤りであることはいうまでもありません。にもかかわらずそれは虐げられた者にとって確かに魅力的な教説でした。自分たちは決して仏の意志にかなわぬ余計者ではない、現にあるがままの姿で生存を認められるべき存在だとして自ら主張し、確信することができるからです。そこには必ずしも主体的・人間的な努力は必要ではありません。ここから、今日障害そのものによる不自由さに加えて、社会的・政治的な諸機構によって、差別や不必要な偏見を受けて苦悩する障害者に、「あるがままの姿」つまり言語が不自由であったり、歩行が困難である者にとって、さまざまな機能訓練とそれへの努力などは必要ではない、歩けないままの姿において全一的な存在が認められるべきである、という主張が生まれてきます。…中略… 人間的発達への努力の責務性においても、それを「免除」されるような特権者の存在は認めてはならないものです。障害者には自らの障害を軽減・克服する上で必要な医療・リハビリテーション・教育・福祉などの諸条件の保障を要求する権利を持っていると同時に、その権利を充分に行使し、自らの障害軽減や克服に取り組むとともに、民主主義的な人格へ向けて努力する責務をもっているといわなければなりません。その努力を放棄するごとき「あるがまま」論や、「歩けなくてなにが悪い」などといった主張は、いわば開きなおりの敗北主義であり、責務の放棄とともに権利まで放棄するものにほかならないものです。それがだれをよろこばせ、どのような事態を招くかは自ら明らかです。

また、発達保障論の立場に立つ茂木俊彦（2004：48-51）は「青い芝の会」を中心とした「ありのまま論」を批判的に引用した後に、次のように述べている。

低いレベルから高いレベルへ、単純なものから複雑なものへと変化しつつ、諸能力がついていくことを「発達」の中身と考えるのは正しいと思います。諸能力の獲得・向上は生活の中での活動の自由度を高めるという結果をもたらします。…中略… 障害があることによって仮に「○○ができる」という面ではあらたな進歩はなくても、「発達」は限りなく豊かでたしかなものにすることが出来るのです。さらに、人がどういう活動目的・目標をもつかによって、能力の意味が変わってくるし、加齢による能力の低下があるはずなのに、それを防ぎ向上させることもあり得るのです。…中略… 人はこのようにしてたえず「発達」に向かいつつ、その時点で獲得してきた力を使って、肩肘を張らず「あるがまま」に、自由に生きることはありうるのではないでしょうか。それは一言で言えば、「発達」と「生活・人生」の質を高めることの両立です。「あるがまま」だけを望む場合には、結果として「あるがまま」の状態を維持することもむずかしくなり、さらに機能低下をまねき、二次障害の発生を余儀なくされるといった事態にならないとは言えません。

これら議論は、「ありのままの姿で生きる」と主張した「青い芝の会」の思想（以下、「ありのまま論」と示す）が自らの障害軽減や克服に取り組むことへの単なる怠惰な姿勢なのか、それとも、全く異なった視座があるのかという問題につながっている。

この議論を考える上で、重要なのが、「青い芝の会」の中心的メンバーであった横田弘（1979：49）が、「ありのまま論」について「無論、私は全障研のいう『健全者と同化して』とか『障害者も発達しつづけるのだ』という融和主義・誤魔化しの障害者と健全者との共生をいっているのではない」と述べていることである。そして、この「ありのまま論」の根底を支える思想として、横田（1979：119）は、障害者という存在は「肉体の差異、精神の在り方などは全く関わりのない自己のいのちそのものなのである。」と、その前提条件となる思想を示している。すなわち、「ありのまま論」でいうところの「共生論」は、自己の「いのち」そのものにおいて平等であるという「障害の有無」や「発達の有無」などの諸条件の一切を問わない「無条件の平等性」に基づいて展開しているのである。この思想はまさしく、絶対的平等観を生活の基軸とした向下的共生観に立った思想であると考えられる。つまり、この向下的平等観は、第三章で述べたように、横田らがマハラバ村において『歎異抄』（『定本親鸞聖人全集』Ⅳ―言行篇Ⅰ：4）を基軸とした生活を通して「弥陀の本願には老少・善悪のひとをえらばれず」という『歎異抄』第一章の摂取不捨の生命観に学び、向下的平等観に生きていこうとした生活の中で、転依という体験の中で見いだされた思想なのである。

しかしながら、当時の「青い芝の会」以外の障害者運動は、発達保障の思想や慈善思想、医学モデルの下での「同化論」が主流であった。即ち、「障害の軽減・克服による差別からの脱出」や、それによる「健常者」との同化を主にしていた。

そのような考え方に対し、「青い芝の会」の思想は、「発達の有無」云々と言う前に、「人間として生まれている」という「すでに」ある歴史的事実そのものに「向下的平等観」を見いだしたのである（歴史的救済観）。そして、その上で同化論は「健全なる状態」を追い求めるがため、「自己の肉体」をも完全に否定していく自損損他の姿勢であると批判している。そして、そのような姿勢を批判することによって、「無条件の平等性」を主張しようとしたのである。

つまり、人間存在をあらゆる条件付けの視点で見るのではなく、「いのちの本質的平等性」に帰着するという意味において、「生の価値観の再生」の作業が行われている。それは、横田（1979：119）は、「同化への道を歩むことにより、自ら苦しみを深め、自己の肉体の否定、つまり、完全な自己否定にまで追いこまれていってしまう」と述べているように、横田の障害観は健常・障害の区別を超えた「いのちの本質的平等性」に頷くことにより、「肉体を完全に肯定」しようとするところに核心があるように受け止められる。

それは、「障害の受容」という内容ではなく、「障害の肯定」という、より積極的な意味内容が含まれていると言える。ここで述べようとしている「障害の肯定」とは、障害を完全に受け入れることではない。表現としては、「受容」に対して「肯定」という言葉を用いたが、実際的には「区別（有無）」を越えることであり、障害（インペアメント）の問題を人間の価値判断の「蚊帳の外」に置くという「価値観の転換」なのである。この障害者の「障害観の転換」こそが、実質的には抑圧的な医学モデルからの解放を促し、それと同時に自立生活運動へと展開していく大きな原動力となったのである。

この視座は、とりもなおさず、同化論に対して、自己の健全者幻想を見つめようともせず、無批判的追従を繰り返す視座そのものに批判を加えている視座なのである。つまり、リハビリテーションという行為そのものを批判している訳ではないのである。この点の峻別が不明確であったため、この「ありのまま論」を巡っての議論の論点が不明確なまま議論がなされてきていた感が否めない。このように、議論の源泉である如の世界観という「根源的な的平等観」に立ち返り議論することによって、この議論の内容を明確に捉え直すことができるのである。

また、この「議論を追っていく過程の中で、横田という向下的共生観に生きた一人の人間の姿とおして、向下的社会モデルの具体相をうかがい知ることができるのである。つまり、ともに「われら」としての向下的共生観の地平を自覚して生きる者の誕生を見て取ることができるのである。

第三節　向下的社会モデルにおけるピアの思想

前節で、向下的社会モデルと生の価値観の再生に就て考えてきた。本節では、絶対的平等観に出遇い、

「生の価値観」が再生され、ともに「われら」としての向下的共生観の地平を自覚して生きる者同士のつながりについて考えていきたい。

日本の障害者運動のなかで、一貫して言えることは、同じように障害がある仲間同士が集まり、様々なことを語り合ってきたといえる。中でも、「親元や施設から出て、地域で一人暮らしをする。」という自立生活運動は、日本の障害者運動でも大きなトピックのひとつになったといえる。安積純子（1992：12）はこの自立生活運動の歴史を次のように述べている。

> 当事者同士が相互に援助しあい、自立生活を実現させてきたその事実、歴史を見れば、明確な理論に基づいてはいないにしろ、実質的なピア・カウンセリングが行われてきたと言って過言ではない。仲間同士の相互援助、つまり的確な励ましや、既に施設や親元を離れて生活している障害者がこれから自立しようとする仲間に対して示すロール・モデル（role model, role ＝役割）的有様など、体系づけられ定義されないながらも、ピア・カウンセリングと呼ぶに値するサポートが実際的に行われてきた。その歴史の中から、日本の自立生活障害者の群れが、時代の中に現れ出て来たのである。

安積は、これら障害者同士のつながりや語り合いは、広義的ピア・カウンセリングの歴史であったと述べている。この「ピア・カウンセリング」とは、感情や、深層心理に働きかける要素が強い手法である。だが、広義的には、ピア・カウンセリングは、障害当事者同士の自立生活への共助活動において行われる相談援助活動のすべてを指すと言ってもいいであろう。だから、自立生活プログラムも、広義的ピア・カウンセリングといえよう。

このように、医学モデルの障害観に対し、「同じ障害を持つ仲間」ということを大切にしてきたのが障害者運動の歴史といって過言ではない。そのことの背景には、「障害者の側（ピア）」にこそ、自分たちの生活を作っていくために何が必要なのか、専門家たちより、よく知っているという障害者運動の思想がある。

このピア・カウンセリングとは、日本のＪＩＬ系の障害者ＣＩＬで行われている自立生活運動を伝えていく具体的な手法の一つである。また、このピア・カウンセリングは、元々アメリカのＣＩＬで発展したピアサポートの手法である。

樋口恵子（1999：8）はこのような「同じ障害を持つ仲間」の集まりとピア・カウンセリングについて、以下のように述べている。

これまで、何とか障害のない人に追いつくように、叱咤激励され、障害者は努力をしてきました。その限界――どこまで行ってもその差は埋まらず、努力がからだに対する無理となり、二次障害となって現れてきました。障害者に関わる専門家の中からは、このことに対する反省や改善は見られませんでした。そうしたなかで障害者が情報を交換しながら、自分たちを守っていくことが重要だということを学んできました。障害者は劣った人間ではなく、命の重さは誰も変わらないはずなのに、障害者の権利が認められていないのが現実です。私たち一人ひとりはかけがいのない存在だということ、このからだで生きていくという現実をしっかりみすえ、まず、自分を好きになろう、そのためにピア・カウンセリングという場を利用して、障害をもった自分をみつめていこうということをはじめました。そして、障害をもった自分のルーツを見つけ、どんな時も自分で考えられる最善の道を歩んできたんだという、自己信頼を取り戻してきました。同じところで立ち止まっている仲間をサポートするものとしてピア・カウンセリングを活用してきました。

樋口は、ピア・カウンセリングをもちいて、障害を肯定し、「いのちの本質的平等性」に立ち返り、自己信頼を回復させていくことの重要性を述べている。

このように、日本のＣＩＬで行われているピア・カウンセリングの思想に「障害の肯定」という「青い芝の会」の思想から連関される思想が、色濃く反映されている。それは、横田（1979：119）が言う「自己のいのちそのもの」を全く無視し、「どこまで機能回復が出来たか」という視座でしか障害者を見ない専門家中心主義の医学モデルという呪縛から、どのようにして自己の本来性を回復していくかということが中心課題なのである。つまり、「ピア」の思想とは、「いのちの本質的平等性」に頷き、自らの障害を肯定していこうとしていく視座なのである。

では、ピア・カウンセリングに出会い、人間の本質に気づき、「障害を肯定」していく「生」とは、どのような生き方をしていこうとする者となるのであろうか。樋口（1999：9）は次のように述べている。

> ピア・カウンセリングはひとりひとりの障害者の自信を回復し、自立生活へといざなうものです。また強い自己信頼のもとで、この社会を誰もが住みやすい社会へと変える社会変革の手段として位置づけられるものです。

そこには、「人間の本質」に気付かされ、人が抑圧から真に解放されることとは、健常者中心主義であり、向上主義的な医学モデルを変革していく「力」を得ることである。つまり、ピア・カウンセリングとは、抑圧から解放され、自らの主体性を回復していこうとする思想なのである。それは、医学モデルのような専門家中心主義であり、健常者至上主義から、自らの主体性を回復し、社会変革へとつながって行く手法であると言えるのである。

第四節　向下的社会モデルにおけるロールモデルの意義

これまで、向下的社会モデルにおける障害者の「自立観」について考えてきた。そこでは「すでに」というキーワードを用いて自立へのスキルの有無を問わない自立運動観をあきらかにした。向下的共生観の根源に歴史的救済観があり、向下的社会モデルがあると明確に指し示した。では、そのようなピアとしての「つながり」は、どのような世界観を見いだすのであろうか。これまでピア・カウンセリングなど自立生活運動の中で、ロールモデルについて多く言及されて来たが、十分な思想的裏付けは行われてこなかった。本節では、向下共生観の視座から、ロールモデルについて思想的に意味づけ直していきたい。

ロールモデルという言葉は、具体的な生き方の上で、人生の手本となったり、模範となったりする人という意味で使用されてきた。障害者の自立生活運動の場においては、ロールモデルとの出会いを重要視してきた。このように自立生活運動の中でロールモデルと言った場合、共に自立生活を目指そうとする個々の人間関係において人生の模範となることを指し示している。

しかし、向下的社会モデルを担っていく者としての「連続無窮」性に基づく共生観におけるロールモデルとは、自立生活運動で語られてきた個々の人間関係の上に成り立つ単なる「人生の模範」を指し示しているだけではない。このことについて考える上で、『教行信証』「後序」に親鸞が引用している『安楽集』の引文が大きな示唆を与える。

親鸞（『定本教行信証』「後序」：383）は『教行信証』の文章を閉じるにあたって末尾に次のような『安楽集』の文章を引用している。

『安楽集』に云わく、真言を採り集めて、往益を助修せしむ。何となれば、前に生まれん者は後を導き、後に生まれん者は、前を訪え、連続無窮にして、願わくは休止せざらしめんと欲す。無辺の生死海を尽くさんがためのゆえなり、と。已上

これは、これまで述べてきたように、歴史的救済観そのものの考え方であえる。ひとたび、「如来の呼びかけの中にある身」と自覚することは、すでにある一如という共生社会を自覚することだけにとどまらない。このような「われら」としての共生観に気付くことが出来たのは、自らの努力（自力）ではなく、「よこさま」に他力という一如の働きを受けて出遇うことの出来た「歴史的救済観」である。そのため誰においても「出遇い」の条件（縁）が熟せば出遇うことができるのである。また、歴史的救済観に出遇い、その「絶対的平等観」に頷くならば、その人は向下的社会モデルを生きる者となるのである。この「生きる者」というのは、とりもなおさず、向下的社会モデルを生きる者の歴史に自らが参画することになるのである。また、向下的社会モデルを歩む者になるということは、向下的共生観に頷いた人々の歴史に参画することである。それはとりもなおさず、向下的社会モデルを実践し、伝えていくという向下的社会モデルを担っていく者となるということであり、このことがロールモデルの意味に他ならない。

言い換えるならば、先に引用した『安楽集』の引用文では、親鸞自身も法然を通して、歴史的救済観に出遇っている。それと同時に、親鸞が明確にした人間観や人生観は、後世を生きる者に大きな「生の指標」となり得る。つまり、そのような意味では、親鸞は、「親鸞の思想に出遇い、その思想を軸にして生きる者」とっては、ロールモデルであるとも言えるのである。その点においては、向下的共生観は「連続無窮」性を持つのである。

言い換えれば、如の教えに触れた者が向下的社会モデルに生きようとするならば、その時点において、

「向下的共生観に頷いた人々の歴史に参画する」ことになるのである。つまり、「今まで生きてこられた先輩方」に出遇うということは、「すでに、生きることができる」ということの実践道を知ることになるのである。そして、ひとたびその世界に頷き、「生の指標」とするならば、その瞬間から、ロールモデルとしての「生」が誕生するのである。そのような意味においては、向下的社会モデルで考えるところのロールモデル観とは、世に言う「努力者」や「成功者」を指すものではなく、歴史的救済観に出遇い、向下的社会モデルを軸とする歴史に参画する者をいうのである。

この点において、ピア・カウンセリングを中心とする自立生活運動の中で語られてきたロールモデル観とは、趣を異にすると言わねばならない。また、「向下的共生観に頷いた人々の歴史に参画する」ということは、一如という絶対的平等観に頭が下がり、その世界観を生きようとする者ならば、努力や成功の有無を問わず誰であってもロールモデルになれるのである。それと同時に後世を生きる者にとっては、向下的社会モデルの生き方を指し示す「生の指標」となるわけである。親鸞（『定本教行信証』「化身土巻」: 310-311）は、諸仏としての生と絶対的平等観の関係を『教行信証』の中で『大智度論』の指月の喩えを次のように引用している。

『大論』に四依を釈して云わく、涅槃に入りなんとせし時、もろもろの比丘に語りたまわく、「今日より法に依りて人に依らざるべし、義に依りて語に依らざるべし、智に依りて識に依らざるべし、了義経に依りて不了義に依らざるべし」と。「法に依る」とは、法に十二部あり。この法に随うべし、人に随うべからず。「義に依る」とは、義の中に好悪・罪福・虚実を諍うことなし。かるがゆえに語はすでに義を得たり、義は語にあらざるなり。人、指をもって月を指う、もって我を示教す、指を看視して月を視ざるがごとし。人、語りて言わん、「我指をもって月を指う、汝をしてこれを知らしむ、汝何ぞ指を看て月を視ざるや」と。これまたかくのごとし。語は義の指とす、語は義にあらざるなり。これをもってのゆえに、語に依るべからず。「依智」とは、智はよく善悪を籌量し分別す。識は常に楽を求む、正要に入らず、このゆえに「不応依識」と言えり。「依了義経」とは、一切智人います、仏第一なり。一切諸経書の中に仏法第一なり。一切衆の中に比丘僧第一なり。無仏世の衆生を、仏、これを重罪としたまえり、見仏の善根を種えざる人なり、と。已上

ここでは、人（諸仏）と仏法との関係を指し、あくまでも人（諸仏）は、月（法）を指す指であるとしている。つまり、その「生の指標」の指し示す先は、如の世界観である絶対的平等観そのものなので、後世を生きる者にとっては、具体的に絶対的平等観を指し示し、そこに頷いて生きるという生き方の手本や目標となるのである。この点においては、「手本や目標」という一般的意味においてのロールモデルであるという側面もある。つまり、向下的社会モデルにおけるロールモデルとは、歴史的救済観に出遇い、向下的社会モデルを軸とする歴史に参画する者であるという一般的な意味と内容を異にする側面と、そのような生き方自体が絶対的平等観を指し示すという意味において「手本や目標」という一般的意味においてのロールモデルであるという側面との両側面があるのである。そこにこそ、向下的社会モデルにおけるロールモデル観の独自性がある。

第七章

向下的共生運動としての自立生活運動

第一節　本章の問題意識

向下的社会モデルに基づいて、地域での共生を実現する運動を向下的共生運動と呼ぶことにする。この向下的社会モデルに基づく向下的共生運動は、どのような実践方法として考えられるであろうか。本章の柱の一つとなるのは、地方都市の浄土真宗の文化圏域でどのように向下的共生運動としてＣＩＬの活動が出来得るのかという事例研究である。つまり、この事例研究を通して、ＣＩＬという極めて西洋的な発想と向下的共生運動という極めて日本的な発想との融合点を探ることによって、向下的共生運動としての自立生活運動の実践と、その課題について考えたい。

「障害児を普通学校へ・全国連絡会」は、「障害のあるなしにかかわらず、ともに生き、ともに育っていく差別のない社会をつくる」ことを目的として活動してきた。このような日本的強制を求める運動文化が障害者運動にはある。その背景にあるのは、真宗の「講」文化等に見られる日本的共生意識ではなかっただろう。

しかし、都市部では、村落共同体が崩壊してきている。また、これまで考えてきたように、日本における従来型の村落共同体には、包摂と排除の関係が存在する。また、そのような包摂と排除の関係性は、部落差別をはじめとする様々な差別の温床ともなってきた。つまり、従来型の村落共同体では、「日本的共生意識」とはいっても、それは排除性を含んだ包摂型の共生社会であったということが確認できる。

では、「向下的共生運動」としての新たな自立生活運動の方法と実践とは、いかなる視座として提示できるのかということである。融和や共依存に対して超越的であろうとするならば、個々の人間関係がそれぞれに対して独立的である必要がある。また、この「独立的」ということは、お互いの立脚地が明確になるということである。無論、この関係性は、個々人の立場性を明確になるだけではなく、融和と共依存の関係性を否定するのであるから、無意識的に生ずる抑圧と被抑圧の関係性も明確になる。つまり、ここで述べる「共生社会」とは、ユートピアではなく、それぞれの関係の中でのコンフリクトの中で成り立つ関係性であるといえよう。横田（1979：119-120）は、共生社会について、次のように述べている。

重度ＣＰなるが故に、私はさまざまな抑圧を受けつづけて生きてきた。「足が悪いばっかりに渡し舟から転落し突き落とされて溺れて死んだ」という状況を何度繰返したことだろう。行きつく先は自己存在の否定という形をとらざるを得なくなるのだ。しかし、これで良いのだろうか。こんな自己否定を繰返してみたところで、現在、今生きている自己の問題を少しも前進させはしない。執らえた現実を基として、その現実を高らかに詩いあげてこそ人間としての存在があるのだ。その詩は哀しみの涙であるかもしれない。絶望の叫びであるかもしれない。しかし、この叫びこそ、この自己主張こそ、私たち「障害者」が生きる為に欠くことのできないものなのではあるまいか。時として、それは「障害者エゴイズム」といわれるような形態をとらなければならない状況もあろう。その「障害者エゴイズム」と私たちを抹殺の対象としている「健常者エゴイズム」との闘争こそ、私たちを自己解放へと導びく為の手段となるのだと私は信じている。

横田は、ここで「闘争」という熟語に「ふれあい」というルビを附している。つまり、ここでは、コンフリクトを「ふれあい」とルビを付与ことによって、障害者と健常者の立場性の違いのなかにあって、その立場に融和状態や、共依存状態に陥らないためには、闘争していくことそのものが真の共生の姿であると横田は述べていると理解できる。

これを、言い換えるならば、「われらの地平」としての平等性、つまり絶対的平等観への理解を欠いた共同体は、共依存状態を作り出し、個々人の罪悪性を凝視することを欠いたところに融和状態が生まれると考える。つまり、絶対的平等観を欠いて、「共生」を考えると、向下的共生運動に生きる者としての「われら」の共生社会ではなく、自我的、独我的集団としての「われわれ」になってしまう。また、「健全者は正しくよいものであり、障害者の存在は間違いなのだからたとえ一歩でも健全者に近づきたい」（健全者幻想）という「肥大化した欲求」に身をゆだねてしまうことによって、自身の差別性が見えなくなる。そこにこそ、融和状態を引き起こす原因となるのである。

向下的共生運動という新たな共生観の創出の背景には、いかにして絶対的平等観に出遇い、その教えの中でいかにして向下的に生きていくかという問題が横たわっており、そこにおいて、社会の構造を組み替えていこうとするのが、向下的共生運動の醍醐味なのである。次節において、向下的共生運動としての自立生活運動の実践事例として、いかにして絶対的平等観に出遇い、その教えの中でいかにして向下的に生きていくかという問題についてその打開策を検討したい。

第二節　日本における自立生活運動の特徴

本章では向下的共生運動の実践事例として、ＣＩＬの事例研究をおこなう。その前提として、日本におけるこれまでのＣＩＬの特徴を明らかにしておきたい。

まず日本におけるＣＩＬとは、どのような組織を射程範囲とするのであろうか。日本のＣＩＬの射程範囲を明確化することは、容易なことではない。なぜなら、ここで取り上げようとするＣＩＬは、国や地方公共団体の諸制度に基づいて設立された機関ではなく、民間団体独自の機関であるからである。つまり、運営主体が、ＮＰＯ法人や社会福祉法人などの法人格を有する団体もあれば、法人格を有さない団体もある。また、全国にあるＣＩＬは、それぞれの団体が設立された歴史的・地理的背景によって、理念や活動内容が一様なものとはいえない。そのような意味おいて、ＣＩＬの射程範囲を明確なものにすることは難しいと言える。しかしながら、ＣＩＬの全国組織であるＪＩＬの加盟団体の要件が射程範囲を考える上での一つの方向性となるであろう。全国自立生活センター協議会は、正会員となる団体の要件を次のように示している。

全国自立生活センター協議会の正会員となる団体は、以下の五つの条件を満たすことです。

1．意思決定機関の責任および実施機関の責任者が障害者であること。
2．意思決定機関の構成員の過半数が障害者であること。
3．権利擁護と情報提供を基本サービスとし、且つ次の四つのサービスのうち二つ以上を不特定多数に提供していること。

・介助サービス
・ピア・カウンセリング
・住宅サービス
・自立生活プログラム

4．費の納入が可能なこと。

5．障害種別を問わずサービスを提供していること。

全国のCILの中には、JILに加盟していない団体もある。また、JILへの加盟を目指している団体もあれば、協議会の推進するCILの考え方に異を唱える団体もある。しかしながら、本稿でCILを考えるにおいては、全国自立生活センター協議会の加盟要件を満たし、活動理念を共有するものと考える。二〇一三年一二月現在、JILに加盟している自立センターは、一二八団体を数える（http://www.j-il.jp/kamei/index.html）。JIL加盟のCIL数は、東京都内では二四団体、大阪府下でも一八団体ある。これは、CIL加盟団体の三二パーセントに相当する。このようにCILは、おもに都市部で多く作られているという現状がある。このCILの活動は、今や日本の障害当事者運動の一つの核となっている。

このCILの運動の源流には、公民権運動や消費者運動の流れを受けたアメリカの自立生活運動の理念がある。それ故、個人主義や自由主義が色濃く出ている。これまで考えてきたように「青い芝の会」の思想は、人間として生まれているという歴史的事実そのものの「いのちの本質的平等性」に頷いていくという意味で、アメリカ型の自立生活運動の考え方の根源である個人主義や自由主義とは、大きく異なる。言い換えるならば、アメリカ型の自立生活運動は、「権利」を得ることによって、共に向上していく中で個人の権利性を明確にしようとする運動であることに対し、「青い芝の会」の自立生活運動は、「いのちの平等性」を主張している。その内容は、アメリカ型の自立生活運動と異なり、「個人主義や自由主義」などのあらゆる価値付けを越えようとした運動である。その意味においては、「青い芝の会」とアメリカの自立生活運動には、質的へだたりがあると言える。

しかしながら、日本においては「青い芝の会」の運動とＪＩＬの運動は、互いに思想的に影響を受けつつ歩んできたという事実は確認できる。たとえば、大阪のＣＩＬである自立生活センター・ナビ」（元、大阪青い芝の会中部解放センター）などのように、もともと「青い芝の会」の支部で後にＣＩＬのひとつとしてＪＩＬに加盟した団体も存在する。その点においてすべてのＣＩＬがアメリカの自立生活運動の影響を強く受けているとは言えない。

このように、日本における自立生活運動は、アメリカで発展してきた自立生活思想と青い芝の会に代表されるような日本的自立生活思想が融合して、独自の展開をしてきたものである。言い換えれば、自己決定や社会参加を志向するアメリカＣＩＬ運動と「いのちの本質的平等性」を見つめていこうとする青い芝の会運動や作業所運動が融合され成立したのが日本のＣＩＬの思想と言える。そこにおいて、日本における障害者運動や福祉を見ていく新たな視座が誕生したのである。

第三節　向下的共生運動としての自立生活運動の実践事例

本事例研究の対象となる「ＮＰＯ法人ＣＩＬだんない」（以下、ＣＩＬだんないと略す）は、重度障害者四人が中心となり、二〇〇九年八月、滋賀県長浜市木之本町地域にＣＩＬを立ち上げることを目的として設立準備会が発足されたのが事の発端である。二〇一〇年一二月に同設立準備会がＮＰＯ法人ＣＩＬだんないとして認証され、二〇一一年四月より本格的な活動が始まった。本研究では、おもに設立趣旨と、その活動内容をCILの共通性と独自性に分けて考証するのである。

CILだんないの設立趣意書（2010a：1）には、次のような設立の趣旨が述べられている。

今、障害者施策のやり方や、障害者についてのメディア報道を見ると、「障害者はがんばれ」という障害者像が作られているように思う。こうした状況の中で、私たちも含め障害者は、常にがんばっていなければならないのではないかと自分を見失っている。つまり、医学モデルへと偏りやすい傾向にあると考える。そして、一生懸命にリハビリテーションをして健常者に近づこうとしたり、「自分はがんばれないから、自分らしく生きるなんて無理だ」とあきらめたり、障害が悪で、健常が正であると思い込んでいる。私たちは、そうした状況から障害者を解放したいのである。

ここでは、医学モデルに偏り、障害が悪で、健常が正であると思い込んでしまうことから、当事者を解放したいという願いをうかがい知ることができる。同趣意書に書かれている事業内容を要約すると、以下の三つの柱と七つの主要事業に整理することが出来る。まず、「重度障害者の自立を実現させる」という目的である。この目的のもとに、ピア・カウンセリング事業とヘルプサービス事業所の事業が置かれている。次に「湖北・湖東地域の障害観を社会モデルへと変革させる」という目的のもとに、障害観変革講義、専門家に向けた講義、家族に向けた講義という三つの啓発事業が置かれている。最後に「当事者同士・地域とのネットワークを築く」という目的のもとに、余暇活動保障事業と事業所開放事業が具体的な事業として考案されている。

そのような設立趣意のもとでNPO法人CILだんないは設立された。CILだんないの基礎となる『NPO法人CILだんない定款』（2010b：1）には、会の目的と事業を次のように定めている。

（目的）

第３条　この法人は、障害者や地域で暮らす人々に対して、どんなに障害が重い人々でも地域で自立生活が営めるよう環境を整えることに関する事業、並びに社会モデルの考え方に基づいた障害観へと変革していくことに関する事業を行い、誰もが自分らしく生きられる社会の実現に寄与することを目的とする。

（事業）

第５条　この法人は、第３条の目的を達成するため、特定非営利活動に係る事業として次の事業を行う。

①障害福祉サービス及び介助者派遣事業
②ヘルパー育成事業
③障害者の権利擁護事業
④障害者の地域における自立生活保障事業
⑤余暇活動保障事業
⑥障害観変革事業
⑦福祉に関する情報提供・相談事業
⑧障害者団体のハブ的機能としての支援事業
⑨事務機能請負事業
⑩広報・出版に関する事業
⑪その他、①から⑩の事業を達成するために必要な事業

このように、社会モデルを基軸とした目的の下に一一の事業を展開しようとしている。ここで特筆すべき点は、法人の設立目的に「どんなに障害が重い人々でも地域で自立生活が営めるよう環境を整えることに関する事業、並びに社会モデルの考え方に基づいた障害観へと変革していくこと」となっている点にある。そのことについて、代表の美濃部（2011：1-2）は、ＣＩＬだんないの機関紙『だんないの道第2号』で次のように述べている。

今の社会は全て「doing」の価値観で評価しているのではないかということです。逆に「being」の価値観を持ち続けることは至難の業だと感じます。つまり、「すること」に価値を置くあまり人間存在自体はそれほど価値が高くはないように錯覚してしまうのです。たとえば、仕事でも学校でも「多く」、「速く」、「正確に」がスローガンのようにうたわれています。このペースについていけない人は決して「だんない」と言われることなく「規格外」とされ、社会から弾き出されてしまうのです。

その人々の間で一定の線引きをして「障害者」というレッテルを貼り、彼らに作業所や特別支援学校へ行くことを推奨するのです。「多く」、「速く」、「正確に」。これは、もともと人間に存在する性質によるものかもしれません。しかし、それ以上に世の中に根付いている経済至上主義や能力中心主義の存在が最大の要因だと考えます。要するに、社会政策の一環から構築された価値観なのです。国に「障害者」と認定を受けた人は行き場やサービスが比較的ありますが、線引きされてギリギリで「障害者」とされない人にとっては本当に厳しい環境だと思います。線引きを広げてもボーダーライン上の人は常に出てきます。どこに線引きを置くかという次元ではいつまで経っても解決されないでしょう。その次元から早く抜け出すためには、「doing」から「being」の価値観への転換が不可欠でしょう。障害者・健常者に関わらず一人の人間として認め、存在自体を大切にする政策に切り替え、誰もが「being」という価値観を持ち続けられる環境にしていきたいものです。

そんな活動を実践することにおいて、この湖北圏域の地域性がキーポイントとなると考えます。ゆったりとしていて、地域のつながりが豊富で、助け合いの精神がある地域では「being」の価値観は東京や大阪よりも受け入れられやすいと考えます。障害者・健常者を問わず、多くできなくても、速くできなくても、正確にできなくても「だんない」と言うことができる社会の実現を目指し、活動していきます。

ここでは、「『doing』から『being』への価値観への転換」が述べられている。それは、経済至上主義や能力中心主義のもとで規格化され、その企画に合わない者は障害者と扱われてきた歴史を問い直していこうというまなざしである。それは、「多くできなくても、速くできなくても、正確にできなくても『だんない』と言うことができる社会の実現」という社会観において、より一層明確化している。

このような考え方は、代表の美濃部だけが考えているものではない。副代表の市川（2011：3）は次のように述べている。

当事者仲間に出会い、社会モデルの考え方を知り、社会からの抑圧によって障害のある人が生き辛く感じている部分があることを自覚しました。これが「だんない」の目的である、誰もが自分らしく生きられる社会を実現したいという思いに繋がっていったのです。こうして「だんない」が設立できたことを嬉しく思っています。

重度障害者でも望めば地域で自立生活ができる環境を保障したいと考えています。現状では重度障害がある場合、不本意ながらも介助の面で家族に依存し負担をかけてしまう、生活が成り立たないため入院や施設入所を余儀なくされてしまうということがあると思います。こうした状況のなか、将来を憂いている障害者は多いと思うのです。どんなに重い障害があっても自分らしく生きるためには、ヘルパーや在宅医療などの社会サービスを充実させ、地域での自立生活を保障する必要があります。障害者の生活を支える役割を担う介助者の育成も重要な課題です。障害当事者本位のサービス提供により、利用者は基本的な生活に不安を感じることなく、自分らしく生きられます。サービス提供者も仕事に対するやりがいや誇りへと繋がると思うのです。このような相互作用により、誰もが住みたい地域で共に生きていける社会を目指したいと思います。

「社会からの抑圧によって障害のある人が生き辛く感じている部分があることを自覚」した時、「どんなに重い障害があっても自分らしく生きる」をつくるという目標が明確になり、その目標を実行していき、「誰もが住みたい地域で共に生きていける社会を目指したい」という願いが述べられているのである。また、理事の横山（2011：4）は、次のように述べている。

医学モデルの日本の社会で、社会モデルを広めることは非常に難しいことです。しかし、だんないの設立に関わったメンバーは心から「日本を変えたい」と思っています。そしてメンバー全員がこれまで生きてきた中で多くのことを経験し、あらゆる所で医学モデルの抑圧を受けてきました。私自身もそうだったように、常に障害を背負って、毎日健常者になることを目指し必死で生きている障害者が世の中にはたくさんいます。そういう人達を抑圧から解放するためには、苦しみを理解し「あなたはあなたで良いのだ」とすべてを包み込んでくれる仲間の存在が欠かせません。確かに、「だんない」がやろうとしていることはとてつもなく大きなことです。しかし、逆に言えば、目指すことは「一人一人が自分の意志で好きなように生きていける社会」とも言えるでしょう。だんないは先頭に立ってそのような社会を実現するために行動すると同時に、一人一人の生き方を後ろから支えていく存在だと思います。

障害者を取り巻く現状は「常に障害を背負って、毎日健常者になることを目指し必死で生き」ざるを得ない現実であると認識し、その社会から「一人一人が自分の意志で好きなように生きていける社会」へと変革していくことを目指しいている。

このような願いと理念は、「CILだんない」という法人名に色濃く反映されている。

湖北・湖東地域の方言である「だんない」という言葉には、「できなくても大丈夫」「心配しなくても大丈夫」という意味合いがある。また、「段（だん）が無い（ない）」、つまり敷居がなく、いつでも行き来ができるという意味を込め、「だんない」と名づけた（NPO法人CILだんない 2010a：1）。

つまり、「できなくても大丈夫、心配しなくても大丈夫」（向下的共生運動）という意味合いと「段が無い」（バリアフリー）という二つの意味を込めて名付けられたのである。これは、向下的共生運動に基づく社会モデルに着目しつつ、「敷居」が無いという地域社会に根ざそうとしているという願いが読み取れる。

このような願いのもとで設立されたCILだんないの特色を示すなら、大きく分けて三つの大きな特色があると言える。はじめに、「農村地帯にあるCILである」ということである。日本のある多くのCILは、東京や大阪など大都市圏内に多く設立され、交通の便の悪い地方の農村部（郡部）では、なかなか根付かなかった。CILだんないの他に滋賀県には草津市と旧長浜市内に都合二カ所のCILがあるが、JIL加盟団体だけでも、東京都内では二四カ所、大阪府内には一八カ所のCILがある。CILだんないはJIL加盟のCILであるので、滋賀県下にはJIL加盟団体は三つのCILのみとなる。そのようなことを考えると、その数の圧倒的少なさは明白である。また、CILだんないは旧長浜市内ではなく、旧伊香郡木之本町という郡部に立てられたＣＩＬであり、全国的にも数少ない郡部にあるＣＩＬと言える。また、この旧伊香郡地域は、融雪道など社会的インフラが不十分な地域で、冬季には雪で閉ざされる地区も数多く存在する。現に利用者の中には、自立支援法下のサービス支給内容の中に、冬季の積雪量のため特地加算を得ている人もいる。また、ＣＩＬだんないも、冬季には雪で、入り口までの通路が閉ざされる。また、ＣＩＬだんないの事務所の所在地は、最寄りのＪＲ木之本駅から二キロメートルほど離れており、電車は一時間に一本、バスは一日数本しか走っていない地域である。そのような点で、都市部の交通の便がよく、除雪等が十分に行き届いた地域のＣＩＬとは、地域特性が大きく変わる。それ故に、必然的に運営方針が異なってくる。

次に、「真宗に縁深いＣＩＬである」ということがあげられる。旧伊香郡地域は、真宗寺院が数多く、そのほかにも地蔵信仰や観音信仰が根強い地域でもある。ＣＩＬだんないの理事も四人中二人が真宗の僧籍を持っており、法人代表の所属寺院（生家）の門前にＣＩＬがあるという特徴がある。法人の会員など関係者も仏教関係者が、一般のＣＩＬより圧倒的に多いといえる。その点において、代表と代表の所属寺院の門徒である地域住民との結びつきが強くあり、ＣＩＬだんないの事務所には、多くの門徒をはじめとする地域の人々が来所している。このように、だんないは真宗に縁深いＣＩＬであり、向下的平等観を持っている。「『doing』から『being』への価値観への転換」というＣＩＬだんないの主張点に、このことが現れている。

ＣＩＬだんないの特色の三点目は、「共生生活センターと名のつく自立生活センターである。」という特徴がある。自立生活センターを英語で表記すると、アメリカではCenter for Independent Living（＝自立生活センター）と表現され、イギリスでは、Centre for Inclusive Living（＝共生生活センター）と表現されている。どちらも頭文字をとって「ＣＩＬ」と言われるのであるが、「Ｉ」の文字の部分が、

Independent と Inclusive との違いがある。日本のＣＩＬは、アメリカ式表記を用いているセンターが大多数であるが、ＣＩＬだんないでは、イギリス式表記をとっている。そこには、自立よりも共生に価値を置くというセンターの思想性が込められている。と同時に、郡部、かつ仏教信仰が篤い地域という立地条件が多く影響している。つまり、当該地域は、真宗の「講文化」に代表される門徒同士の強い結びつきがあり、それが日本型の共生社会を作り出してきたと言える。そのような土壌には、アメリカのＣＩＬのような「Independent Living」という地位向上型の独立生活、自立生活運動は似合わない。むしろ、イギリスのＣＩＬのような「Inclusive Living」という地域社会での共生運動にあると考えられている。

最後に「社会モデルを主軸としたＣＩＬである。」ということがあげられる。元来、ＣＩＬは、障害当事者による障害当事者のための権利擁護団体であるということができよう。このＣＩＬの権利擁護の考え方には幾通りかあるとされているが、ＣＩＬだんないの場合は、設立趣意書にも見られるように、イギリス社会モデルに根拠をおいている。日本においては、障害学などの学問分野では社会モデルの理論内容の整理がなされてきている。しかしながら障害者運動においては、まだ理論内容の整理が不明確といえる。ＣＩＬだんないのように、設立の目的などイギリス社会モデルに根拠を置いていること自体珍しいことである。以上のような点において、このＣＩＬだんないについての事例研究が向下的共生運動の事例研究になり得ると考える。

では、実際にＣＩＬだんないは、どのような活動を行って来たのであろうか。二〇一一年四月より、ＮＰＯ法人ＣＩＬだんないは本格始動する。その時より、ＣＩＬだんないの具体的な活動の柱は、①障害者自立支援法に基づく居宅介護サービスの提供、②ピア・カウンセリング・自立生活プログラム事業、③長浜・米原しょうがい者自立支援協議会への参加という三つ大きな活動から成り立っていると分析できる。次にそれらの諸活動について考えていきたい。

まず、①の障害者自立支援法に基づく居宅介護サービスの提供についてであるが、二〇一一年四月一日より、三名の利用者にサービスを提供している（二〇一三年現在は六名）。全職員出席の職員会議でサービスの均質化を図ると共に、職員研修会・学習会等で、CIL活動を含む障害当事者運動やピア・カウンセリングなどについて研修を行っている。それと同時に法人として現場で居宅介護に携わる職員に対するエンパワメントを行っている。このエンパワメントとは、本来は利用者に対して行う行為であるが、介護職員に対しても、エンパワメント事業を行うことにより、介助の質の社会モデル化だけではなく、介護職員も共に社会の抑圧から解放されようとする試みである。

次に、②のピア・カウンセリング、自立生活プログラム事業の実施であるが、二〇一一年六月より、二か月に一回のペースでピア・カウンセリング入門講座を開いている（二〇一三年現在は年一〇回程度）。同圏域の障害者一〇名程度に入門講座を提供している。今後、核となるメンバーを中心にして長期的講座を行う予定になっている。また、自立生活プログラムは、三名のプログラム利用者が自立生活プログラムを経て、住居を借りるなど自立生活への一歩を踏み出すことができた。

また、二〇一一年一一月からは、活動員という名で理事以外の当事者を雇用し、地域の中でCIL運動を進めていく中でのパートナーの育成にも力を注いでいる。また、二〇一二年三月から、研修生という名で当事者を雇用しながら、地域の中でCIL運動を進めていくリーダーの育成にも力を注いでいると言える。

最後に③の長浜・米原しょうがい者自立支援協議会への参加についてであるが、相談ワーカー部会、住まいの場確保プロジェクト、重度心身障害者プロジェクト（現、重介護・医療ケア検討部会）、発達しょうがい者支援部会の部会員として、政策提言等を行っている。

このような、大きな三つの柱となる活動があるが、困難性も同時に見受けられる。①の課題と特色については、二〇一三年一二月現在、職員五名であるが、すべての介護職員に共通する課題は居宅介護サービス未経験者であることである。CILだんないは、社会モデルに根拠を置く居宅介護サービスの提供を主眼としている。そのなかで、職員が居宅介護サービスそのものについて未経験であるということは、「社会モデルの介助サービスの提供」といっても、その内実が見えにくいということがある。

また、「共生生活センター」という特色から、介助者と被介助者の共生をも課題としており、時には介護職員の立場が不明確になりがちである。この指示介助とは、利用者の指示に基づく介助のことである。介助者は原則的には利用者の指示があるまでは何もせず、指示があってから介助する。介助者側からの働きかけを禁止するものではないが、利用者の自己決定権を阻害しないよう、常に留意する姿勢に努めることが求められる。

ここで、指示介助と「介助者と被介助者との共生関係」の関係について、整理しておきたい。CILの運動の上で、介助者と被介助者の人間関係にはふたつの人間関係が存在している。それは、フォーマルな人間関係とインフォーマルな人間関係である。このうち、フォーマルな人間関係には、障害当事者が介助者を雇用するという賃労働を行うという関係がある。そこには、被介助者の指示を受けて介助業務を行うという「指示介助」という労働関係がある。また、CILの運動は、障害当事者が運動し、社会を変革していくところにそもそもの活動意義があるわけであって、その点において障害者運動団体としての使命がある。この運動の問題は、障害の政治の問題である。つまり、この障害の政治については、障害当事者の主権性を担保する必要がある。その意味においては、障害当事者と介助者の関係を明確にする必要がある。このように、指示介助や障害当事者運動の立案にみられるような、CILの運動の中でもフォーマルな人間関係においては、共生関係とは趣を異にする。ゆえに、この領域については共生関係とは、別の関係形成となる。また、障害当事者と健常者の関係を明確にしなければ、当事者運動が形成できない。この領域についても共生関係とは、別の関係形成となる。本来の介助者と被介助者との共生関係とはもっとパーソナルな領域で行われる関係を指すのである。つまり、ＣＩＬにおいて、障害当事者運動と介助者との人間関係には、指示介助に代表される関係、社会変革に代表される運動の上での人間関係、そして、それらのどの領域にも属さない極めてパーソナルで、かつインフォーマルな領域における共生関係がある。それぞれの関係を明確に自覚した上でインフォーマル領域において向下的共生運動が存在するのである。そして、このパーソナルかつインフォーマルな関係を土台にしながらフォーマルな当事者主体の介助関係が成立している。これらフォーマルな関係とインフォーマルな関係は、本来矛盾するが、その矛盾の中で運動を行っていくのが、向下的共生運動であるといえる。つまり、この向下的共生運動は、「われら」の地平をベースとしたもので、あらゆる人との無条件の共生を願ったものである。そこに、双方が解放されていこうとする新しい試みを見ることが出来る。

次に、ピア・カウンセリング及び自立生活プログラムの課題と特色についてであるが、重度の障害当事者の自立生活運動に力を入れている。ただ、ＣＩＬの立地条件として、農村地帯にあるということで、そもそも障害者が自立出来る賃貸物件がほとんど無いという問題がある。それに加えて、電車は一時間に一本、バスは一日数本しか走っていない地域で、もっぱら移動は自動車となる。また、福祉有償運送の事業者など車椅子利用者の外出をサポートする事業者が極端に少ないという現状がある。それは、湖北の長浜・米原地域の福祉有償運送の協議会が二〇一一年まで長年にわたり新規の事業者の参入を認めていなかったという事実が大いに影響していると考えられる。また、山間地域において、福祉有償運送を行うことは、配車などの空車状態での運行時間が極端に長いという理由で費用対効果が認められないことが多く、山間部の利用者に対し、利用拒否するという事態が起こっている。そのような背景があり、障害当事者の家族が、車椅子を積み込めるタイプの自家用車をそれぞれ持っているということが常識化している。移動という面において、福祉車両を有している家族から自立し、一人暮らしを行うことが難しい現状を目の当たりにしなければいけない。ＣＩＬだんないに通うにも、最寄りのＪＲ木之本駅から二キロメートルほど離れており、車両による運送が必須条件となる。だが、事業開始後、二ヶ月後にヘルパー車は寄贈を受けたものの、車椅子のままで乗降できるタイプの福祉車両の所有は、二〇一三年八月に寄贈を受けるまで保有はなく、代表の家族が所有する福祉車両を行事の時毎に借用していた。そのような中であっても、ＣＩＬだんないは、地域生活が重要だとして、家族の送迎に利用してＣＩＬに出勤するのではなく、最寄り駅までの家族送迎、そこから公共交通機関を利用し、木ノ本駅からＣＩＬだんないの職員による送迎を利用するという形式の自立生活への移行プログラムを実地している。

最後に③の長浜・米原しょうがい者自立支援協議会への参加の課題と特色であるが、自立支援協議会のなかで、ＣＩＬだんない設立の前に圏域にあったＣＩＬ湖北（社会福祉法人ぽてとファーム事業団）が「相談支援機関の一つとしてのＣＩＬ」という位置づけにすでになっていたこともあり、ＣＩＬだんない設立後、すみやかに自立支援協議会のメンバーとして活動できた。その自立支援協議会の中では、圏域の「福祉のまちづくり」に関して提言し、地域での自立生活を基軸とするまちづくりを提案している。

これまで考えてきたように、ＣＩＬだんないの各種事業の根底には、イギリス社会モデルの考え方と向下的共生観がある。それは、障害当事者が生活スキルを身につけたり、向上させたりする行為に意味を持たせるのではなく、障害者が生きているという存在自体に意味を持たせようとする試みであるといってよいであろう。そこにこそ、「向下的自立生活運動」の思想が根付いているといえる。また、「社会が変わればよい」という視座は、まさにイギリス社会モデルの視座からきている。

事務局長の頼尊（2011a：5）は、東日本大震災の日、たまたま東京で被災していた。そして頼尊は、震災の二ヶ月後に再び東京に足を踏み入れた感想を述べる中で、「節電と交通バリアフリー」の問題を次のように述べている。

節電対象物を丁寧に見ていくと、エレベーター、エスカレーターや弱視者に向けられた誘導サインのバックライトなど、バリアフリーに欠かせないものが節電対象物になっているという現実がある。その一方で、節電を訴えかける液晶パネルはなぜかすべてのパネルが点っている。駅のアナウンスは、いつもながら大音響だ。電車はほぼダイヤ通りに走っている。このような光景を見ていると、「ほしがりません、勝つまでは」というスローガンを想起させる光景。国民が「電力不足」っていう見えない敵と戦っている。しかし、この「戦い」で、一番我慢を強いられているのは、障害者をはじめとする弱者なのかもしれない。社会的弱者がこのような非常時に一般の人より多くの我慢を強いられる社会は、真に成熟した社会と言えるのであろうか。ふと、そのことが気になる今日この頃である。

ここでは、障害者などの社会的弱者が、「より多くの我慢を強いられる社会」は、真の意味において共生社会と言えないと問題提起している。ここでは、「共生」という事象が、どのような環境のもとで、成り立つのかについて、思索をめぐらしていることがわかる。そして、この課題は、次号の連載（2011b：13）において、より明確化する。

都会では、ドーナツ化現象によって、ベッドタウンが多く造成されていく一方で、山間部では人　家や石碑などの歴史的構造物が地図から消え、山肌と一体化していく現状があるのである。昔、山間部には意味があって人々は住み着いた。山間に生きることを生業とし、そこに起居する意味を見いだしていたと言える。去年の一二月、地方の交通バリアフリーを考えるシンポで、「山間部のバリアフリーなどの社会資源を整備するより、住民を都会へと移住させた方がいい」（要旨）と、発言した霞ヶ関の住民がいる。これは、山間部の村落は、地図上から消えてもいいということを意味する。そのような発言の裏側にある「歴史があったことの抹消」が次々と実際に行われていることは、都会の人々には知らされていない。大都市圏域ばかり渡り歩いていた私にとって、木之本に移住して廃村、廃道の多さを驚きをもって痛感する。大都市の生活と引き替えに歴史から消えそうになって、周りの風景と一体化していく「道たち」を見ていると、大都市の生活の礎になって歴史まで失わなければいけない山間部の現状を痛切に感じるのである。

この文章では、「廃道」を通して、都心部と農村部の地域間格差について考えている。そこでは、大都市圏を中心とした新しい文化に対して、山間部で現に行われている「歴史があったことの抹消」を取り上げている。それは、地域振興などに関する施策がおこなわれている一方で、「歴史」までもが地図から消えていかざるを得ない現実を述べている。道路や村々が「大都市の生活と引き替えに歴史から消えそうになって」いる現状に対して、共生とは何かということを問いかけている。

また、この文章はあくまでも、主には廃道と廃村について述べられているが、それは障害当事者のもつ文化そのものにも該当する。「doing」のみが尊重され、「being」という価値観が置き去りにされている現実がある。「向下的共生」という視座を抜きに障害者福祉を語るとき、より障害が重度の人や、過疎化が進んだ地域の住民はなかなか対象の枠内に入ることすら難しいのである。ＣＩＬだんないの取り組みは、そのようなともすれば見捨てられてしまうような対象者に対して、being の価値観の重要性を述べているのである。このような点から考えると、ＣＩＬだんないの実践は向下的共生観に基づいているといえる。そのような共生観に基づく運動が可能になった背景には、仏教、あるいは真宗という要素が深く関係していることは否めない。

まとめると、ＣＩＬだんないの特徴は、向下的共生運動とイギリス社会モデルの融合であると位置付けられるのである。

第四節　向下的共生運動としての自立生活運動の提起するもの

つぎに、前節の事例研究から見えてくる課題について考えたい。向下的共生運動としての自立生活運動の普及には、問題点がいくつかある。第一点目は、郡部など地方都市になればなるほど、日本文化独自のムラ社会といわれる閉鎖性も見受けられるのは事実である。その共同体を重んじる伝統的な文化の中で、ＣＩＬの活動を行っていくことは、どうしても個人の権利性が不明確になる可能性を秘めている。つまり、イギリス社会モデルにみられるような障害当事者運動が展開されにくいという土壌を持つ。

障害当事者の権利擁護を十分に行おうとするならば、社会モデルの考え方を明確にすることが不可欠である。障害者の権利条約に見られるように、医学モデルや保護思想では、障害当事者の権利を十分に擁護出来ないということは、国際的にすでに合意形成がなされている点である。そのような中で、「共同体と個人」との関係性が不明確なままでは、権利擁護は不十分に終わってしまう。

地域社会との関係性において開かれ、かつ社会モデルに根拠を置いた向下的共生運動は、地域社会で生活する多くの人々と障害者運動が地域社会で共に生活する中で、共に障害者運動に出会っていくきっかけを産み出すと言える。それと同時に、障害者運動も地域の中で根を張ることにより、自然と地域独自の運動になっていく。そこに、地域の社会構造や医療体制が具体的に変革されていくという側面を持ち得ている。

これまで考えてきたように、現実として、「講」組織から展開したムラ型社会は、「われら」という向下的共生の思想として成熟しているとは言い難い状況である。また、都市化された社会は、個々人の人権などの権利性は明確になっているものの人間関係が希薄になるなど、「われら」という共同性には欠けていると言わざるを得ない。

本章においては、向下的共生運動について、その問題点と可能性を考えてきた。つまり、この向下的共生運動は、現代社会が持つ諸問題に対して、現状を打開する新たな視座であるということが明確となった。しかしながら、同時に、地域に根ざした共生運動に主眼を置くことによって、障害者運動そのものがもつ、革新性や自立性が失われかねないという問題性も見えてきた。そのような中で、障害者の「自立」と「共生」という二つの課題がどのように共存し、自立的社会運動においていかに統合できるのかという具体的な実践方法論が、見いだしにくいのが現状である。

しかしながら、すでに障害当事者と介助者の人間関係でも見てきたように、指示介助の関係や運動の上での人間関係、インフォーマルな領域における共生関係の三つの関係の違いを自覚することによって向下的共生運動が明確になる。つまり、このインフォーマルな領域は、障害当事者が社会の中で生きていくという自立生活の基礎的領域であり、生活のベースであるといえる。その領域の共生関係があってこそ、指示介助の関係や運動の上でのおける人間関係が成立するのである。そのような意味においては、共生の関係があってこそ、自立生活運動がより成熟したものになるといえる。

また、フォーマルな人間関係の領域も、インフォーマルな人間関係の領域での関係をベースとして、当事者主体の介助関係が成立している。この「当事者主体の介助」とは、まさに社会モデルの具現化に他ならない。なぜなら、ＣＩＬは、指示介助に軸を置いた当事者支援サービスを提供することによって、社会の仕組みが身体的インペアメントをもつ人々について、まったくあるいはほとんど考慮していないために、社会の主要な活動からそうした人々が排除されている障害当事者が社会参加していくことに主眼を置いているからである。それは、障害当事者が指示介助というツールを使うことで、社会によって奪われた当事者の自己決定能力を回復し、当事者が主体的に自立生活をし、社会の中で生きていこうとすることそのものであろう。そのような意味において、フォーマルな領域の人間関係を軸として社会モデルの運動が展開されるのである。つまり、フォーマルな領域を中心として指示介助というツールを介して社会モデルを具現化しているといえる。また、逆にパーソナルでかつインフォーマルな領域の人間関係を軸として向下的共生関係が展開されるのである。このふたつの軸は、社会を変革していこうとする障害当事者個々人の自立生活運動の一点おいて、ひとつのものとして捉えることができる。つまり、向下的共生と社会モデルは、車の両輪の関係である。その両輪は、社会を変革していこうとする障害当事者の自己決定によって、一貫性を持ってくるのである。そこにこそ、「自立」と「共生」を一貫したものとして捉えることができるのである。

このように、向下的共生運動という新たな視座については、研究が始まったばかりである。具体的な実践方法論と、具体的な効果については、今後の課題としたい。

本研究の切り開いた地平と新たな課題

第一節　本研究で明らかになったこと

まず、第一章では、障害施策の変遷と障害観・自立観の変遷を明らかにした。その中でも戦後の混乱期の緊急対策的政策から現代までの政策を見ていき、措置制度から契約制度へと政策的に展開していった。しかしながら、そのような理念的枠組みに対し、不変であった障害観と自立観もある。それは、障害者に対して能力や適性に応じた自立をベースとして考えている点や、障害を個々人の能力の問題として、社会参加を努力義務としている点などが見受けられる点である。それは、優生思想の価値観が根本にあり、個人の努力に依存する福祉の施策であった。つまり、身体障害者福祉法が、「更生と保護」の思想をベースとして考えられてきたように、「障害者問題」を個人の問題として捉え、そこから社会復帰できる者に対しては更生を促進し、更生が見込まれない者に対しては発生を予防し、隔離や排除を行うという構図には変化が見られなかったといえる。

第二章では、真宗における障害者社会福祉の考え方の位置と、真宗大谷派というセクトがこれまで行ってきた社会事業の概要を述べた。第一節では、仏教福祉と仏教社会福祉との関係を五つに分類した上で、目指すべき方向性としての仏教社会福祉ということを明確にした。その仏教社会福祉とは、社会福祉という学域から仏教社会福祉を見直すと同時に、仏教の思想から現在の社会福祉のあり方を見直すという、二つの視座が統合された立脚地を持つものなのである。そして、仏教社会福祉の中の真宗社会福祉とは何かということを明らかにした。その上で、親鸞の「われら」という視座には、「個人の問題から社会問題へ」という視座の転換を明らかにうかがい知ることができるとした。そして、親鸞の視座には「一切衆生の救済」という大乗仏教としての仏教教理が先になるのではなく、「われら」として、社会の下層に沈殿するように共に生きることを余儀なくされている層であるという社会問題的分析と、「群萠」として五濁悪世を生きざるを得ない「共業の機」という宗教的分析の二つの分析があることを明らかにした。次に、大谷派における仏教社会福祉史を明らかにした。そのなかで、中には点字雑誌『仏眼』（点字雑誌の原点）や「無料宿泊所」（ハローワーク機構の原点）など日本における社会福祉事業の先駆となった事業も存在した。また現在に比べ、当時の大谷派がいかに「仏教福祉」を中心とした社会福祉事業に力を入れていたかがわかった。それらの諸活動は、社会福祉事業の活動根拠としての教学的源泉というよりも、戦後の同朋共生運動という名に見られるように、あらゆる人々と共に生きようとした真宗者の実践的あゆみが見て取れた。そして、今後の社会福祉事業のあり方を考えると、宗教者から社会的弱者へという宗門主導の構図をもつ福祉活動ではなく、当事者運動をベースとして考えた。次に、親鸞の本願文、および成就文の読み取りについて考察し、「あらゆる衆生」に対して開かれた本願文および成就文にこそ、真宗における「障害者福祉」の原点的視座があると考えた。そして、「障害者」という存在そのものが、弥陀の本願成就の一事によって、その障害をもった「身」のままで、あらゆるその他の条件を問わず認められ、「本願に呼びかけられている」存在となるという視座なのである。つまり、それは具体的に健常なる状態にとらわれ、常に障害の克服や社会更生といった事柄に対し、「今以上に良くならなければいけない」と社会より強迫されている障害者の心理状態を解放することになるのである。そして、本願の呼びかけを聞くことにより障害者が、「障害」者としてではなく、「一人」としての独立者たらしめられるのであるとした。

第三章では、日本には本来的に真宗の思想に基づいた障害者運動があったということを「青い芝の会」の思想を究明することで明らかにした。第一節では、「青い芝の会」の運動が始まる前の状況を概観し、次に、どのように「青い芝の会」の運動が起こり、そしてマハラバ村が生成され、また崩壊に至ったのかという歴史的経緯を明確にした。第二節においては、大仏空の『歎異抄』観について論究した。そこには、親鸞の機法二種深信をベースとした障害観があることを明確化した。そして、マハラバ村という「名」そのものに念仏村という意味合いがあることを明らかにした。第三節では、マハラバ村崩壊の内実に迫り、大仏とマハラバ村の住民の子弟間において思想の根底をなす「浄土観」の差異が大きく見られた。そして、マハラバ村の思想が「青い芝の会」の「テーゼ」として展開される思想にどのように影響を与えたのかを考察した。そして、青い芝の会を中心とする障害者運動の思想は、「われら」として「ともに生きる」という向下的平等観に基づく共生観であった。それは、二種深信により「向上」という精神に潜む自己の差別性を凝視し、「いのちの平等性」を自覚して生きることによって、ともに共通の地平に生きようとする視座であるとした。

第四章では、国連障害者権利条約制定までの国際的な障害観の変遷を考えた。第一節では、障害者権利条約制定までの歴史を概括し、国連は一貫して権利の確立・擁護に向けて取り組んできたことを明確にした。次に、国際障害分類（ＩＣＩＤＨ）の考え方を明確にした上で、国際生活機能分類（ＩＣＦ）の障害観への変遷を考えた。そして、イギリス社会モデルの考え方を障害学の障害観と国連障害者権利条約の考え方を明確にした。その中で、「障害と自立をとらえる新たな視座の構築」には、障害者権利条約と障害者基本法の障害観や自立観の根本となった社会モデルの概念に立ち返って考える必要があるとした。中でも、アメリカ社会モデルは、「健康至上主義社会そのものを変革」という視座に立って問題解決しようとしているのに対し、イギリス社会モデルは「障害の政治」として問題解決しようとしているので、社会構造や障害者施策を考える上では、イギリス社会モデルが「社会問題としての障害問題」をより根源的問題として考えた。つまり、「障害と自立をとらえる新たな視座の構築」は、より根本的な概念であるイギリス社会モデルをベースに考える必要があると考察した。次に、真宗の教学と社会事業史は、障害学で述べられてくる社会モデルという考え方が抜け落ちているということを指摘した。その上で、「真宗における社会モデルの受容」を考察した。そこで、今までの真宗障害者福祉で語られるところの「障害観」を近年の社会モデルの障害観をもって考えるならば、旧来の「真宗」が障害者に与えた「救済観」は、正しく「信仰」という名の下で、障害者を「無力状態」に陥らせてはいなかったか。そもそも「障害者」を「政治的に抑圧され無力化された人々」として考えてきただろうか。この問いに対しては、今まで考察してきたように、これまでの真宗における障害者への視座は、その多くは、障害者を「無力状態（パワーレス）」に陥らせるようなものであったと考察せざるを得ないと結論づけた。

第五章では、障害と自立をとらえる新たな視座の構築について論究した。まず、親鸞の宗教改革性について論究した。そこでは親鸞の宗教改革性は、一切衆生の存在が、「さとり」への行を行なう主体から、如来の大悲を受けるもの、つまり「如来より救済される対象」となるという意味で、「さとり」から「救済」へという存在論的転換あると考えた。次に、親鸞における救済の構造を考えた。そのなかで、親鸞の救済観は、「地獄に生きることを後悔せず」という生き方そのものであったと言える。その「地獄に生きる」という言葉に代表されるような生き方は、「向下的救済観」といえるとした。浄土教の場合、その証果（さとり）の境地が、すべての人々に、仏から願われ、仏から呼びかけられ、仏から与えられていると教えている。つまり、個人の努力の結果によって証果が開かれるのではなく、仏から、与えられているとしているのである。ここに、浄土教における、「さとりを開くための修行などの努力をする主体」が、人間の努力から、仏の努力へとコペルニクス的転回がなされているのである。仏教的世界観は、縁起的関係性であるという如の世界観であると言える。しかしながら、人間としては、その世界観を生きようと願うことしかできない。そこに「向下的平等観」に生きる主体が誕生するのである。つまり、絶対的平等観は、仏の示す如の世界観であり、向下的平等観は、自分自身の世界観と相反する仏の世界観を聴き、その世界観に生きようとする人間の生き方そのものなのである。次に、親鸞の「すでに」という言葉をキーワードとして、向下的共生社会について考えた。その向下的共生社会は、新たに作っていく社会ではなく、「すでにある」社会を再認識していくという意味において、他力的社会観であり、「よこさまに超えていく」という横超的社会観であると言えると考えた。ここに、西洋社会の地位向上的平等観にはない、歴史的救済観に基づいた「われら」としての向下的共生観が生み出される。無論、歴史的救済観に基づく救済観は、見方によれば、階級差別や支配体制側の理論展開を助長しかねない思想と混同してしまう危険性がある。これまでも見てきたように向下的共生への視座は、「如」という自身の思慮分別を遙かに超えた世界観に触れ、無条件の平等性に頷くことによって、抑圧から解放され、結果的に「社会問題の解決・改善」につながって行くものであると見てきた。また、「すでに生きてこられた障害者の先輩方」は、そのような思慮分別を超えた「如」の世界観を具現化する存在としての意味を持つ。つまり、向下の思想は、「一如」という本来的な共生思想を自覚する思想であると考えた。

次に、「新たな障害者福祉の視座としての向下的社会モデルの射程範囲」を考えた。そこで、「障害と自立を捉える新たな視座」としての向下的社会モデルをあきらかにした。それは、社会モデルという西洋の障害のとらえ方と、向下的共生観という親鸞思想に淵源を持つ東洋の世界観との融合であるといえる。それは、東洋思想をベースに西洋の障害・共生を巡る思想を融合し、運動や実践の新たな思想的基盤を構築することを意味する。そのような意味において、アメリカにもイギリスにも、向上・向下という枠組みを峻別する考え方がなかったという意味で新たな視座と言える。そのような中で、強いて比較するならば、アメリカ社会モデルは、障害者自らが、公民権運動、消費者運動の流れを受けて、地位の向上を図り、社会参加を求めることに主眼が置かれているという意味では、向上的社会モデルと言える。そのような意味では、アメリカ社会モデルとの違いは、自ら切り開いていくような社会モデルではなく、他力という如来の働きに気付かされる共生観であると言える。また、イギリス社会モデルは、「障害の政治」という考え方の下で、社会構造の変革や、あらゆる人との共生に主眼を置いているという意味では、向下的社会モデルの一形態と言える。しかしながら、親鸞の思想に見られるように自力と他力の峻別、絶対的平等観は明確であるとは言えない。つまり、イギリス社会モデルとの違いは、自力と他力の峻別がはっきりしているか否かという点と、絶対的平等観の自覚の有無であるといえると結論づけた。

第六章では、向下的社会モデルと障害者の自立生活との関係性を考えた。そこでは、「ありのままの姿で生きる」という姿を通して、向下的社会モデルに生きていこうとするものである。それは、歴史に照らし出され、絶対的平等観に出遇うことによって、限りない向下的共生観という地平を得ていく自立観なのである。その意味においては向下的社会モデルの考え方は、スキル中心型自立生活運動の限界を「よこさま」（横超）に超えていく共生観がすでに存在すると考えるのである。つまり、このような歴史的救済観観に基づいた自然の共生観自体に向下的社会モデルの「自立観」を見るのであるとした。次に「いのちの本質的平等性」を伝えるＣＩＬの運動について考えた。そこでは、「青い芝の会」の運動をはじめとする障害当事者運動の障害観を追っていくと「障害の受容から、いのちの本質的平等性の頷きへ」という展開をうかがい知ることができる。それは、まず「受容があり、そこから肯定に進む」という意味ではなかった。このような、「いのちの本質的平等性の頷き」に立つことこそが、健「全」者幻想という呪縛から解放され、不条理な生を真に肯定していくことにつながると結論づけた。

最後に第七章では、日本的障害者運動の具体相として考えてきた向下的社会モデルという共生運動の具体相を自立生活運動としてどのように実践化していくかを考えた。第二節では、向下的共生運動の実践を「NPO法人CILだんない」という一つのCILの実践事例を取り出して考察を深めた。そして、本章においては、向下的共生運動について、その問題点と可能性を考えてきた。つまり、この向下的共生運動は、現代社会が持つ諸問題に対して、現状を打開する新たな視座であるということが明確となった。しかしながら、同時に、地域に根ざした共生運動に主眼を置くことによって、障害者運動そのものがもつ、革新性や自立性が失われかねないという問題性も見えてきた。そのような中で、障害者の「自立」と「共生」という二つの課題がどのように共存し、自立的社会運動においていかに統合できるのかという具体的な実践方法論が、見いだしにくい。しかしながら、指示介助の関係や運動の上での人間関係、インフォーマルな領域における共生関係の三つの関係の違いを自覚することによって向下的共生運動が明確になる。つまり、このインフォーマルな領域は、障害当事者が社会の中で生きていくという自立生活の基礎的領域であり、生活のベースであるといえる。その領域の共生関係があってこそ、指示介助の関係や運動の上でのおける人間関係が成立するのである。そのような意味においては、共生の関係があってこそ、自立生活運動がより成熟したものになるといえる。つまり、向下的共生運動は、障害当事者と健常者が生活の根源の領域で向下的なつながりを持つという自立的共生運動といえるのである。また、フォーマルな人間関係の領域も、インフォーマルな人間関係の領域での関係をベースとして、当事者主体の介助関係が成立している。この「当事者主体の介助」とは、まさに社会モデルの具現化に他ならない。そのような意味において、フォーマルな領域の人間関係を軸として社会モデルの運動が展開されるのである。つまり、フォーマルな領域を中心として指示介助というツールを介して社会モデルを具現化しているといえる。また、逆にパーソナルでかつインフォーマルな領域の人間関係を軸として真宗的な向下的共生関係が展開されるのである。このふたつの軸は、社会を変革していこうとする障害当事者個々人の自立生活運動の一点おいて、ひとつのものとして捉えることができる。つまり、向下的共生と社会モデルは、車の両輪の関係である。その両輪は、社会を変革していこうとする障害当事者の自己決定によって、一貫性を持ってくるのである。そこにこそ、「自立」と「共生」を一貫したものとして捉えることができるのである。

第二節　本研究で切り開いた地平と今後の課題

以上の研究のように、「障害と自立をとらえる新たな視座の構築——真宗学と障害学の観点から」という題目で、研究を進めてきた。その中かで、イギリス社会モデルと真宗の共生観をベースとした向下的共生運動の視座を明確にしてきた。

堀（2012：278-280）は、これからの共生社会について、次のように述べている。

> 私たちが目指す新たな関係性として共生は、どのような内容を持つものであろうか。私はそれを「反差別的、互恵的、自立的、普遍的、動的、異化的、水平的」共生であると考えている。…中略…この七つの観点から共生を考えることは、障害者運動から提起されてきた共生概念を、より広い反差別運動や思想、宗教、社会分析、社会政策と結びつけていく手がかりになるものと私は考えている。

このように堀は、七つの観点で、「共生」という視座をとらえている。本稿で論じた向下的共生運動を「向下的社会モデル」というキーワードで概観するならば、欧米の社会モデルの考え方に足りなかった向下的共生観を付与し、日本の旧来の共生観に対し、社会モデルという権利擁護の視座を明確に示したといえよう。その意味においては、「反差別的、互恵的、自立的、普遍的、動的、異化的、水平的」な運動理論であるといえよう。また、そのような視座に立って、運動が展開され、その運動の成果として切り開いた世界は、障害と自立をとらえる新たな地平であるといえる。つまり、本論文では、(1) 向下的共生運動としての自立生活運動とは何かということ、(2) 日本的社会モデルの本来的あり方、(3) 向下的共生運動から見た今後の運動の進むべき道の三点が明らかになったといえる。

次に序章で設定した四つの研究課題に対する結論を整理したい。第一の研究課題は、「青い芝の会」の運動の諸研究の整理や仏教との関連性を明確にしていくことであった。これについては、第三章で考えたように、これまでの先行研究ではあまり考えてこられなかったが、「青い芝の会」の思想の源泉には、真宗の思想が色濃くあることが明確になった。ただ、大仏の思想と「青い芝の会」の思想との間に浄土観など大きな解釈的隔たりも存在することが明確になった。

第二の研究課題は、八〇年代以降日本に入ってきた欧米の障害者運動や障害学との関係でどのような思想的位置づけができるのかという問いであった。この課題については、第四章で考えてきた。「青い芝の会」の思想、アメリカ社会モデル、イギリス社会モデルの三つの大きな思想的潮流を検討したが、それぞれに特徴があり、日本においては、少なからず相互に影響し合い展開してきたと言える。つまり、日本における自立生活運動は、アメリカで発展してきた自立生活思想と青い芝の会に代表されるような日本的自立生活思想が融合して、独自の展開をしてきたものである。言い換えれば、自己決定や社会参加を志向するアメリカＣＩＬ運動と「いのちの本質的平等性」を見つめていこうとする青い芝の会運動や作業所運動が融合され成立したのが日本のＣＩＬの思想と言える。そこにおいて、日本における障害者運動や福祉を見ていく新たな視座が誕生したのである。

第三の研究課題は、「真宗における障害者福祉」のありかたを明確にしたいという問いであった。この問題については第五章にて検討した。そのなかで、六つの思想及びモデルに分けて詳細に検討することによって、向下的社会モデルこそが、今後の「真宗における障害者福祉」の思想的基盤であると考えた。

最後に第四の研究課題としては、堀正嗣（2012）の研究によって再び注目されだした「共生」という視座は現代においてどのように展開していくことができるのかということであった。これは、第七章で考えてきた。つまり、向下的共生と向下的社会モデルという車の両輪の関係において運動を展開する必要性があると考えた。またその両輪は、社会を変革していこうとする障害当事者の自己決定によって、一貫性を持ってくるのであり、そこにこそ、障害と自立を捉える新たな視座が構築されると考えた。

ただ、イギリス障害学は、障害者運動と政治に直結した学問といえる中で、本研究は、障害問題を解決する手段としての社会政策論については、明確になるまでの言及を行うことができなかった。向下的共生運動の視座が、真の意味で「障害と自立をとらえる新たな視座」となるには、その視座を用いた、政策提言があり、その政策提言を実際に社会施策として現実のものとなる必要がある。そのようになってこそ、世の中の障害観が変革され、現実にあらゆる人々が解放されていく道程に学問研究が寄与することになる。逆にイギリス障害学を考えるならば、学問研究が運動や、その成果としての社会変革につながらないものは、果たして障害学に基づいた研究と言えるのかという課題が残るのである。つまり、⑴制度政策とソーシャルワーク実践の中で課題洗い出しが不十分であること、⑵運動と実践の関係が不明確であること、⑶運動論と福祉論の境界が不明確等の問題点も見えてきている。

だが、第七章の結論でも述べたが、向下的共生運動という新たな視座については、まだまだ研究が始まったばかりである。具体的な実践方法論と、具体的な効果や成果などは、今後、研究を継続的に続けていく必要がある。

折しも「障害者総合支援法」が制度化され、「尊厳死」が法制化されようとしている今、障害者にとって、現状は順風とは言えない。内閣府に「障がい者制度改革推進本部」が立ち上がった折、ようやく障害当事者にも「春がやってくるのではなかろうか」と障害当事者の多くが、大いに期待し、夢を膨らませたが、現在は以前より増して、混迷を極める状態になっている。その中にあって、自立生活運動の展開がますます重要になってきている。そのような意味において、向下的共生運動を構築しようとする本研究が、「障害と自立をとらえる新たな視座」として、自立生活運動の新たな発展に貢献できることを念じて本論文を終えたい。

補遺編1

真宗の視座とは——親鸞の救済構造

第一節　法蔵の発願と成就

親鸞が浄土真宗として明らかにした仏道の「救済観」とは何であろうか。そのことを考えるにあたり、本願文の考察を行いたい。

では、親鸞における真実教の決定とは、いかなるものだったのであろうか。親鸞（『定本教行信証』：7、下註）は『教行信証』のいわゆる総標の文で、次のように示されている。

真実之教　　大無量寿経
浄土真宗

この総標の文について、『大無量寿経』と真実之教、浄土真宗という三者の関係について考えていきたい。それについては、親鸞（『定本教行信証』：9）は「教巻」において次のように述べている。

夫れ、真実の教を顕さば、すなわち『大無量寿経』是なり。

ここで、私が特に注目して考えていきたいのは、「真実教」と「大無量寿経」の二語の関係であり、そのあいだに「則」の字が用いられているという点である。そのことから考えられことは、「真実之教」と「大無量寿経」の二語は決して並列関係ではないということである。それは、端的に表現するならば、「親鸞一人の真実教を顕すとするならば、『大無量寿経』である」という意であって、逆に「『大無量寿経』は真実教である」ということは、親鸞は言っていないということなのである。すなわち、『大無量寿経』が無条件に真実教であるという事ではなく、「親鸞一人において、真実教をあきらかにするならば、『大無量寿経』これである」という、親鸞一人においての主体的な「真実教」決定の宣言であると考えることが出来る。その決定こそが、親鸞が『教行信証』において「顕真実」として、明らかにしようとされた教えの具体相であろう。親鸞（『定本教行信証』：9）は、その「宣言」に引き続く形で、次のように大意釈と宗体釈が示されている。

斯の経の大意は、弥陀、誓を超発して、広く法蔵を開きて、凡小を哀れみて、選びて功徳の宝を施することを致す。釈迦、世に出興して、道教を光闡して、群萠を拯ひ、恵むに真実の利をもってせんと欲すなり。是をもって、如来の本願を説きて、経の宗致とす。即ち、仏の名号をもって、経の体とするなり。

ここでは、法蔵菩薩の誓願と浄土選択の願行について、述べられている。すなわち、法蔵比丘が誓いを起こし、その願が成就することによって、「功徳の宝を施すること」、すなわち凡小の救済が明らかになったということと、釈尊によって、阿弥陀仏の教言が闡らかれ、「真実の利」を恵む、すなわち、群萠に救済の道が開かれるという二尊教として『大無量寿経』の大意が述べられるのである。そして、如来の本願を経の要として、名号を体とすると、親鸞は『大無量寿経』の教説を読み取ったのである。それは、すなわち、親鸞における真実教とは、本願を要として、名号を体として、凡小、群萠と呼ばれる「煩悩具足のわれら」（『歎異抄』第三章）の救済が明らかになっていく教えなのである。つまり、親鸞は『教行信証』「教巻」で釈尊の出世本懐を、仏弟子阿難の誕生こそが「顯真実教の明証」であるとして、『大無量寿経』を真実の教と決定したのである。つまり、親鸞のそのような真実教の決定にこそ、親鸞の主体的な仏道の選び取りを窺い知ることが出来るのである。

また、ここで親鸞は、『大無量寿経』の要を「弥陀、誓を超発して、広く法蔵を開きて、凡小を哀れみて、選びて功徳の宝を施することを致す。釈迦、世に出興して、道教を光闡して、群萠を拯い、恵むに真実の利をもってせんと欲すなり。」と弥陀、釈迦の順として明らかにする。つまり、弥陀は、誓（本願）を発し、本願成就によって「功徳の宝」（名号）を施与し（如来の招喚）、釈迦は、「真実の利」（弥陀の本願）を説き示し、群萠を救済するために、世に出でて下さった（釈伽の発遣）という二尊教として、『大無量寿経』の要を明らかにするのである。

では、弥陀による救済とはいかなるものなのだろうか。次に法藏菩薩の願行を考察していきたい。まず、親鸞（『定本教行信証』：85）は、『教行信証』「行巻」末尾の「正信偈」で、法藏菩薩の願行について、次のように述べている。

法藏菩薩の因位の時、
世自在王仏の所に在しまして、
諸仏の浄土の因、

国土人天の善悪を覩見して、
無上殊勝の願を建立し、
希有の大弘誓を超発せり。
五劫、之を思惟して摂受す。
重ねて誓うらくは名声十方に聞こえんと。

ここでは、『大無量寿経』の「発願縁」の部分を中心に法蔵菩薩の誓願の歴史を具体的に集約して示している。しかしながら、この文のすぐ後の「広く法蔵を開きて」に相当する部分は省略されている。だが、この課題について、親鸞（『定本親鸞聖人全集』Ⅱ—漢文篇：140）は、『浄土文類聚鈔』の念仏正信偈（以下、「文類偈」という）に、次のように述べている。

如来の功徳、ただ仏のみ知ろしめせり。仏法の蔵を集めて凡愚に施す。

ここで、親鸞は、法蔵菩薩の願行は「仏法の蔵を集めて凡愚に施す」ることであると述べている。「仏法の蔵を集めて凡愚に施す」という言葉について考える時、「広く法蔵を開きて」という内容を、文類偈の法蔵菩薩の因位時の願行の段に「仏法の蔵を集めて」という表記で法蔵菩薩の浄土選択の行の意味が述べていることは、非常に興味深く、意義深い。この文は更に、『浄土和讃』（『定本親鸞聖人全集』Ⅱ—和讃編：15）では、「仏法の蔵を集めて凡愚に施す」という語義がより明確に述べられている。

十方衆生のためにとて

如来の法蔵あつめてぞ
本願弘誓に帰せしむる
大心海を帰命せよ

ここでは、その「法蔵」について、「よろずの仏のくどくなり」と、註釈（左訓）がなされている。すなわち、親鸞は、「法蔵」という語について、「よろずの仏の功徳」であると考えたのである。すなわち、先に引用した『教行信証』「教巻」の文章で述べられる弥陀の「広く法蔵を開きて」とは「よろずの仏の功徳」、すなわち、諸佛国土の善妙の功徳を集め開くこと、すなわち、「諸仏国土」の救済の道理と課題が、「法蔵」という「菩薩」の名に集約されていると親鸞は受け取ったのである。そして、その菩薩が「無上殊勝の願」を発願し、成就され、「凡小」「群萠」といわれる「煩悩具足のわれ」の救済が成立したということを述べている。阿弥陀仏の因位の名である「法蔵」という菩薩名に諸仏の功徳を集めるという、言い換えるならば菩薩という「名」自体が、仏法の蔵識、具体的には過去五十三仏の発願とその成就の善妙の功徳を内包している菩薩名なのである。また、親鸞（『定本教行信証』：19）は『教行信証』行巻で異訳の『大無量寿経』である『仏説阿弥陀三耶三仏薩樓仏檀過度人道経』（『大阿弥陀経』の別名）の経名にあえて「諸仏」という文言を加え、「『仏説諸仏阿弥陀三耶三仏薩楼仏檀過度人道経』」と書いている。このことからも、親鸞が阿弥陀の本願を語るとき、「諸仏」を離れたところで語っていないことがわかる。ここ、特に「諸仏阿弥陀」が「人道」を「過度」すると読めるところに、大きな意味がある。

第二節　親鸞における諸仏

では、親鸞にとっての諸仏とは、いかなる働きをする存在であったのだろうか。そのことを端的に指し示しているのが、『教行信証』「行巻」である。親鸞（『定本教行信証』：17）は、「行巻」を開くにあたり、次のように大行釈を述べている。

謹んで往相の回向を案ずるに、大行あり、大信あり。大行とは、すなわち無碍光如来の名を称するなり。斯の行は、即ちこれ諸の善法を摂し、諸の徳本を具せり。極速円満す、真如一実の功徳宝海なり。故に大行と名づく。

ここでまず親鸞は、大行、すなわち、真実行の内容は「称無碍光如来名」であるということが明らかにする。次に「諸の善法を摂し、諸の徳本を具せり」とあるが、これは、無碍光如来、阿弥陀仏の「名」の功徳である。このことについて言及すると、前項で述べたように、阿弥陀仏の菩薩時の名である「法蔵」という名に、諸仏の功徳を集めるという法蔵菩薩の発願そのものが内包しているという親鸞の了解からするならば、「諸の善法を摂し、諸の徳本を具」すということは、法蔵菩薩の願行成就において、必須条件であり、至極当然の解釈である。逆に言うならば、この「諸仏」の善を、阿弥陀仏の「功徳」として具備するということこそが、「無上殊勝の願」であり、「希有の大弘誓」の内実なのである。それが故に願行の成就という中に、諸仏称名の願が法蔵菩薩の別願として、述べられてくるのである。

行巻では親鸞（『定本教行信証』：17-18）は大行釈の次に『教行信証』「行巻」の根本誓願である諸仏称名

の願（第十七願）を引用される。

諸仏称名の願、『大経』に言わく、設い我仏を得たらんに、十方世界の無量の諸仏、ことごとく咨嗟して我が名を称せずは、正覚を取らじ、と。已上

ここで「我が名（阿弥陀仏の名）を称」する行為の主語は、「十方世界の無量の諸仏」になっていることに注目せねばならない。『教行信証』の「行巻」の中心課題は、浄土真宗という仏道大系を教、行、信、証に分けたうちの「行」の課題を示す巻である。「我が名を称する」ということは、念仏を称することである。一般的に、「念仏申す」ことは、衆生（信仰者）の行為と考えられてきているが、親鸞は、念仏を諸仏の行為としてとらえている。その諸仏称名（念仏）の願について、親鸞（『定本親鸞聖人全集』Ⅱ―和文篇：140）は『一念多念文意』で、次のように述べている。

諸仏称名の誓願、『大経』にのたまはく、「設我得仏、十方世界、無量諸仏、不悉咨嗟、称我名者、不取正覚」と願じたまへり。この悲願のこゝろは、たとひわれ仏をえたらむに、十方世界無量の諸仏、ことごとく咨嗟してわが名を称せずば、仏にならじと、ちかひたまへるなり。「咨嗟」とまふすは、よろづの仏にほめられたてまつるとまふす御ことなり。

この『一念多念文意』の文章では、大行釈で述べられる第十七願の働きの内容を示す名、すなわち、諸仏称揚の願、諸仏称名の願、諸仏咨嗟の願、往相回向の願、選択称名の願、と、『浄土文類聚鈔』の大行釈で述べられる「往相正業の願」の六つ名から、「諸仏咨嗟」という言葉だけを用い、咨嗟は諸仏の称揚

であるとしている。この「諸仏称揚」は、法蔵菩薩の願行が「無上殊勝」であることを、言い当てている。何故なら、諸仏とは個々、願行成就せる存在であって、その諸仏個々の願に対し「無上」であることにおいて、初めて「称揚」ということが、起こってくるからである。その無上殊勝の願について親鸞は「大悲の願より出でたり」と述べているのである。それは、まさに「凡小」の救済のために、建立された「大悲の願」なのである。

そして、親鸞（『定本教行信証』：18）は行巻では因願を引用した後、次のように願成就文を引用している。

願成就の文、『経』に言はく、十方恒沙の諸仏如来、皆共に無量寿仏の威神功徳不可思議なるを讃嘆したまう。また言わく、無量寿仏の威神、極まりなし。十方世界無量無辺・不可思議の諸仏如来、彼を称嘆せざるはなし、と。已上また言わく、其の仏の本願力、名を聞きて往生せんと欲はば、みなこと悉く彼の国に到りて自ずから不退転に致る、と。

この部分は『大無量寿経』下巻の十七願成就文と、『大無量寿経』下巻の東方偈から偈前の長行の部分と偈頌の部分の二つの引文の計三つの引文から構成されている。しかしながら、この部分について、真蹟では改行がなく、「また言わく」でつながれ、内容も連続性があるので、この三つの引文は、それぞれ別個なものではなく、三文連続した形で「願成就文」として考えていくことが出来るであろう。そのように考えると、第一文は本来の諸仏称名の願成就、すなわち、「咨嗟」、「称揚」とは、讃歎であるということが、明らかになり、次の第二文で、その其の讃歎の内容は、諸仏の「称嘆」、すなち、名を称え讃歎するということであると、因願と「我が名を称せずば」という文と、「咨嗟」の内容がはっきりとした形で示され、諸仏咨嗟の願から「諸仏称名の願」へと課題が展開し、第三文で「名を聞きて往生せんと欲はば」

という「聞名」の課題へ展開している。先に見たように、讃嘆（第一文）、称名（第二文）の主語は、衆生ではなく、諸仏である。そして、親鸞（『定本親鸞聖人全集』Ⅲ—和文篇：76）は第三文の「聞名」について、『尊号真像銘文』で次のように述べている。

「其仏本願力　聞名欲往生　皆悉到彼国　自致不退転」（大経）と。

「其仏本願力」といふは、弥陀の本願力とまふすなり。「聞名欲往生」といふは、聞といふは、如来のちかひの御なを信ずとまふす也。欲往生といふは、安楽浄刹にうまれむとおもへとなり。「皆悉到彼国」といふは、御ちかひのみなを信じてむまれむとおもふ人は、みなもれずかの浄土にいたるとまふす御こと也。

このように、「御ちかひのみなを信じてむまれむとおもふ人」と「名を聞きて往生せんと欲はば」の主語が、はじめて衆生になるのである。

つまり、諸仏称名の願は、本願力による衆生の聞名と、その誓願の名号を信じ「安楽浄刹にうまれむとおも」う、すなわち往生を願うと「みなもれずかの浄土にいた」り、現生に正定聚不退転位に至るという課題に展開している。ここで、「名号を信ずる」という聞名の課題に展開していくのである。それは、諸仏称名之願で、法蔵菩薩の「凡小を哀れ」み、「諸の善法を摂し、諸の徳本を具」そうとし、「無上殊勝の願」を超発した願の課題が、そのまま「諸仏咨嗟の願」に引き継がれ、それが「諸仏の称名」という形で、成就され、更にその称名から聞名の課題、すなわち至心信楽の願の課題へと展開していくと親鸞は理解していたと考えられる。

さらに、それが行巻の「正信偈」の直前の自釈で親鸞（『定本教行信証』：84）は次のように述べている。

凡そ誓願について、真実の行信あり、亦た方便の行信あり。其の真実の行願は、諸仏称名の願なり。其の真実の信願は、至心信楽の願なり。斯れ乃ち選択本願の行信なり。其の機は、すなわち・一切善悪大小凡愚なり。

ここでは、誓願の真実の行願が諸仏称名の願であり、真実の信願が至心信楽の願であると、「一切善悪大小凡愚」という機、すなわち「煩悩具足のわれら」の救済が選択本願の行信であると明らかするのである。そこに大行から大信へ、第十七願から第十八願へと展開していくのである。

このように、親鸞にとって諸仏は、衆生に聞名を促し、発遣しつづける存在であることが、「行巻」の自釈の展開によって明らかになる。

第三節　諸仏としての七高僧

『歎異抄』（『定本親鸞聖人全集』Ⅳ—言行篇Ⅰ：5-6）には、親鸞と師である法然との出遇いについて、次のような親鸞の言行を収めている。

親鸞におきては、ただ念仏して、弥陀にたすけられまいらすべし、よきひとのおおせをかぶりて、信ずるほかに別の子細なきなり。念仏は、まことに浄土にうまるるたねにてやはんべるらん、また、地獄におつべき業にて やはんべるらん。総じてもって存知せざるなり。たとい、法然聖人にすかされまいらせて、念仏して地獄におちたりとも、さらに後悔すべからずそうろう。そのゆえは、自余の行もはげみて、仏になるべかりける身が、念仏をもうして、地獄におちてそうらわばこそ、すかされたてまつりて、という後悔もそうらわめ。いずれの行もおよびがたき身なれば、とても地獄は一定すみかぞかし。

また、親鸞自身（『定本教行信証』：381-382）は『教行信証』「化身土巻」のいわゆる「後序」と呼ばれている部分で、次のように、自らの回心と『選択本願念仏集』付属について述べている。

しかるに愚禿釈の鸞、建仁辛の酉の暦、雑行を棄てて本願に帰す。元久乙の丑の歳、恩恕を蒙りて『選択』を書しき。同じき年の初夏中旬第四日に、「選択本願念仏集」の内題の字、ならびに「南無阿弥陀仏　往生之業　念仏為本」と、「釈の綽空」の字と、空（源空）の真筆をもって、これを書かしめたまいき。同じき日、空の真影申し預かりて図画し奉る。同じき二年閏七月下旬第九日、真影の銘に、真筆をもって「南無阿弥陀仏」と「若我成仏十方衆生　称我名号下至十声　若不生者不取正覚　彼仏今現在成仏　当知本誓重願不虚衆生称念必得往生」の真文とを書かしめたまう。また夢の告に依って、綽空の字を改めて、同じき日、御筆をもって名の字を書かしめたまい畢りぬ。本師聖人、今年は七旬三の御歳なり。

親鸞自身、自らの歩みについては、多くの物事を語っていない。また親鸞は、『教行信証』においては、師である法然の主著である『選択本願念仏集』からの引用は、題号、題下の十四字（総標の文）と結勧の「総結三選の文」の三文のみである。親鸞の法然観については、親鸞が唯一、まとまった形で述べているのは、『高僧和讃』（『定本親鸞聖人全集』Ⅲ―和讃篇：128-129）の源空（法然）讃である。源空讃は、二〇首読まれており、その冒頭で、次のように讃じられている。

本師源空世にいでて

弘願の一乗ひろめつつ
日本一州ことごとく
浄土の機縁あらわれぬ
智慧光のちからより
本師源空あらわれて
浄土真宗をひらきつつ
選択本願のべたまう
善導源信すすむとも
本師源空ひろめずは
片州濁世のともがらは
いかでか真宗をさとらまし
曠劫多生のあいだにも
出離の強縁しらざりき
本師源空いまさずは
このたびむなしくすぎなまし

このように、親鸞は、「智慧光のちから（仏力）」によって法然が世に出でたととらえている。また、この二〇首のうち「本師源空」という言葉は、実に一〇回用いている。この「本師」とは、仏格（覚）をあらわす最高の敬称である。つまり、親鸞は、法然を釈尊と同格にとらえている。また、『浄土和讃』の末尾にある「首楞厳経によりて大勢至菩薩和讃したてまつる」八首の末尾に親鸞（『定本親鸞聖人全集』Ⅲ—

和讃篇：72）は、次のように記している。

已上大勢至菩薩
源空聖人御本地也

このように、「源空聖人御本地」、つまり、親鸞にとって、法然は勢至菩薩の化身であると述べている。また、同じ源空讃において親鸞（『定本親鸞聖人全集』Ⅲ—和讃篇：131）は、次のように讃じられている。

源空勢至と示現し
あるいは弥陀と顕現す
上皇群臣尊敬し
京夷庶民欽仰す

ここでも法然を「勢至菩薩」あるいは「弥陀如来」の化身と仰いでおられたことを伺い知ることができる。また、親鸞にとっては、「本師源空いまさずは　このたびむなしくすぎなまし」と述べられるように、法然との「出遇い」によって、「真宗」という仏道に値遇し、空過を超えることができたのである。まさに、それは、親鸞が「教巻」で、釈尊の出世の大事（出世本懐）を明らかにするとき、仏弟子阿難がはじめて「仏としての釈尊」に値遇したことを経文によって明らかにした後、親鸞（『定本教行信証』：15）は、次のように自釈されている。

しかればすなわち、これ顕真実教の明証なり。誠にこれ、如来興世の正説、奇特最勝の妙典、一乗究竟の極説、速疾円融の金言、十方称讃の誠言、時機純熟の真教なり。知るべし、と。

このように、親鸞にとって、法然との出遇いは、『大無量寿経』が説かれた靈鷲山での釈尊と阿難との出遇いと同質のものを感じていたことを伺うことができる。

また、『歎異抄』（『定本親鸞聖人全集』Ⅳ―言行篇Ⅰ：6）で、次のような親鸞の言行が言い伝えられている。

弥陀の本願まことにおわしまさば、釈尊の説教、虚言なるべからず。仏説まことにおわしまさば、善導の御釈、虚言したまうべからず。善導の御釈まことならば、法然のおおせそらごとならんや。法然のおおせまことならば、親鸞がもうすむね、またもって、むなしかるべからずそうろうか。

このように、法然の「おおせ」に七高僧を見、そして、それらの祖師を「諸仏」として見ていたのである。そこに、親鸞は先に述べた「諸仏称名」が、ただ法藏菩薩の本願成就の物語とどまることなく、現実に親鸞まで届いた浄土真宗の仏道の伝統そのものとして、受け取っていたのである。つまり、法藏菩薩の願行は、「親鸞の回心」という、親鸞の身の上に現に起こった歴史的事実の上に、成就したのである。

第四節　真宗における「救済」の構造

これまで、親鸞の『大無量寿経』への視座を中心において、考察を重ねてきた。本項では、これまでの議論をもとにして、真宗における「救済」の構造を明らかにしたい。親鸞（『定本教行信証』：6-7）は、『教行信証』「総序」において、本願との値遇を次のように語っている。

ここに愚禿釈の親鸞、慶ばしいかな、西蕃・月支の聖典、東夏・日域の師釈、遇いがたくして今遇うことを得たり。聞きがたくしてすでに聞くことを得たり。真宗の教行証を敬信して、特に如来の恩徳の深きことを知りぬ。聞くところを慶び、獲るところを嘆ずるなりと。

ここで、「今遇うことを得たり」、「すでに聞くことを得たり」と述べられている。親鸞はここで、本願との値遇の慶びと如来の恩徳を詠嘆している。この「本願との値遇」、つまり今まで述べてきた言葉で言い換えるならば、「如来の呼びかけの中にある身」の自覚こそが、本願による救済構造の具体的内容である。その本願との値遇を源信（恵心僧都）（『定本教行信証』：114）は、次のように往生要集で述べている。

我またかの摂取の中にあれども、煩悩眼を障えて見たてまつるにあたわずといえども、大悲惓となくして常に我が身を照らしたまう。

このように源信が述べているように、本願の喚び声は、つねに我が身を照らしている。つまり、摂取の中にあるのだが、衆生は煩悩があるため、如来の救済に気付くことができないのであると源信は述べている。親鸞（『定本教行信証』：86-87）は源信の如来の摂取不捨への視座を引き継ぎ、「正信偈」で次のように述べている。

摂取の心光、常に摂護したまう。　すでによく無明の闇を破すといえども、
貪愛・瞋憎の雲霧、　常に真実信心の天に覆えり。
たとえば、日光の雲霧に覆わるれども、　雲霧の下、明らかにして闇きことなきがごとし。

また、親鸞（『定本親鸞聖人全集』Ⅲ―和文篇：67-68）は、この「正信偈」の文について『尊号真像銘文』にて、次のように自らの文を解釈している。

「攝取心光常照護」といふは、無碍光仏の心光つねにてらし、まもりたまふゆへに、無明のやみはれ、生死のながき夜すでにあかつきになりぬとしるべし。「已能雖破無明闇」といふはこのこゝろなり、信心をうればあかつきになりぬとしるべし。「貪愛瞋憎之雲霧常覆真実信心天」といふは、われらが貪愛瞋憎を、くも・きりにたとへたり、貪愛のくも、瞋憎のきり、つねに信心の天をおほえるなりとしるべし。「譬如日光覆雲霧雲霧之下明無闇」といふは、日月のくも・きりにおほはるれども、やみはれてくも・きりのしたあかきがごとく、貪愛瞋憎のくも・きりに信心はおほはるれども往生にさわりあるべからずとなり。

このことからも窺い知ることができるのは、親鸞の救済観は、阿弥陀の本願によって、何かが急激に変わるというものでなく、「本願の呼びかけ」に気付くことに「救済」があるのである。「本願の呼びかけの中にある身」を自覚したからといって、現状が変わるのもではない。しかしながら、これまで見てきたように、諸仏称名の願が成就することによって、すでに法蔵菩薩はその願が成就し、阿弥陀仏として現前する（本願成就）。しかしながら、この「本願成就」の働きも、「われ」を離れて、成就するものではない。つまり、「われ」が一人として「本願の呼びかけ」を信順することによって、はじめて法藏菩薩の本願が

「われ」の身の上に成就するのである。

善導（『定本教行信証』：47）は本願の名号（南無阿弥陀仏）の意味を次のように六字釈として述べている。

「南無」と言うは、すなわちこれ帰命なり、またこれ発願回向の義なり。「阿弥陀仏」と言うは、すなわちこれ、その行なり。この義をもってのゆえに、必ず往生を得、と。

と、この文の原漢文を示すと次のようになる。

言南無者　即是帰命　亦是発願廻向之義　言阿彌陀佛者　即是其行　以斯義故　必得往生

親鸞（『定本教行信証』：48-49）はこの善導の六字釈の「南無」、「帰命」「発願廻向」、「即是其行」、「必得往生」に対して、次のように自釈（名号釈）をする。

しかれば、「南無」の言は帰命なり。「帰」の言は、至なり、また帰説［よりたのむなり］なり。説の字、悦の音、また帰説［よりかかるなり］なり、説の字は、税の音、悦税二つの音は告ぐるなり、述なり、人の意を宣述るなり。「命」の言は、業なり、招引なり、使なり、教なり、道なり、信なり、計なり、召なり。ここをもって、「帰命」は本願招喚の勅命なり。「発願回向」と言うは、如来すでに発願して、衆生の行を回施したまうの心なり。「即是其行」と言うは、すなわち選択本願これなり。「必得往生」と言うは、不退の位に至ることを獲ることを彰すなり。『経』（大経）には「即得」と言えり。『釈』（易行品）には「必定」と云えり。「即」の言は、願力を聞くに由って、報土の真因決定する時剋の極促を光闡せるなり。「必」の言は、審［顯かなり」なり、然なり、分極なり、金剛心成就の貌なり。

ここで「発願回向」という語に対して、「如来すでに発願して、衆生の行を回施したまうの心なり」と述べているように、如来の回向によって、すでに本願がわが身の上に成就するのである。つまり、本願の呼びかけを聞くことにより、他力の救済が我が身に開かれるのである。

また、親鸞（『定本親鸞聖人全集』Ⅲ—和文篇：76-77）は、『大無量寿経』の「其仏本願力　聞名欲往生　皆悉到彼国　自致不退転」という経文の中の「自致不退転」という言葉に対して、次のように解釈している。

「自致不退転」といふは、自はおのづからといふ。おのづからといふは、衆生のはからいにあらず、しからしめて不退のくらゐにいたらしむとなり、自然といふことば也。致といふは、いたるといふ、むねとすといふ。如来の本願のみなを信ずる人は、自然に不退のくらゐにいたらしむるをむねとすべしとおもへと也。不退といふは、仏にかならずなるべきみとさだまるくらゐなり。これすなわち正定聚のくらゐにいたるをむねとすべしと、ときたまへる御のりなり。

ここに、親鸞の明らかにした仏道の中でもキーワードとなりうる言葉のひとつである「自然（じねん）」という言葉が出てくる。つまり、『大無量寿経』の原文を書き下すと「其の仏の本願力、名を聞きて往生せんと欲はば、みなこと悉く彼の国に到りて自ずから不退転に致る、と」となる。この経文の意味は、本願の呼びかけを「聞きて往生せんと欲」うとき、自然に救済の道が開かれるとするものである。さらに、この「自然」について、親鸞（『定本親鸞聖人全集』Ⅲ—書簡篇：72-73）は『末灯鈔』で、次のように述べられている。

自然といふは、自はをのづからといふ、行者のはからひにあらず、然といふはしからしむといふことばなり。しからしむといふは行者のはからひにあらず、如來のちかひにてあるがゆへに法爾といふ。法爾といふは、この如來の御ちかひなるがゆへにしからしむるを法爾といふなり。法爾はこの御ちかひなりけるゆへに、おほよす行者のはからひのなきをもて、この法の徳のゆへにしからしむといふなり。すべてひとのはじめてはからはざるなり。このゆへに義なきを義とすとしるべしとなり。

このように、如来の誓願の世界であるが故に自然であって、衆生のはからいを越えた世界であると述べている。つまり、衆生の「はからい」を超えて、「すでに」救済道が開かれているが故、自然に救済されると言えるのである。

これまで考えてきたように、『大無量寿経』における救済構造は、「現在」において教えを信ずることによってあらたな救済の大地が開かれるのではない。むしろ、苦悩する現実において、本願の呼びかけを聞くことによって「すでに」救われていたことを信知することに、その要がある。つまり、本願の呼びかけは、具体的には諸仏を通して、語りかける（諸仏称名）。この「諸仏」とは、親鸞にとっては、具体的に法然の教えを通して、「救済」を感得するものであったといえよう。そして、その「はたらき」そのものが、本願の呼びかけのもとに、自然に開かれてくるのである。

第五節　聞名の仏道

では、「自然」に展開される救済道を生きるとはということなのか。この問題に対して、次の『唯信鈔文意』の文章はその方向性を考える原点となりうるのではなかろうか。親鸞（『定本親鸞聖人全集』Ⅲ―和文篇：168-169）は、『唯信鈔文意』で法照の『五会法事讃』の「能令瓦礫變成金」という語について、次のように解釈を示している。

「能令瓦礫変成金」といふは、能はよくといふ、令はせしむといふ。瓦はかわらといふ、礫はつぶてといふ。変成金は、変成はかへなすといふ、金はこがねといふ、かわら・つぶてをこがねにかえなさしめむがごとしとたとへたまへるなり。れうし・あき人さまざまのものは、みないし・かわら・つぶてのごとくなるわれらなり、如来の御ちかひをふたごゝろなく信楽すれば、摂取のひかりのなかにおさめとられまいらせて、かならず大涅槃のさとりをひらかしめたまふは、すなわちれうし・あき人などは、いし・かわら・つぶてなむどを、よくこがねとなさしめむがごとしとたとへたまへるなり。摂取のひかりとまふすは、阿弥陀仏の御こゝろにおさめとりたまふゆへなり。

それによると、一人の自覚のもとでの「われら」とは、「みないし・かわら・つぶてのごとくなるわれらなり」という、どこまでも「具縛の凡愚、屠沽の下類」（『唯信鈔文意』）としての「われら」なのである。つまり、仏のみ名を聞くことによって、そのような共に「瓦礫」としてのわれらという視座が与えられるのである。それは、『歎異抄』（『定本親鸞聖人全集』Ⅳ―言行篇Ⅰ：16）に、次のような親鸞の言行が残されている。

他力真実のむねをあかせるもろもろの聖教は、本願を信じ、念仏をまふさば仏になるこのように、「変成金」とは、願心の回向成就の功用を受けて、瓦礫という共業存在のわれらが、「念仏をまふ」すという身となる。つまり、「信の一念」のもとで、共業存在のわれが「仏になる」すなわち、「かならず大涅槃のさとり」に至らしめる働きを受けるのである。ここで共に「変成」の働きを受ける瓦礫のような共業存在という「われら」としての平等性をもとにした「共生」が成り立つのである。その「共業存在」というのは、まさしく「共に本願の呼びかけの中にある身」への自覚であり、とりもなおさずそのこと自体が願生道に立つということなのである。

すなわち、共業存在として、共に願生道に立つということは、どこまでも「如来より呼びかけられているわれら」としての自覚道に立つということである。また、先に述べた如く、その「われら」の自覚といっても「われ」という「一人」の自覚を離れて、述べられるものではない。あくまでも「一人がためなりけり」と本願の喚び声を主体的に聞き当てたとき、はじめて「共生の大地」が自然に開かれていくのである。それは、「共に如来より呼びかけられているもの」としての自覚に立つ共生の視座なのである。そこにおいて、本願成就を基軸とした共生論は積極的な意味合いを持つことが出来るのである。つまり、真宗者が主体的に願生道に立つことにより、その「生」に「共に呼びかけの中にある共業存在である身」という新たな意味づけが、仏より与えられるのである。

そのような共業存在として「み名を聞き、共に本願の呼びかけの中にある身」ということについて、「信巻」では、「行巻」において明らかになった諸仏称名ということを受けて、衆生の「聞名」が開かれてくることが明らかにされる。この「聞名」という課題の内容は、本願成就文の「聞其名号」に開かれるのであるが、「信巻」冒頭の経文証の最後に引かれる『如来会』（『定本教行信証』：99）の引文によってさらに明確化される。

如来の勝智、遍虚空の所説義言は、ただ仏のみ悟りたまへり。是のゆえに博く諸智士を聞きて、我が教如実の言を信ずべし

つまり、「聞名」の内容が「博く諸智士を聞」くと述べられている。それはとりもなおさず、仏の「名」を聞き（聞名）、その仏土に聞くところに本願が開かれてくると示されているのである。その「聞」ということについて、親鸞（『定本教行信証』：138）は、次のように述べている。

しかるに『経』に「聞」と言ふは、衆生、仏願の生起本末を聞きて疑心あることなし。これを「聞」と曰うなり。「信心」と言うは、すなわち本願力回向の信心なり、「歓喜」と言ふは、身心の悦予の貌を形すなり。「乃至」と言ふは、多少を摂するの言なり。「一念」と言ふは、信心二心なきがゆへに「一念」と曰ふ。是を「一心」と名づく。一心はすなわち清浄報土の真因なり。金剛の真心を獲得すれば、横に五趣八難の道を超へ、必ず現生に十種の益を獲。

換言すれば、疑心なく諸智士を聞くことにおいて、他力回向の働きにより衆生に信が生じる。その「信」こそが願成就の一念になる。つまり、本願力回向によって生ずる信の一念であるが故に、「横に五趣・八難の道を超え」るといえるのであろう。また、親鸞（『定本親鸞聖人全集』Ⅲ―和文篇：68-69）は仮名聖教である『尊号真像銘文』に「即横超截五悪趣」の釈文として、次のように述べられている。

「即横超截五悪趣」といふは、信心をうればすなわち横に五悪趣をきるなりとしるべしとなり。横超といふは、横は如来の願力、他力をまふすなり、超は生死の大海をやすくこえて无上大涅槃のみやこにいるなりと。信

心を浄土宗の正意としるなり、このこゝろをえつれば、他力は義なきを義とすとなり、義といふは行者のはからふこゝろなり。このゆへに自力といふなり、よくよくこゝろふべしと。

ここでは、本願の回向成就のはたらきによって信心を得ると、如来の願力によって「よこさま」に「生死」を越え、「无上大涅槃」に入ると、親鸞は述べている。つまり、「諸智土を聞く」という生活を通して本願の回向成就のはたらきの功用を受けることにより、そこに、仏のみ名の前においては、如何なる「意味づけ」をも越え、品位階次を簡ばずして、すべての衆生が平等の慈悲により、「生死」という迷いの世界を越える道を得るのである。そのことこそが、親鸞における「共生の視座」そのものなのである。つまり、その「共生の視座」により、共に「諸智土を聞く」という主体的な自覚のもとで、あらゆるものを選ばず、問うことのない共業存在である身という一点で「共生」していく集団が誕生するのである。

第六節　共業を生きる

親鸞は、そのような救済道をどのように受け止めていたのであろうか。

そのことについて考えるならば、親鸞（『定本教行信証』：153）は「信巻」において真仏弟子に関する推求を終えるにあたり、自らの信仰者としての姿勢を、次のように悲歎述懐している。

誠に知りぬ。悲しき哉、愚禿鸞、愛欲の広海に沈没し、名利の太山に迷惑して、定聚の数に入ることを喜ばず、真証の証に近づくことを快しまざることを、恥ずべし、傷むべし、と。

そのような「信」への視座は、親鸞の「真仏弟子」観と深く関わっている。親鸞（『定本教行信証』：144）が真仏弟子釈で、真仏弟子を次のように自釈している。

「真仏弟子」と言ふは、「真」の言は偽に対し、仮に対するなり。「弟子」とは釈迦諸仏の弟子なり、金剛心の行人なり。斯の信行に由って、必ず大涅槃を超証すべきがゆえに、「真仏弟子」と曰ふ。

この真仏弟子釈からもわかるように、先の悲歎述懐の言は、真仏弟子の相に対して、親鸞みずからが深く内省された結果、導き出された悲歎述懐の言であろう。そのような親鸞の仏道に対する姿勢は、信巻冒頭の、一連の『無量寿経』からの引文中に、必ず「唯除の文」が引かれてくることにもうかがえる。つまり、師である法然の『選択集』本願章において、唯除の文が除かれているのに対して、親鸞は、改めて唯除の文を問題視するという姿勢に象徴されるのである。この唯除の文について、親鸞（『定本親鸞聖人全集』Ⅲ—和文篇：75-76）は『尊号真像銘文』で、次のように述べている。

「唯除五逆誹謗正法」といふは、唯除といふはたゞのぞくといふことば也、五逆のつみびとをきらい、誹謗のおもきとがをしらせむと也。このふたつのつみのおもきことをしめして、十方一切の衆生みなもれず往生すべしとしらせむとなり。

このように、「唯除」を「つみのおもきことをしめし」て、「みなもれず往生す」と述べられている。つまり、師法然が、善導の『観経疏』散善義、下下品の「抑止門釈」の意をくみ取り、唯除の文を引用されなかったことに対して、親鸞は真仏弟子釈を閉じるにあたり、悲歎述懐し、自身が唯除の機であると述懐しているのである。そこには、機法二種の深信より「つみのおもきことをしめ」され、「定聚の数に入ることを喜ばず」という自身の姿を自覚的に明らかにしている。そこに私は、師である法然の遺教に立ち、どこまでも、一人の聞法者であろうとした親鸞の姿勢を窺い知ることが出来ると考える。つまり、「聞法者」という視座に立つが故に、唯除の文に関して再論し、自身の内で展開していく必要があるのである。

そのような親鸞の仏道に対する姿勢は、悲歎述懐の文の後に、唯除の文が開かれてくる主体的必然性を生み出してくる。つまり、「みなもれず往生す」という大慈大悲の誓いとその救済に預かることに対して、「恥」であり、「傷」であると自己批判しているのであって、抑止門釈が開かれてくる背景には、「帰命」という本願招喚の勅命に聞き当てた、信心歓喜が根源的に内包されているのである。

また、親鸞は「われら」という共業存在としての一人であるという自己への凝視の視座により、「十方一切の衆生みなもれず往生すべしとしらせむ」という本願の深意を聞き当て、頷いたといえるのである。そこに、親鸞は一人の聞法者であると同時に、本願で共に「つみのおもきことをしめし」て、「みなもれず往生す」で抑止され、誓われ、願われている「共業」を生きる「われら」という共生の自覚に立っていたのであろう。「共業」を生きる存在である「親鸞一人」において、法藏菩薩の本願建立と如来の願心の慈悲深さへの頷きこそが、悲歎述懐の文の後に、唯除の文が開かれなければならない必然性を生み出したのである。そこに『大無量寿経』の教説を至心信楽の願に主体的に聞き当て、「諸有衆生」と誓われ、共に弥陀招喚の勅命に信順していく「われら」としての視座が確認できるのである。その「われらの自覚」は、ただ群がって生きるということではなく、共業存在としての「われら」なのである。つまり、それは唯除の文において、如来より、五逆謗法の者として見抜かれている「われら」という視座なのである。すなわち、この教言に聞く真宗者であるというところに、業を共感する地平が開かれる。そこにおいて、共に「具縛の凡愚、屠沽の下類」という自覚に立った「共生への視座」が開かれると言えるのである。

補遺編2

向下的共生運動から見た二次障害

第一節　脳性麻痺者の二次障害

第一項　緒論――脳性麻痺とは

本章では、「青い芝の会」の系譜以降、現在に至るまで多くの脳性麻痺者が向き合わねばいけない「二次障害の諸問題」について、考察を深めたい。なぜなら、二次障害の諸問題は多くの脳性麻痺者にとって、自身の「障害観」を問い直す具体的契機となるからである。そこに「二次障害」という新たな障害との出遇いの中で、その与えられた「生」を生ききっていこうとする姿と、前章で顕かになった「青い芝の会」の思想の中にある『歎異抄』を中心とする生命観を見つめていくことによって、向下的共生運動の具体相を探っていきたいのである。

青年・成人期以降の脳性麻痺の障害受容について、考察していく前に、脳性麻痺をめぐる諸問題を考えていきたい。脳性麻痺を論じるときに脳性麻痺とは、どのような障害かを検討してみる必要がある。脳性麻痺者は、花田春兆（1983：5-10）によると歴史上に登場するのは意外と古く、『古事記』にその原点を見ることが出来るとしている。また、現在、「脳性麻痺」と言われている障害群を、どのように呼ぶかということについては、歴史的変遷があり、一定ではなかった。医学用語で言われるところのCerebral Palsyを現在のように「脳性麻痺」と統一して呼ぶようになったのは、比較的に遅く、一九六〇年代頃に入ってからであろうとされている。(2)

そして、「脳性麻痺」と障害名が固定されてからの脳性麻痺という障害を考えようとすると、その一つの「手だて」となりうるのが、厚生省（1969）が定めた脳性麻痺の定義である。その定義では、脳性麻痺を次のように定めている。

脳性麻痺とは受胎から新生児（生後四周間以内）までの間に生じた脳の非進行性病変に基づく、永続的なしかし変化し得る運動および姿勢の異常である。進行性疾患や一過性運動障害、または将来正常化するであろうと思われる運動発達遅延は除外する。

特に、この定義の「脳の非進行性病変に基づく、永続的なしかし変化し得る運動および姿勢の異常」という文言が、歴史的には、様々に解釈されてきたところである。一般的には、この文言をもって、「非進行性の障害」と言われている。

また、厚生省定義が定まると時を同じくして、日本においては、「脳性麻痺の早期発見・早期療育」という言葉と共に本格的な治療に対する試みがなされるようになる。(3) そのことについて坂野幸江（2007：156）は当時を次のように述懐している。

一九七〇年初期ＰＮＦ・ブルーンストローム・ボバース法などは、日本の理学療法士が直接外国へ行ってその治療理論と技術を学び、日本でそれを普及しました。一九七〇年代中ごろにはエアーズ・ボイタ・ペトーなどの治療法が日本に紹介されました。代表的なのはボイタ法・ボバース法です。このとき、マスコミは「脳性マヒは治る」とセンセーショナルに書き立てました。これに振り回された親子がいるのも事実です。セラピストも新しい治療法として治療技術を学び実施してきました。(4)

そのような療育の歴史に対して、脳性麻痺者はどのように自身の障害を語っていたであろうか。脳性麻痺者である松兼功（1980：130）は自らの「生」を著書『お酒はストローで、ラブレターは鼻で』で、次のように障害と「死」の問題を取り上げている。

どんな障害があっても、どんな苦しみ、悲しみがあっても、生きていたい。私は「死」が怖い。私だって、明日死ぬかも知れない。みかけは丈夫そうに見えても、緊張（筆者注：筋緊張のこと）や無理な姿勢を取るために、肺などの内蔵に、幼いときから相当圧迫がかかっているはずだ。同じ世代の人たちと比べて、遙かに死に近いところにいると思う。だから余計に、死に対して敏感なのかも知れない。

松兼は、当時、まだ筑波大学の学生であった。しかしながら、この文章からも推察できるように、脳性麻痺という障害が常に「進行」という問題がつきまとっている「生」であるということを、深く意識していたと言えよう。このような心情の吐露は、言い換えるならば、脳性麻痺者自身の「生」への危機意識の表出と言えよう。つまり、一九七〇年代からの治療技術の普及や「脳性麻痺は治る」というマスコミの報道とは裏腹に、障害当事者間には「生への危機意識」が存在したといえるのである。

また、そのような早期発見・早期療育によって「脳性麻痺は治る」と考えられてきた歴史に対して、梶浦一郎（1998：309）は、次のように指摘している。

一時期、ある早期治療法によればわが国からはＣＰ（筆者注：脳性麻痺のこと）は姿をなくすことができると唱える人達もいたが、実際は全くの幻想であって、むしろ、ますます多くの問題を表に出すことになっている。早期から療育を担当した者にとって一八歳を過ぎたからといって、それに目をそらせ、後は福祉に任せるということは許されない時代になっている。

では、「ますます多くの問題」とはいかなる問題群を指すのであろうか。その問題について、次節で考えていきたい。

第二項　脳性麻痺者と二次障害

脳性麻痺者と二次障害の問題について考えると、私は全国障害者問題研究会（全障研）の研究誌である一九九〇年に発刊された『障害者問題研究』の六〇号には、「加齢と障害の変化」という特集が組まれていることに注目したい。その特集において、安藤徳彦（1990：13）は、自らの研究論文の序文で以下のように述べている。

脳性麻痺は非進行性の疾患であり、ある年齢に達するまでは暦年齢が長ずるにつれて、運動能力はむしろ向上し、以後は障害が増悪することなく推移するものである。しかし中高年の脳性麻痺者の中には運動能力が低下して、歩行が困難になったり、家事を含めて日常の生活動作が不可能になって医療機関を受診する人が稀ならず存在する。本稿では脳性麻痺者が中高年齢に至って運動能力の低下することがそれほど稀ではないことを示し、その原因を検討した結果を示し、対策の有無を検討する。

つまり、一九七〇年代から障害者共同作業所で働く中高年の脳性麻痺者の中にＡＤＬが低下したりするなど、障害が進行するケースがあると報告されだしてきているのである。このことを、脳性麻痺という原障害（一次障害）と区別して、「脳性麻痺の二次障害」と言われてきた。上記の所引の論文は、二次障害の問題群が顕らかになりつつある初期に発行された雑誌の特集記事として掲載されたものであった。[5] また、近年の研究では、林万リ（2004：11）が、「脳性麻痺は、どんなに軽度でも二次障害を考慮していく必要がある」と、脳性麻痺者における二次障害の発症について端的に示している。

では、脳性麻痺の二次障害とは、いかなる問題群を有しているのであろうか。脳性麻痺者の二次障害の代表的な症状を述べると、①筋力低下、②腰椎症、③頸椎症、④頚肩腕障害、⑤脊椎側彎と胸郭変形、⑥股関節亜脱臼、⑦骨盤側傾、⑧関節炎、⑨関節拘縮、⑩呼吸機能低下、⑪発作性全身性ジストニアなどがある。[6] また、二〇〇五年に大阪府（大阪府：182-196）が行った「障害者地域医療に関する現況調査」（調査総数＝三六〇）では、四三％が「二次障害があると」答え、その内、一八％が二九歳代で発症、三一％が三〇歳代で発症したと答えている。[7] この調査結果を見ても、二次障害の問題は、脳性麻痺者の成人期以降の社会参加等に大きな影を落としていると言わざるを得ない。

中でも、突出して大きな問題となるのは③の頸椎症（頸椎症性頚髄症および神経根症）である。この症状については、原田武雄（2004：29-35）が指摘するように、①手指巧緻性障害、②歩行障害、③排尿障害、④三角筋・上肢二頭筋筋力低下による上肢挙上あるいは肘関節屈曲障害、⑤頸肩腕、肩甲部あるいは背部痛などがある。これらの頸椎症に起因する二次障害群は、就職、結婚、子育て等、脳性麻痺者の社会参加に大きな影響を与えている。原田武雄（2004：29-32）は頸椎症について、次のようにまとめている。

脳性麻痺患者のなかでも不随意運動を特徴とするアテトーゼ型脳性麻痺患者の中に、若年より、症例によっては一〇歳代より頸椎症性頸髄症、神経根症を発症し、さらなる運動能力の低下を来してくる症例がある。この事実を知っていれば、早期より診断、治療を受けることができるが、知らずに症状の進行、増悪を来している患者さんもまだまだ多い。さらに頸髄症、神経根症と診断されても、不断に生じる不随意運動、手術に対する怖れ、手術結果に対する不安感などのため手術に踏み切れない患者さんもおられる。しかし脳性麻痺患者に生ずる頸髄症、神経根症に対する手術成績は決して悪くなく、この疾患の特徴を知り、診断さえつけば治療可能であるので、無用の不安感をもつ必要はない。

ただこの病気は多くの患者さんでは確実に進行し、最終的には手術治療が必要となる。患者さんによってはしびれ、筋力低下などの症状が時に軽減することもあるが、それは一時的、かつまれである。

頸髄は、脳と同様に一度損傷を受けると完全には元の状態には戻らない。症状の一部、場合によってはかなりの症状が残ると考える方がよい。過大な期待は禁物である。筆者は、手術は基本的に症状の進行を止めることを目的とする、と患者さん、ご家族に説明している。

これらの原田の指摘でわかるように、頸椎症は手術治療によって治療可能であるが、その受容と、手術治療への決断、そして術後の状況の受容等に対しては、かなり困難な問題群を抱えていることを我々は知ることができるのである。また国安輝重（2001：133）は、頸椎症について以下のように述べている。

治療も経過観察・安静・投薬から観血的処置まで各種提示されている。頸椎の病変に起因して、生活障害が著しくなり極端な場合生命の問題になるため、予防・治療には安静にして生活を制限するといったある種矛盾したことになっている。生命の問題や重篤な障害の出現を看過することは、当然のことながら医療に関わる人間としては絶対にしてはいけないことである。しかし、この場合の本人の意志や希望はどこに存在するのか判断が難しいところである。

このように、治療の現場でも、頸椎症をはじめとする脳性麻痺者の二次障害と脳性麻痺者の社会参加のあり方との関係性について問題となっている。

その問題を解く鍵は、脳性麻痺者自身がどのように、自らの二次障害をとらえて来たかという問題を解くところに始まる。無論、臨床の段階では、ケース・バイ・ケースであろうが、次項においては、障害者運動においての二次障害の取り上げ方を検証したい。

第二節　二次障害の現実と向き合う——人生観と自立生活

第一項　障害者運動の中の二次障害

坂野幸江（2007：152）は、次のように「二次障害」について述べている。

「二次的な兆候」「二次障害」等々…、三〇年前くらいから使われてきた言葉です。初期には主に肢体不自由児者、それも脳性麻痺アテトーゼ型の頸椎症に多く使われていましたが、現在では肢体不自由児者だけではなく様々な障害をもつ人たちに使われています。この言葉が社会の中に浸透してきたのは、基本的人権意識の高まり、障害者運動の発展の成果、医療技術の発展の成果、障害児者の社会参加の成果などと深く関わっているると言って良いでしょう。

このように坂野は、「二次障害」という言葉の広がりを脳性麻痺者の社会参加や障害者運動などの成果であると見解を示している。では、実際に障害者運動の中で、「二次障害」はどのようにとらえられてきたのであろうか。その歴史に着眼したい。

「自立の家をつくる会」(1997：80)によると、脳性麻痺者自身が障害者運動の中で二次障害の諸問題についての語りに関する文献は、一九六〇年代に東京の「青い芝の会」が文献を著したのがそもそもの始まりであると言われている。そして、論集という形で障害者団体として、医学書以外ではじめて特集を組んだのは、本論文でも引用している全国障害者問題研究会(全障研)が一九九〇年に発刊した『障害者問題研究』の六〇号の特集記事「加齢と障害の変化」ではなかろうか。この学術論集は現在において、当事者団体においての二次障害への取り組みで、入手可能な文献であり、議論の形跡を窺い知ることが出来る最も古い文献である。また、その後に、脳性麻痺者自身がこの課題に取り組んだのは、光明養護学校の卒業生であり、俳人である花田春兆らによって結成された、文芸同人誌『しののめ』が一九九三年に出版したという『しののめ別冊・「二次障害」特集号』である。前述の「青い芝の会」の文献と『しののめ』の文献は、脳性麻痺当時者が直接編集した文献という点において特筆すべき点があるが、現在入手が大変困難なもので、残念なことにどのような議論がなされていたかを確認できていない。

そして、脳性麻痺者自身の手で編纂され、当事者の間で二次障害の問題が公開され、深刻な問題として考えられるきっかけとなったのは、一九九五年に東京の自立の家をつくる会が『脳性マヒ者の二次障害に関する報告集Ⅰ・Ⅱ』という資料集を発刊し、その一部がインターネットで公開された[(8)]ことであったと私自身は考えている。また同会は、一九九九年から季刊誌『けんこう通信』を発刊している。(9)その後二〇〇〇年に入り、日本障害者リハビリテーション協会により、月刊誌『ノーマライゼーション』に二次障害についての連載が一〇ヶ月間にわたって持たれた。

そのような環境の中で、当事者らによって編纂されてきた二次障害について出版物に関する状況が一変する出来事がおこる。それは、肢体障害者二次障害検討会が編纂した『二次障害ハンドブック』が二〇〇一年に文理閣出版から刊行されたことである。これまでの二次障害についての文献は、当事者団体の発行物か定期刊行物に依るほかになかったが、この本の出版によって、全国どこからでも、一般書として二次障害についての情報が手に入ることになったのである。また、内容的にも幅広く、脳性麻痺当事者、親兄弟、医師、理学療法士など様々な職種に関わる人々が執筆し、その他に統計編、資料編などが付加されており、二次障害の問題は障害者運動の枠組みを超えて、一般化したと言っていいほどの画期的な書であると考えることが出来る。この本は、二〇〇七年に大幅な増補と改訂を加え、改訂版が発行されている。なお、紙幅の都合で取り上げなかった著書等もあるので、出版史に関する詳細な情報は末尾の文献一覧にまとめている。

このように、障害者運動の中での二次障害への取り組みを文献学的に追ってきたが、脳性麻痺者の二次障害は一九六〇年頃から始まるが、議論が広まり活発化するのは二〇〇〇年前後を待たねばならないということがわかるであろう。その一因としては、インターネットの普及があったことを指摘しておかねばならない。

第二項　当事者の二次障害についての「語り」

では、そのような「当事者の問題意識」のなかで、二次障害の問題はどのように受容されたのだろうか。

この項では、第一項ですでに指摘した松兼の著書『お酒はストローで、ラブレターは鼻で』の中に述べられている「生への危機意識」の問題を中心にして、脳性麻痺者の「語り」を考察しながら、二次障害の受容の問題点を探りたい。

障害者の「生」に対する問題意識は、松兼に限ったことではない。まず、歴史的に古い議論の記録をひも解くと、花田春兆（1983：62）は、次のようにその理想的原則論と現実的適応論とのギャップを述べている。

理想的原則論と現実的適応論との間にはよくギャップを生みだします。…中略…寄りかかれる歩行器は尖足を助長し姿勢を悪くする、とする医者の立場と、そうであっても自分の足で歩く快感を（少しでも楽に）味わいたいとする障害児たちの立場、といった具合です。成長するにつれてこのギャップは、より切実さを増すのです。手術してもう少し努力すれば歩けるようになる可能性もある、と医学的側面からすすめられても、少しくらい歩けるようになっても足で稼げるわけじゃないし、それなら手術や訓練に費やす時間とエネルギーを仕事に注いだ方が効果的だし、その間のブランクがマイナスになるのが怖い、職業的面で応じられない、と言う具合です。

そこには、両側面の間で揺れ動く、脳性麻痺者の姿が如実に示されている。もちろん、この書が出版された当時は、「二次障害の予防」という考え方がなかったため、理学療法などを二次障害予防ととらえる視点には欠けており、項のタイトルである「二次障害についての語り」とは完全には言えないが、そこに医学的側面と現実的側面との間で「模索する生」の像が明らかに示されている。それは、生の本質的な意味と意義を求めた「問い」であるに違いない。

そして、この「模索する生をいきる者としての脳性麻痺者」という視点で二次障害の告知の周辺を考えていくと、実に興味深い事実を知ることができる。上野耕一（2004：37）は次のように自らの体験を述べている。

手足のしびれは三ヵ月くらい続き、手術も考えました。しかし手術を受けた仲間が今でも苦しみ、何度も再手術をしている現状を知っているので覚悟ができず、手術以外の方法で二次障害の進行が防げないものかと祈っていました。

ここにおいては、上野の「模索する生」としての姿が、ありありと描き出されている。この手術への「模索」は、ただ身体的苦痛によるものではないであろう。文中に「手術を受けた仲間」についての文章があるが、上野は自分の「身体」と仲間の「身体」を重ね合わせている。またそれは、西川禎匡（2007：47-48）は自分と二次障害との出遇いを、次のように述懐している。

中学三年から電動車椅子サッカーという電動車椅子を使った障害者スポーツをやり始めました。このサッカーのメンバーは年齢が様々で、上は三〇代とか五〇代くらいの人たちもいました。この人たちは小学生の頃から知っていた人なのですが、僕がサッカーをし始めた頃には、緊張が強くなりはじめ電動を運転できなくなってきている方もいました。これが僕が二次障害を意識したときでした。僕が高校に通ってたときにこの方は頸椎症の手術をされて、ハローベストをされているのを見たときに「これは僕は付けられへんのんな？」とか「頭蓋骨が緊張で動いたときに割れるんちゃうかな？」と不安になったので付けなくてもいいように気を付けようと、もし頸椎症が出ても出るのを遅らせたいと思いました。

このように、彼もまた、先輩の二次障害の姿を、自分の「将来の姿」と重ね合わせることによって、自らの「生」を模索している。そこには、二次障害を「生への危機」ととらえ、「生」への模索の中に前向きに歩んでいこうとする「危機意識」を見て取ることができよう。それは、松兼の「生への危機意識」と互いに通底する意識であろう。また、松浦清美（2001：27）は、次のように過去を回想している。

「首の不随意運動がきついから、今までの通りの生活を続けていたら五年か一〇年先には、全身が痺れて、寝たきりになってしまう可能性が高い。それが嫌なら、家でおとなしくしていた方がいい」たしかに医者の言うことはもっともだと思います。私は何をしようとしても、首が人一倍動くので、首を痛めてしまうという理屈はよく分かりますが、私に「首を動かすな」というのは「何もするな」というものと同じだな、と思いました。それに、どうせ歩けなくなるとしても今の課程はきちんと終了したい、その思いで、その後の半年間も最後まで通い続けました。

ここに、「危機」の点に立つ、一人の脳性麻痺者が存在する。それは、告知を受け、人生の岐路に立たされ、まさに刻限を限って「あれか、これか」という選択を迫われる姿そのものであろう。その「選択点」こそが、自然と脳性麻痺者みずからの「二次障害発症以後の生き方」が問われてくる瞬間であろう。ここで「問われてくる」と表現したが、逆に「自身の一生涯をどのようにして生きていきたいのか」ということに対する確固たる信念がないことには、重大な「選択」はできない。これの二者の関係は「啐啄同時」の関係であると言えよう。

その後、松浦は頸椎の手術治療を決断する。治療以降、松浦（2001：31）は、次のように過去を評価し、現在に生き、未来を語っている。

私は頚椎症の手術をして治ったとは言えませんが、現状維持の状態を保つことができてまぁ良かったと思っています。でも、これから何年か先にはまたどこかが悪くなっていくと思っています。だからその時のために今出来るだけやりたいことは全部やっておきたいと思っています。今度またどこかが悪くなったら、その時にはまた自分の出来ることを探せばいいや、と思っています。

そこに、「危機」と向き合う、ひとつの方法論が見いだせるのではないであろうか。つまり、原障害である脳性麻痺に加えて二次障害という「新たな障害を持つ身となる」という意味においての脳性麻痺と二次障害という「不条理な生」を回復し、新たな「生の主体」を獲得していく思索的道程があるのではないか。それは、脳性麻痺者が「あれか、これか」という選択を自らの意志において行うという一点において、脳性麻痺者みずからの「障害観」をどうとらえ直すかが、二次障害についての告知後の人生を往きっていく根元力となる。その意味において、「危機意識」を持ちながら、自らの「生の模索」を通して、「主体的・生」を獲ていこうとする思索的道程は、まさしく自らの「障害観」を見つめていく思索活動となりうるのであろう。

しかしながら、脳性麻痺の二次障害を中心とする障害受容のあり方について考えると、たとえば末期のがん患者のように、療養生活を強いられるものではない。また、原田武雄（2004：29）は頚椎症について、次のように指摘している。

脳性麻痺患者のなかでも不随意運動を特徴とするアテトーゼ型脳性麻痺患者の中に、若年より、症例によっては一〇歳代より頸椎症性頸髄症、神経根症を発症し、さらなる運動能力の低下を来してくる症例がある。

このように、脳性麻痺の二次障害が発症する年齢が非常に若年性といわれている。また、曽根翠（2007：64）は、「脳性麻痺全般においての二〇歳時点での平均余命は少なくとも四〇年前後あると推定される。」と指摘している(10)ようなことも加味すると、若年の発症のケースでいうならば、非発症期より、発症期の方がかなり長い年数を経て生活しなければならないことになる。

このように、脳性麻痺者の「生」と医療との間には、密接な関係があることが見て取れる。それは、時に先に述べた花田の指摘のように、医療者と脳性麻痺者との間に心理的な「支配」「被支配」の関係を生み出すことをしばしば見て取れる。つまり、その関係においての障害観や「生」そのものの捉え方は、ある意味で「医療者」によって規定されてしまう側面がある。たとえば松尾隆（2001：234-235）は

印象として、二次障害が脳性麻痺を持った方々に深刻な問題として捉えられ、どのように対処するか関心が深く、その方法を模索するために、多くの障害を持った方々やその両親がお見えになっておられました。一方で、今の二次障害への対応は無理しないで、無理に歩かなくてもいいのではないか、車椅子にでも乗ってゆるゆる行こう、といった風潮が一部の障害者、そしてその方々を支える障害者関連の方々にあるように見受けました。確かにその通りだな、と思いながら、一方で、障害を持った方々には、二次障害に負けずに、これを克服しながら、より豊かな生活は出来ないのだろうか、という願望が溢れているかに、見える発言も見られました。お話しを聞きながら、二次障害は今では克服され得る問題であり、克服される可能性も十分あることを、皆さんにお伝えすることの必要性を感じて、帰って来ました。（中略）二次障害も克服可能であることを、忘れないで、積極的な人生を展開しましょう。

と語っている。ここで松尾は、車イス利用に関しても、「確かにその通りだな」と一端は同調するものの、医学モデルにおける「二次障害の克服」を第一義としている。「二次障害は今では克服され得る問題」としているが、そもそも「二次障害の克服」が、当事者の人生を豊かにするかどうかは、かなりの主観的判断が伴う。言い換えるならば、「二次障害の克服」と「脳性麻痺者の生活を豊かにする」こととは、本来別のものとして考えなければならない事物である。無論、このような、医療者の立場に立った「医学モデル」に障害当事者が支配されてきた歴史が長いため、「支配」「被支配」の関係性の中で克服至上主義に偏った障害観が語られることは少なくない。また、「医療化」の構造があまりにも堅固なので、「障害の治癒による克服論」は、絶対的な概念を生み出すということについて、懐疑的な見解はあまり生まれてこなかったと言える。また、そのような医療化に偏重した障害観が、障害当事者のスティグマをより堅固なものにする「社会的抑圧装置」の一部を担ってきたことは、言うまでもない。それは、当事者の立場から考えると、社会的強者の医療者が「ある種の勝手に描いた障害観」を受容するよう社会的弱者である障害者に迫っているありさまを如実に映し出している。

そのような中で、熊谷晋一郎（1998：53）は自身の問題と二次障害の諸問題について、次のように述べている。

二次障害というんですが、これがすごく問題で、それが原因で今までの学校生活が続けられなくなるとか、あるいはやめてしまうとか、そういうことはよく聞きます。もちろん予防線を張ることは可能なんですけれども、これが難しい問題があって、突然襲ってくる場合が多いんですね。それまでは出来ていたことが突然出来なくなるような感じなんですね。すごく極端に出来なくなるから、これに対する対応が難しいんですね。

全部自分でするのではなくてあらかじめある程度介助者を入れておくというのが理想なんですけれども、自分で出来ることまで人に頼むというのはなかなか憚られるんですね。例えば自分で取れるものを取ってもらうのを積み重ねてしまう、それは予防のためとはいえ人間関係のレベルでうまくいかない部分があって。そういう意味でどうしても無理してしまう。自分で出来ることはやってしまったりするんですね。そういうので突然ガンと来てしまい、急に今までの生活が続けられなくなるというようなことは、三〇代前半、早い人は二〇代から来るんです。そういったことがあるので非常にコーディネートは難しいわけですね。

熊谷は、当事者でありながら、医学生であるという立場を生かして、二次障害の諸問題と、学生生活を送ることの関連の難しさを述べている。それは、「あれか、これか」という生でありながら、自身の「生」を模索し、どこまでも「社会」の中で生活を営んでいこうという「主体的・生」が意志強く現れている。また、「あらかじめある程度介助者を入れておく」という考え方は、「社会モデル」の考え方を有している。そこに「あらかじめある程度介助者を入れておく」という社会モデルの考え方に基づく生き方に関して、自ら「選択」している。そこに我々は「生の模索」を通して、「主体的・生」を獲ていこうとする思索的道程を、次の行動へと移行しようとしている熊谷の「姿」に見ることが出来る。

これまで考えてきたように脳性麻痺者の二次障害の受容について、脳性麻痺者自身が「生の模索」を通して、「主体的・生」を獲ていこうとする思索的道程は、容易ではない。そのことを太田令子、大塚恵美子（2007：60）は次のように述べている。

自分の状況がより客観的にわかるようになってくると、良い所も、悪い所も見せた他者から受けるコメントを、批判としてではなくアドバイスとして聞き入れられる対等な関係が必要である。そのうえで、完璧にはできないなら、何を捨てるかを決心しなければならない。しかし、これまで大事だと思って必死で守ってきた価値を、そうあっさりと捨てることは困難である。まして、捨て去った後どんな人生が待っているのか予想がつかなければ、人は次の選択が出来ない。

このように、太田らは、脳性麻痺者が「何を捨てるかを決心」することの難しさを指摘している。「生の模索」を通した「主体的・生」のもとで、人生を選択していくことは、ただ「生き方の選び取り」だけではなく、「生き方の選び捨て」であることを忘れてはいけない。そこに確固たる「自らの信念」が必要となる。また、このような「人生の選択」は現代科学や合理主義だけではとうてい合点のいく「答」が導き出せるとは言い難い。

これまで、脳性麻痺についての厚生省定義を重視してきたという歴史上、脳性麻痺者の成人期以降の障害受容の形態について、あまり論究されてこなかった。しかしながら、これまでの考察のごとく、実際に考察してみると、そこには脳性麻痺者が「危機」と向き合い、主体的「生」へ模索するという実存をかけた問いがあることに、我々は気付かざるを得ないのである。また、前述の大阪府の「障害者地域医療に関する現況調査」においては、約半数が二次障害の諸問題を訴えている。また、実際にはそれ以上の割合の人々が、二次障害を発症しているという報告も存在する（国安 2001：133）。その点においては、「あれか、これか」という選択を迫われる瞬間が多くの脳性麻痺者に来ることは否めない事実となっている。

これまで考察してきたように、苦渋の「選択」の中で、多くのスピリチュアル・ペインを持っている。特に二次障害の告知を受けた後、「どのように生きていくか」という問題に関しては、当事者の人生観が強く問われてくる側面が非常に強い。「あれか、これか」の選択は、ただ悩みを解決してくれる「相談役」がいるだけで解決する問題ではない。そこに「危機意識」の中で生き続けていく「生」の哲学が必要になってくる。

そのような重要な「決断」を行うときに、人々は時に宗教を手がかりとして考えてきた。次節以降、向下的共生運動の視座から、脳性麻痺者の二次障害の諸問題を考えたい。

第三節　向下的共生運動の視座から見た二次障害の肯定と意味

では、障害者は社会的弱者であり、社会的強者が描いた「ある種の勝手に描いた障害観」を受容していくことが、本当の意味においての障害受容と言えるのだろうか。

先に述べたように、脳性麻痺者の二次障害という深刻な現状があるのなかで、真宗における障害者福祉を考えていくならば、「本願より呼びかけられている存在である」と自覚することは、「主体的・生」の獲得につながり、脳性麻痺者自らの「生」の意義を根源的に問い直さざるを得ない「生の危機」を具体的に越えていく、力強い教えとなっていくことは間違いないであろう。

つまり、「本願の呼びかけに背く者」としての自覚は、脳性麻痺者にとっていかなる事柄を指し示すのだろうか。それは、「本願のあらゆる衆生に対する呼びかけ」を聞かずして、どこまでも自己への欲求を肥大化し、流転してきた自らの「聖道門的な善人意識」を自覚するにほかならない。それは、とりもなおさず、二次障害の問題で考えれば、二次障害の問題を「人生の危機」として捕らえ、「健常者に近づかなければ救われない」と自縄自縛してきた脳性麻痺者の二次障害に対する向き合い方を自覚することであろう。

つまり、脳性麻痺者の二次障害が進み、どんなに「最重度」になったとしても、如来は見捨てず、つねに「呼びかけ」ている。それは、「二次障害の進行はいけないもの」として、重度障害者を切り捨てていく現在の社会環境とは真逆の救いである。絶対的な存在肯定である。如来の「呼びかけ」は「脳性麻痺者も、自分らしく生きていいんだよ」という「呼びかけ」にほかならない。

しかしながら、その「呼びかけ」を聞こうともせず、自力で二次障害の発症を「人生の危機」として嫌い、わが力を頼んで救われようとするあり方、それこそが、脳性麻痺者の二次障害に対する向き合い方なのである。そのことについて「自覚」がないことには、「一人」としての独立者として、確固たる一歩が歩めない。

このことについて、『歎異抄』の精神を自らの精神の基軸として生きられた横田弘、横塚晃一という二人の先哲の文章によって、さらに深く考えたい。横田弘（1979：119）の以下のように、「如来の呼びかけ」に呼応している。

> 自己の存在、それは何ものにもかえ難い自己そのものなのである。肉体の差異、精神の在り方などは全く関わりのない自己の「いのち」そのものなのである…中略…私たち「障害者」特にＣＰ者たちは日常的に「健全者」の「保護」がなければ「生かされない」現実がある。…中略…そうした日常的な現実の繰返しの中では「障害者」の精神は、ともすれば、「健全者」に屈服し、「健全」に同化しようと思考し、「障害者」を理解してもらうことが「障害者福祉」の正しい姿であると思い込んでいる。「健全」に同化しようとすることは「健全者」によって規定されている「障害者」を認めることであり、自己を自ら「本来、あってはならない存在」と規定することではないのだろうか。事実、多くのＣＰ者たちは、この「同化」への道を歩むことにより、自ら苦しみを深め、自己の「肉体」の否定、つまり、完全な自己否定にまで追いこまれていってしまうのである。

ここで横田は、障害の有無にかかわらず、人間は「自己のいのちそのもの」を生きているという価値観を示している。この「価値観」は、「一切衆生」の救済を課題とする浄土教的生命観に基づく考え方である。また、この「自己のいのちそのものを生きている」という思想は『歎異抄』第一章（『定本親鸞聖人全集』Ⅳ—言行篇Ⅰ：4）に述べられる「弥陀の本願には、老少・善悪のひとをえらばれず」という摂取不捨の生命観そのものなのである。この『歎異抄』の生命観の原点には、「あらゆる衆生」に対する如来の呼びかけがある。横田は、そのような「本願の呼びかけ」を聞き取り、その上で「同化」云々と言う前に、「人間として生まれている」という歴史的事実そのものの「いのちの平等性」があると頷いていったのである。だからこそ、「自己を自ら本来、あってはならない存在と規定すること」は、本願のあらゆる衆生に対する平等の呼びかけに背き、自損損他するあり方であると、悲泣している。無論この「悲泣」については、親鸞（『定本親鸞聖人全集』Ⅱ—和讃篇：159）は『正像末和讃』で、次のように述べられている。

> 釈尊かくれましまして
> 二千余年になりたまふ
> 正像の二時はおはりにき
> 如来の遺弟悲泣せよ

親鸞は、ここで「正像の二時」が既に終わり、末法の世に入ったこと自体を「如来の遺弟悲泣せよ」と述べているのである。ここでの「悲泣」とは、末法の世を生きるあらゆる衆生が共有する「悲しみ」である。横田の「悲泣」も、特定の人物に宛てた「悲泣」ではなく、「われ」を含めた末法を生きるすべての脳性麻痺者という、「われら」（『定本親鸞聖人全集』Ⅲ—和文篇：55）に投げかけられた「悲泣」である。

また、この「自損損他の姿勢に対する悲泣」については、横塚晃一（1975：51）は次のように「健全者幻想」と表現している。

> 私達障害者の意識構造は、障害者以外は全て苦しみも悩みもない完全な人間のように錯覚し、健全者を至上目標にするようにできあがっております。つまり健全者は正しくよいものであり、障害者の存在は間違いなのだからたとえ一歩でも健全者に近づきたいというのであります。私達は、養護学校、補導所などの障害児（者）施設において他人の二倍も三倍も努力して健全者に追いつけと教育されてきました。こうして自分の障害者としての立場はどこかへおき忘れ、健全者になったつもりの言葉が口からとびだすし、勤め先の会社などで明らかに差別されているにもかかわらず意識の上では経営者になったつもりのようなことを言い出すのです。これでは全く自分の首をくくるようなものではありませんか。以上述べた如き意識構造を私は健全者幻想と名づけてみました。このような健全者幻想を振り払わない限り本当の自己主張はできないと思います。

つまり、「本願の呼びかけ」に背くところに自損損他の姿勢である「健全者幻想」が脳性麻痺者に顕わに現れてくるのである。これまで、二次障害の諸問題を「脳性麻痺者の生への危機意識」としてとらえ、論述を展開してきたが、その危機意識の内実は、「健全者幻想」として歴史的に言われてきたことと、違いない。「健全者は正しくよいものであり、障害者の存在は間違いなのだからたとえ一歩でも健全者に近づきたい」と幻想を思い浮かべるところに、二次障害の諸問題が「生への危機」ととらえざるを得ない根源があるのである。

つまり、横塚が述べるところの「健全なるものへの憧れ」（健全者幻想）とは、真宗の用語で述べるならば、「わが力を頼む」という意味で、「自力の執心」といえる。自己の肥大化された欲求は、「本願の呼びかけ」を聞くことなく、背き続け、幻想にとらわれ、自己否定を繰り返す。このような、人間の誰しもが持ち合わせている「自力意識」（健全者幻想）を障害者みずからが根底から問い直し、その存在を自覚しないと、真の意味で「肥大化した欲求」からは解放されていくことにはならない。ここで述べる「解放」とは、「自力意識」がなくなり、新たなる地平に帰入することを示すのではない。親鸞の教えは、厭世的な思想や現世利益を主眼とするものではない。むしろ、親鸞（『定本教行信証』：85）が『教行信証』「正信偈」で、「よく一念喜愛の心を発すれば、煩悩を断ぜずして涅槃を得るなり」と述べられているように、自力意識を断じて、別の思想に帰入するのではなく、「自力意識」（煩悩）を持つ「わが身」を悲泣していく身となるのである。しかしながら、「自力の執心」に対する自覚がある以上、再び自損損他の世界には退転しない（不退転）。「自力意識」を持ちつつも、それを「本願の呼びかけに背く者」として自覚することによって、二次障害という「危機的・生」を生ききっていく「力」が与えられるのである。その力において、二次障害そのものが「危機」なのではなく、二次障害の発症によって自らの「主体性」を失って、「健全者は正しくよいものであり、障害者の存在は間違いなのだからたとえ一歩でも健全者に近づきたい」という「肥大化した欲求」に身をゆだねてしまうことによって「危機」が生じるのであると気付かされるのである。「自力意識」を自覚することは、人間の無明性を自覚するということであろう。無明存在であることを自覚したところで無明であることには変わりないが、無明を「有明」とする呪縛からは解放されるのである。そこにこそ、『歎異抄』第二章（『定本親鸞聖人全集』Ⅳ―言行篇Ⅰ：8）で述べられる「いずれの行もおよびがたき身なれば、とても地獄は一定すみかぞかし」という「地平」に立つ、自覚の宗教としての真宗の救済が成り立つのである。その救済こそが底明るい「解放」となるのである。この一点にこそ、向下的共生運動の要があるのである。

そのような中において、初めて、如来からの「脳性麻痺者も、自分らしく生きていいんだよ」という呼びかけを聞き、「健全者は正しくよいものであり、障害者の存在は間違いなのだからたとえ一歩でも健全者に近づきたい」という呪縛から解放され、具体的に「主体的・生」を回復し、再び歩み出す脳性麻痺「者」が誕生するのである。

つまり、人間存在をあらゆる条件付けの視点で見るのではなく、「いのちの本質的平等性」に帰着するという意味において、「生の価値観の再生」の作業が行われている。それは、横田が先に引用した文章において、「同化への道を歩むことにより、自ら苦しみを深め、自己の肉体の否定、つまり、完全な自己否定にまで追いこまれていってしまう」と述べているように、横田の障害観は健常・障害の区別を超えた「いのちの本質的平等性」に頷くことにより、「肉体を完全に肯定」しようとするところに核心があるように受け止められる。

それは、「障害の受容」という内容ではなく、「障害の肯定」という、より積極的な意味内容が含まれていると言える。ここで述べようとしている「障害の肯定」とは、障害を完全に受け入れることではない。表現としては、「受容」に対して「肯定」という言葉を用いたが、実際的には「区別（有無）」を越えることであり、障害（インペアメント）の問題を人間の価値判断の「蚊帳の外」に置くという「価値観の転換」なのである。この障害者の「障害観の転換」こそが、実質的には抑圧的な医学モデルからの解放を促し、それと同時に自立生活運動へと展開していく大きな原動力となったのである。

補遺編3

三願転入と向下的社会モデル

第一節　三願転入による「すでに」の救済モデル

真宗においては、親鸞が「信心のあゆみ」を三願転入として語られることを参考に、「よこさま」に得る自然の仏道を三願転入になぞらえて語られることがある。この「信心のあゆみ」とは、これまでに述べてきた歴史的救済観への帰依そのもののあゆみを指し示すものである。ここでは、そのような三願転入の具体的内容について検討したい。

その中でも、三願転入の「三願」とは、「往生浄土」に関する三願、すなわち、至心信楽の願（第十八願）と至心発願の願（第十九願）、至心廻向の願（第二十願）であるこの三願については、それぞれの共通点がみられる。『大無量寿経』（『真宗聖教全書』Ⅰ：9-10）にある三願それぞれの願文を提示すると、次のようである。

（一八）設ひ我、仏を得んに、十方の衆生、心を至し信楽して我が国に生まれんと欲ひて、乃至十念せん。

もし生まれずは、正覚を取らじ。唯五逆と正法を誹謗を除く。
（一九）設ひ我、仏を得んに、十方の衆生、菩提心を発し、諸の功徳を修して、心を至し発願して我が国に

（二〇）設ひ我、仏を得んに、十方の衆生、我が名号を聞きて、念を我が国に係けて、諸の徳本を植えて、心を至し回向して我が国に生まれんと欲わん、果遂せずば、正覚を取らじ。

この三願については、『大無量寿経』の中でも、衆生救済についての三願といわれている。この三願について考えると、「設ひ我、仏を得んに」という部分と「我が国に生まれんと欲」うという部分が、共通項として見いだせる。その中でも「欲生我国」という言葉に注目して考察すると、三願に共通して願われているということである。

親鸞（『定本教行信証』：309）はこの三願の関係を「化身土巻」の三願転入序で次のように、自身における「信」の展開を述懐し、表白している。

是を以て、愚禿釈の鸞、論主の解義を仰ぎ、宗師の勧化に依って、久しく万行諸善の仮門を出でて、永く双樹林下の往生を離る、善本徳本の真門に回入して、偏に難思往生の心を発しき。然るに今特に方便の真門を出でて、選択の願海に転入せり、速やかに難思往生の心を離れて、難思議往生を遂げんと欲ふ。果遂の誓、良に由有る哉。爰に久しく・願海に入りて、深く・仏恩を知れり。至徳を報謝の為に、真宗の簡要を摭うて、恒常に不可思議の徳海を称念す。いよいよ斯れを喜愛し、特に斯れを頂き戴するなり。

と、それによると、論主（天親）の解義と宗師（善導）の勧化によって、「万行諸善の仮門」と呼ばれる第十九願から、「善本徳本の真門」、すなわち第二十願に転入し、果遂の誓いによって、「選択の願海」、す

なわち第十八願に転入したと述べられているのである。

このことについて親鸞（『定本親鸞聖人全集』Ⅱ―和讃篇：39）は『浄土和讃』において、まず、はじめに第十九願の機について、次のように述べている。

臨終現前の願により
釈迦は諸善をことごとく
観経一部にあらわして
定散諸機（第二十願）をすすめけり

このように、第二十願の機に転入することを勧め、更に親鸞（『定本親鸞聖人全集』Ⅱ―和讃篇：41）は、その第二十願の機については、次のように述べている。

定散自力の称名は
果遂のちかいに帰してこそ
おしえざれども自然に
真如の門（第十八願）に転入する

このように、親鸞は真門である至心信楽の願に転入することを讃じている。これは、先に述べた化身土巻の「三願転入序」のように、親鸞一人の体験に基づく三願転入の理論ではなく、むしろ、その「理論」を願文に照らし合わせ、法蔵菩薩の願行に基づいた普遍の十方衆生に救済理論として、展開している。すなわち、師である法然との出遇いによって、法然を生み出した仏教の歴史に出遇っていった経験から『大無量寿経』という経文、そして願文へという原点回帰がみられる。

第二節　自力・他力モデルと健全者幻想

前項において、親鸞の三願転入についてのアウトラインを考えた。要約するならば、如来の救済について、第十九願の救済の相は「定善・散善」という自らの努力をもとにする行（自力の行）をたよりとして救われていくあり方であり、第二十願の救済の相は、諸仏の歴史に帰依しながらも、諸々のよい行い（善本・徳本）を多く行い、これを頼りにして救済されようとする、いわば「自力の執心」が残っている状態を指すのである。

このような三願転入をなぞらえて第十九願往生の自力の救済観について考えるとリハビリなどによって「障害の克服」に励む姿によく似ている。そのため、「障害の克服」に励む医学モデルを「自力モデル」であると考えることが可能である。また、ヘルパーなどの社会的諸制度を使って生きることをと「他力モデル」として考えることもできるであろう。この「他力モデル」は、「すでに救済がある」という歴史的救済観への自覚と深く関わっている。そのため、向下的社会モデルにおいては、全身性障害者の「自立問題」を「自力から他力へ」という物語において、考えることが可能である。

その中で、第二十願の問題、つまり諸々のよい行い（善本・徳本）を多く行い、これを頼りにして救済されようとする生き方の問題が大きく問題となってくる。つまり、歴史的救済観に出遇い、生き方が転換されたとしても、なお「内なる向上心」が残るのである。言い換えるならば、「健全者幻想」そのものなのである。親鸞（『定本教行信証』：308-309）は、この「三願転入」を述べる直前に、人間の凡愚性を次のように述べている。

悲しき哉、垢障の凡愚、無際より已来、助正間雑し、定散心雑するが故に・出離・其期無し。自ら流転輪廻を度るに、微塵劫を超過すれども、仏願力に帰し叵たく、大信海に入り叵たし。良に傷嗟す可し。深く悲歎す可し。凡そ大小聖人・一切善人・本願の嘉号を以て己が善根と為るが故に・信を生ずること能わ不、仏智を了ら不。彼の因を建立せることを了知すること能わ不るが故に・報土に入ること無き也。

このように親鸞は、その自らの自力性を悲歎している。また、親鸞（『定本親鸞聖人全集』Ⅱ―和讃篇：208）は『正像末和讃』の愚禿悲歎述懐では、次のように述べている。

浄土真宗に帰すれども
真実の心はありがたし
虚仮不実のわが身にて
清浄の心もさらになし

このように、親鸞は「浄土真宗に帰すれども」という問題、つまり「第二十願の機」を明らかにしている。それは、まさしく、諸々のよい行い（善本・徳本）を多く行い、これを頼りにして救済されようとする生き方に縛られてくるのである。この第二十願の機の機について大谷大学の初代学長の清澤満之（『清沢満之全集』Ⅵ：159）は、次のように述べている。

われ、他力の救済を念するときは、我か世に属するの道開け、
われ、他力の救済を忘るるときは、我か世に処するの道閉つ。
われ、他力の救済を念するときは、われ物欲の為に迷はさるること少く、
われ、他力の救済を忘るるときは、われ物欲の為に迷はさるること多し。
われ、他力の救済を念するときは、我か処するところに光明輝き、
われ、他力の救済を忘るるときは、我か処するところに黒闇覆ふ。
嗚呼他力救済の念は、能く我等をして迷倒苦悶の娑婆を脱して、悟道安楽の浄土に入らしむ。我は実にこの念によりて救済されつつあり。若し世に他力救済の教なかりせは。我は終に迷乱と悶絶とを免かれさりしならむ。然るに、今や濁浪滔々の闇黒世裡にありて、夙に清風掃掃の光明界に遊ふを得るもの、豈区々たる感謝嘆美の及ふ所ならんや。

他力の救済について、「念ずるとき」、「忘るるとき」という二つの「時」を用いて、明確に指し示している。このように、三願転入の構造は、具体的に第十九願（自力）から第十八願（他力）へという直線的構造ではなく、「浄土真宗に帰すれども」という問題、つまり「忘るるとき」という問題が常に現前するのである。この「忘るるとき」とは、如来の呼びかけを忘れ、自力において「救われない」と懊悩する姿そのものなのである。

つまり、「自力から他力へ」という単純な物語で語ることの困難性と、三願転入の構造自体に「健全者幻想」の問題そのものが第二十願の機の問題として、非常に大きな問題を示していることがわかる。言い換えるならば、「健全者幻想」を問うという作業そのものに、全身性障害者の自立問題を自力・他力モデルとして考える大きな視座があると考えられる。

第三節　向下的共生モデルとしての三願転入観

これまで「三願転入」と全身性障害者の自立に関する諸問題について考えてきた。中でも、「自力から他力へ」という構図の中で、「第二十願の機」の問題を取り上げ、「浄土真宗に帰すれども」という問題としての「健全者幻想」を考えてきた。

しかしながら、「歴史的救済観」に帰依することは、「すでに生きることができる」という自覚のもとにある向下的共生モデルとしての障害者運動なのであって、「社会モデル」を三願転入の物語のように、「社会」との関係性を切り離して、自身の「転依」のあゆみとして語ることが、向下的社会モデルの考え方の主たる方向性ではないのである。それは、「われ」と「われら」の関係性において、「価値観の転換」ということが明らかにされないことには、「われら」としての向下的社会モデルの考え方ではなくなるのである。つまり、三願転入の構造を用いて「自力・他力」と峻別を障害者自身の「障害受容の歩み」として、社会と切り離して、個人化していこうとする考え方ではないと述べたいのである。むしろ、この「自力・他力モデル」は、社会との関係性において成り立つ「転入物語」なのである。

無論、親鸞の信心のあゆみとしての三願転入は非常に大切な意味を持つ。また、三願転入の具体的内容を無視した上で、「価値観の転換」について論究することはできない。親鸞にとっては、三願転入の具体的内容こそが価値観の転換の道程であり、物語なのである。

しかしながら向下的共生モデルの実践として論究する側面としては、三願転入を個人モデル化するロジックだけで向下的社会モデルをとらえるのは、いかにも貧弱な思想と言うほかにない。むしろ「向下的共生モデル」としての向下的社会モデルの論を立てるとき、向下的平等観に基づいた「社会」が問われなければ、何の意味も持たないのである。

つまり、ここで私が問題点としたいのは、「自力・他力モデル」は、自身の内面の「あゆみ」を第二十願の機の問題として考えることが可能である。しかし、それは、ある種の意味で、社会的関係論が問われてこない場においては、「歴史的救済観」は個人モデル化してしまうのである。しかしながら、逆に、いくら社会との関係性の中で「向下的共生モデル」の内実を検討していたとしても、一人の人の内面に現れた「三願転入」という「価値観の転換」の構造が問われてこない場においては、向下的生活モデルは、全くの空論となってしまうのである。つまり、「自力・他力モデル」と「向下的共生モデル」は、向下的社会モデルの考え方の一つのものの二つの側面として、どちらも必要不可欠な相互の関係にあるのである。

第四節　向下的社会モデルと転依

このような真宗における向下的社会モデルの考え方の「二つの側面」を考えるにあたって、「自力・他力モデル」と「向下的共生モデル」の関係性はどのような問題を内包するのであろうか。つまり、「第二十願の機」という極めて自身の内部になる内的契機と「向下的生活モデル」という社会全体を包み込むような向下的社会モデルの考え方の外的な契機をどのように捉えていくのかを考える必要があるのである。このことについては、親鸞（『定本教行信証』：381）は、『教行信証』「後序」において、次のように述べている。

しかるに愚禿釈の鸞、建仁辛の酉の暦、雑行を棄てて本願に帰す。

このように親鸞は自らの価値観の転換（回心）の体験を述べている。また、『歎異抄』第一六章（『定本親鸞聖人全集』Ⅳ―言行篇Ⅰ：30）では、この「回心」について、次のように述べている。

一向専修のひとにおいては、回心ということ、ただひとたびあるべし。その回心は、日ごろ本願他力真宗をしらざるひと、弥陀の智慧をたまわりて日ごろのこころにては、往生かなうべからずとおもいて、もとのこころをひきかえて、本願をたのみまいらするをこそ、回心とはもうしそうらえ。

このように、回心は人生の中においては、「ただひとたび」である。なぜならば、これまで考えてきたように、親鸞においての回心とは、歴史的救済観との出遇いに他ならないからである。つまり、向上的救済観から向下的救済観への価値観の転換であるから、その転依する点は、ただ一回きりである。この「価値観の転換」が複数回続くなら、それは、迷い（流転）に他ならないのである。向上的生活観という自力の生活の無効性を知り、向下的共生観という向下的社会モデルに価値観の転換をすることは、そのもの自体が「健全者中心社会」に順応していくのではなく、むしろ批判的に見ていくという意味において、向下的共生運動であるということできるのである。そのようなとき、「向下的共生モデル」が障害者運動の具体性をもって示す内容となる。

そのような諸仏史観と出遇い、向下的共生運動に帰依しながらも、なお「健全者幻想」という形をもって、障害者の自身の内部に残っていく自力の執心が第二十願の機の問題なのである。つまり、歴史的救済観を「念ずるとき」「忘るるとき」の関係性で生ずる「執心」の問題が健全者幻想の問題であるのであって、その姿は流転ではなく、「価値観の転換」の後の向下的共生運動に相違するものではないのである。そのような意味で、向下的社会モデルは、大枠としては向下的平等観に基づいた共生運動であるのである。

つまり、向下的社会モデルの考え方は、個人の問題、言い換えるならば「自力・他力モデル」としての第二十願の機の問題を内包しつつも、向下的平等観の実践としての健常者と障害者の関係性としての「社会モデル」が問われてこなければ意味がないのである。

跋

本書は二〇一四年三月に熊本学園大学大学院社会福祉研究科から博士論文を授与された学位論文『障害と自立をとらえる新たな視座の構築――真宗と障害学の観点から』がもととなっている。その論文に加え、補遺編として三編の小稿を追補した。これらの補遺編の小稿は、博士論文執筆時に検討を加えていた論考であり、結果的に博士論文に収載できなかった断片的な論考の一部である。それら幾編かの論考の中から三編を再編集し、本編の内容を補追するために収載したものである。補遺編の三編はそれぞれ独立した考察であり、本編と少し異なった角度で向下的社会モデルの内実について検討したものである。

思いをはせれば、大谷大学文学部真宗学科の二回生であった頃、「青い芝の会」の思想に触れる機会を偶然に得た。その中でも、大仏空の思想やマハラバ村の思想に大きな衝撃を受けたと同時に、それらの思想は、その後の研究生活の翼となった。

その後、私は、大谷大学の安冨信哉教授（現、名誉教授。真宗大谷派教学研究所所長）のご指導を受けることとなった。そこで、『歎異抄』や『教行信証』という真宗の聖教や清澤満之をはじめとする真宗の近代教学の諸師について、多くのことをご指導賜った。このことが、私の研究生活の原点となった。特に、本願成就文を軸として、現代の諸問題を見ていく視座を教示していただいた。このことは、私自身、向下的社会モデルをあきらかにしていく根本となった。

大谷大学文学研究科博士後期課程満期退学の後、熊本学園大学の堀正嗣教授のもとで、障害学を学ばせていただけることとなった。そこで、イギリス社会モデルの思想や共生教育について、多くご指導を賜ることとなった。また、地元の自立生活センターであるヒューマンネットワーク熊本を紹介していただけたことは、進路を現職へと舵を切る大きな機縁となった。

このように、両師を恩師として、私のライフワークとすべき課題を多く指し示していただけた。本書の出版は、まさに両師から賜った課題に対しての私の中間報告書となった感が強い。無論、どれだけ両師からご指導を賜った課題を向下的社会モデルとして明確化することができたかといえば、多く反省点が残るところである。本書の出版をもって私をお育ていただいた師恩に報いたいという念が強いが、そのことは逆に師恩の期待に反し、力およばずの観も同時に想起される。それでもなお本書を上梓しようとすることは、これまでのご指導に感謝し、研究の歩みをひろく世に問うことにより、読者諸氏に教えを請いたい念によるものである。また、本書の出版に際して、両先生から、序文まで賜った。本当に身に余ることである。ありがとうございました。

また、本書出版に際して、多くの方々のご指導や援助をいただいた。まず、両親。そして京都時代には、大学院の先輩方や後輩、大学の寮の同期生をはじめとして、多くの人々が輪読会や聞法会において、ご指導くださった。この輪読会において、真宗の聖教を多く学ばせていただいた。この方々のご指導がなければ、研究生活を始めようとも思わなかったであろう。

熊本に移住後は、堀ゼミの諸先輩方や前述のヒューマンネットワーク熊本の仲間、ヘルパーの皆さん、そして、大量の書類や原稿を整理してくださった大学のサポーターの方々、この方々のご協力がなければ、学位論文は完成することがなかったであろう。

滋賀で現職に就いてからは、本格的に論文を完成する時期になり、執筆やゼミ、指導委員会等で、職場であるＣＩＬにご協力を得なければいけないことが多々あった。本当にありがたいことである。その他、本来ならばお一人お一人のお名前をあげるべきところではあろうが、今までに私に関わってくださった多くの方々に心より感謝の意を表したい。
最後に、出版に際して、生活書院の髙橋淳氏には、近年の本当に厳しい出版事情の中、本書の出版を快くお引き受けくださった。また、多大な労をいとわず、編集していただいたことに深く感謝の意を表したい。

頼尊恒信

二〇一五年二月

引用・参考文献

赤松俊秀（1961）『親鸞』吉川弘文堂
赤松俊秀（1986）『日本古典文学大系』八六巻、岩波書店
赤松俊秀（2012）『親鸞伝の研究　赤松俊秀著作集　第1巻』法藏館
秋風千恵（2013）『軽度障害の社会学――「異化&統合」をめざして』ハーベスト社
安積純子（1992）『癒しのセクシー・トリップ――私は車イスが好き』太郎次郎社
安積純子ほか（1999）『ピア・カウンセリングという名の戦略』青英舎
安積純子ほか（1995）『生の技法――家と施設を出て暮らす障害者の社会学』藤原書店
阿多義明（1999）『脳性マヒは治せる！――ATAメソッドが明かす脳性マヒの真実と治し方』スーケン
アティックインターナショナル（2002）『WE'LL ウィル』二〇〇二年一〇月号、アティックインターナショナル
天笠啓祐（1998）『人権ブックレット53　いのちを選別する医療――脳死・臓器移植を問う』部落解放・人権研究所
荒川章二ほか（1997）「一九七〇年代告発型障害者運動の展開――日本脳性マヒ者協会「青い芝の会」をめぐって」静岡大学教育学部編『静岡大学教育学部研究報告．人文・社会科学篇』四七号、一三一～三二頁
安藤徳彦（1990）「脳性麻痺の加齢に伴う変化――とくにアテトーゼ型脳性麻痺の頸稚症について」『障害者問題研究（特集：加齢と障害の変化）』六〇号、全国障害者問題研究会、一三～一九頁
家永三郎（1940）『日本思想史に於ける否定の論理の発達』新泉社
家永三郎（1947）『中世仏教思想史研究』法藏館
池田勇諦（2007）『いのちとひかり――真宗のいのち観』真宗大谷派宗務所出版部
石川悠加ほか（2008）『NPPV（非侵襲的陽圧換気療法）のすべて――これからの人工呼吸』JINスペシャルNO. 83、医学書院
石川　准ほか（1999）『障害学への招待――社会、文化、ディスアビリティ』明石書店
石川　准ほか（2002）『障害学の主張』明石書店
石田瑞麿（1985）『親鸞全集（全五冊）』春秋社

板井正斉（2013）『ささえあいの神道文化』弘文堂
市川正太（2011）「ごあいさつ」、NPO法人CILだんない編『だんないの道』創刊号、NPO法人CILだんない、三頁
一楽　真（2007）『親鸞聖人に学ぶ――真宗入門』真宗大谷派宗務所出版部
糸賀一雄（2003）『復刊　この子らを世の光に――近江学園二〇年の願い』NHK出版
茨城青い芝の会（2001）『階法理論研究会テキスト（第四版）』初沢印刷
医療問題支援プロジェクト（2003）『私たちの医療を私たちの手に』HANDS世田谷
岩田直子ほか（2008）『障害のある人の支援と社会福祉――障害者福祉入門』ミネルヴァ書房
上田　敏（1983）『リハビリテーションを考える――障害者の全人間的復権』青木書店
上田　敏（2005）『ICF（国際生活機能分類）の理解と活用――人が「生きること」「生きることの困難（障害）」をどうとらえるか』きょうされん
上野耕一（2004）「生活の改善をしながら自分らしい暮らしを」『障害者問題研究（特集：脳性麻痺研究の到達点）』三二巻三号、全国障害者問題研究会、三六～三九頁
上原英正（1995）『福祉思想と宗教思想――人間論的考察』学文社
宇都宮輝夫ほか「特集：生命・死・医療」、日本宗教学会編『宗教研究』八〇巻四号、一～二四五頁
海野孝憲（2010）『「いのち」の意味――あなたは「今、いのちがあなたを生きている」がわかりますか』法藏館
海野孝憲（2011）『真宗の「いのち」観――「私たち人間が仏になるということ」』探求社
NPO法人CILだんない（2010a）「NPO法人CILだんない設立趣意書」NPO法人CILだんない
NPO法人CILだんない（2010b）「NPO法人CILだんない定款」NPO法人CILだんない
大井道正（2007）「二次障害とは何か」肢体障害者二次障害検討会編『二次障害ハンドブック改訂版』文理閣、一〇二～一一一頁
大阪人権博物館（2002）『障害学の現在』大阪人権博物館
大阪人権博物館（2002）『障害者でええやんか！変革のとき――新しい自立間・人間観の確立を』大阪人権博物館刊
太田典礼（1983）『安楽死――人間にとっての「死ぬ権利」』三一書房
大谷大学（2002）『清沢満之全集（全九巻）』岩波書店
大谷大学真宗総合研究所（2011）『親鸞聖人七百五十回御遠忌記念論集［上巻］親鸞像の再構築』筑摩書房
大谷大学真宗総合研究所（2011）『親鸞聖人七百五十回御遠忌記念論集［下巻］「教行信証」の思想』筑摩書房
太田令子・大塚恵美子（2007）「脳性麻痺の心理的アプローチ」、栗原まな編『Monthly Book　Medical Rehabilitation No.87』全日本病院出版会、五四～六一頁

岡村青（1988）『脳性麻痺者と生きる——大仏空の生涯』三一書房
小川一乗（1995）『仏教からの脳死・臓器移植批判』法藏館
小川一乗（2003）『「顕浄土真仏土巻」解釈』真宗大谷派宗務所出版部
小川一乗（2010）『真宗にとって「いのち」とは何か』法藏館
長上深雪（2008）『人間・科学・宗教ＯＲＣ研究叢5　現代に生きる仏教社会福祉』法藏館
長上深雪（2012）『人間・科学・宗教ＯＲＣ研究叢10　仏教社会福祉の可能性』法藏館
大仏　空（1979）『解放理論研究会テキスト』茨城青い芝の会
大仏　空ほか（1975）『月刊東雲』一〇月号、東雲出版
尾畑文正（1999）「親鸞にみる共生の思想」、日本仏教学会編『仏教における共生の思想』平楽寺書店、一〇五～一一九頁
尾畑文正（2008）『真宗仏教と現代社会』福村出版
折本昭子ほか（2002）『青い芝——茨城青い芝の会結成40周年記念号』茨城青い芝の会
香川孝雄（1984）『無量寿経の諸本対象研究』永田文昌堂
葛西賢太（2013）『ケアとしての宗教』明石書店
梶浦一郎（1998）「総論：脳性麻痺の二次障害」『総合リハビリテーション（特集：脳性麻痺の二次障害）』二六巻四号、医学書院、三〇九～三一三頁
梶原敬一（2006）『生きる力』真宗大谷派宗務所出版部
梶原敬一（2010）「脳死が問いかけるもの——医療の現場から見えてくるひとのいのち」真宗大谷派大阪教区第5組教化委員会『浄土からの呼びかけⅠ』真宗大谷派大阪教区第5組教化委員会、一一～九二頁
金子大栄（1973）『歎異抄——仏教の人生観』法藏館
鎌田茂雄（1971）『岩波日本思想大系15　鎌倉仏教』、岩波書店
亀山富太郎ほか（2002）『脳性麻痺ハンドブック——療育にたずさわる人の為に』医歯薬出版
河口栄二（1982）『我が子、葦舟に乗せて』新潮社
河田光夫（1995）『河田光夫著作集（全三巻）』明石書店
河野勝行（1987）『障害者の中世』文理閣
城戸貞子（2012）「『社会モデル』を採用するソーシャルワークの可能性——ＩＣＦの『統合モデル』を越えて」堀正嗣編『共生の障害学——排除と隔離を超えて』明石書店、一一二～一三六頁
木村文輝（2007）『生死の仏教学——「人間の尊厳」とその応用』法藏館

金　満里（1996）『生の始まり』筑摩書房
国安輝重（2001）「成人脳性麻痺者の社会参加支援──作業所などでのセラピストの役割」『ボバースジャーナル（特集：成人脳性麻痺者への支援とボバースアプローチ）』二四巻二号、日本ボバース研究会
熊谷晋一郎ほか（1999）「障害をもつ若者たちは語る──まずは話すことから」殿岡翼編『学生生活を通して見えてきたもの──大学へ』わかこま自立生活情報室
熊倉伸宏ほか（2005）『障害のある人の語り──インタビューによる「生きる」ことの研究』誠信書房
粂野　豊（2001）『障害者教育の人間学』中央法規
倉本智明（1997）「未完の障害文化──横塚晃一の思想と身体」『社会問題研究』四七巻一号、六七～八六頁
倉本智明（1999）「異形のパラドックス──青い芝・ドッグレッグス・劇団態変」長瀬修編『障害学への招待』明石書店、二一九～二五五頁
倉本智明（2005）『セクシュアリティの障害学』明石書店
倉本智明ほか（2000）『障害学を語る』エンパワメント研究所
栗原まな（2007）『Monthly Book　Medical Rehabilitation No.87』全日本病院出版会
慶華文化研究会（1954）『教行信証撰述の研究』百華苑
ケネス・タナカ／島津恵正訳（2003）『真宗入門』法藏館
小出享一（2005）「脱施設化への営み──「青い芝の会」の運動を中心にして」『桃山学院社会学論集』三九巻一号、九三～一二三頁
厚生省研究班（1968）厚生省特別研究「脳性小児麻痺の成因と治療に関する研究」昭和四三年度第二回班会議
孝橋正一（1962）『社会事業の基本問題』ミネルヴァ書房
児玉真美（2011）『アシュリー事件──メディカル・コントロールと新・優生思想の時代』生活書院
児玉真美（2013）『死の自己決定権のゆくえ──尊厳死・「無益な治療」論・臓器移植』大月書店
小西直樹・小西レイ子（1988）『奇跡のラブちゃん』彩古書房
五味重春（1994）『写真でみる脳性まひ──30年をともに歩んで』医歯薬出版
小松美彦ほか（2010）『いのちの選択──今、考えたい脳死・臓器移植』岩波書店
小森龍邦（1983）『解放理論と親鸞の思想──疎外の苦悩から無碍の一道へ』解放出版社
小山正義（1981）『いきざま──ある脳性マヒ障害者の半生』ＪＣＲ出版
小山正義ほか（1989）『あゆみ　創立30周年記念号（会報紙合冊号、全三巻）』「青い芝の会」神奈川県連合会

コリン・バーズほか／杉野昭博ほか訳（2004）『ディスアビリティ・スタディーズ――イギリス障害学概論』明石書店
西光義敞（1988）『援助的人間関係』永田文昌堂
西光義敞（1996）『親鸞とカウンセリング』永田文昌堂
坂野幸江（2007）「二次障害〈理学療法士の立場から〉」肢体障害者二次障害検討会編『二次障害ハンドブック改訂版』文理閣、一五一～一七〇頁
信楽峻麿（1984）『宗教と現代社会――親鸞思想の可能性』法藏館
篠原睦治（1986）『「障害児の教育権」思想批判』現代書館
篠原睦治（1991）『共生共学か発達保障か』現代書館
定藤丈弘（1999）『障害者の機会平等と自立生活――定藤丈弘その福祉の世界』明石書店
定藤邦子（2011）『関西障害者運動の現代史――大阪青い芝の会を中心に』生活書院
佐藤久夫（1992）『障害構造論入門――ハンディキャップ克服のために』青木書店
信楽峻麿（1994）『仏教の生命観』法藏館
重見一行（1981）『教行信証の研究――その成立過程と文献学的考察』法藏館
しののめ発行所編（1993）『しののめ別冊・「二次障害」特集号』しののめ発行所
肢体障害者二次障害検討会（2001）『二次障害ハンドブック（初版）』文理閣
肢体障害者二次障害検討会（2007）『二次障害ハンドブック　改訂版』文理閣
清水海隆（2002）『仏教福祉思想の展開に関する研究』大東出版社
障害児を普通学校へ・全国連絡会（2001）『障害児が学校へ入るとき』千書房
障害児を普通学校へ・全国連絡会（2004）『障害児が学校へ入ってから』千書房
「自立の家」をつくる会編（1995）『脳性マヒ者の二次障害に関する報告集』「自立の家」をつくる会
「自立の家」をつくる会編（1995）『脳性マヒ者の二次障害に関する報告集Ⅱ』「自立の家」をつくる会
浄土宗宗典刊行会編（1910）『浄土宗全書』山喜房佛書林
浄土真宗本願寺派ビハーラ実践活動研究会（1993）『ビハーラ活動――仏教と医療と福祉のチームワーク』本願寺出版社
真宗大谷派教学研究所（1956）『真宗生活入門講座Ⅰ　自己と社会』真宗大谷派宗務所出版部
真宗大谷派教学研究所（2004）『近代大谷派年表（第二版）』真宗大谷派宗務所出版部
真宗大谷派教学研究所（2008）『親鸞聖人行実（改訂版）』真宗大谷派宗務所出版部
真宗大谷派教師教師のための教科書編纂委員会（1987）『大乗の仏道――仏教概要』真宗大谷派宗務所出版部

真宗大谷派教師教師のための教科書編纂委員会（1987）『教団のあゆみ――真宗大谷派教団史』真宗大谷派宗務所出版部
真宗大谷派教師教師のための教科書編纂委員会（1989）『浄土の真宗――真宗概要』真宗大谷派宗務所出版部
真宗大谷派宗務所出版部（2009）『人間といういのちの相――今、いのちがあなたを生きている（全四巻）』真宗大谷派宗務所出版部
真宗学研究会（1997）『真宗学関係雑誌論文目録――昭和57年（1982）〜平成6年（1994）』永田文昌堂
真宗学研究会（2001）『真宗学関係雑誌論文目録――昭和44年（1969）〜昭和56年（1981）』永田文昌堂
親鸞聖人全集刊行会（1969）『定本親鸞聖人全集（全九冊）』法藏館
親鸞聖人全集刊行会（1989）『定本教行信証』法藏館
杉田俊介（2013）『障害者介助の現場から考える生活と労働――ささやかな「介助者学」のこころみ』明石書店
杉野昭博（2007）『障害学――理論形成と射程』東京大学出版会
杉野昭博（2011）『リーディングス日本の社会福祉　第七巻　障害と福祉』日本図書センター
杉本　章（2001）『戦後障害者運動史年表――戦後障害者運動と関係法制』ノーマライゼーションプランニング
杉本　章（2001）『障害者はどう生きてきたか――戦前・戦後障害者運動史』ノーマライゼーションプランニング
杉本　章（2008）『増補改訂版 障害者はどう生きてきたか――戦前・戦後障害者運動史』現代書館
鈴木祥藏（1999）『親鸞と人間解放の思想』明石書店
住田智見（1987）『教行信証之研究』法藏館
生命操作を考える市民の会（1998）『生と死の先端医療――いのちが破壊される時代』解放出版社
世界保健機関（2002）『国際生活機能分類――国際障害分類改訂版』中央法規
全国自立センター協議会ピア・カウンセリング委員会（2005）『知的障害者のピア・カウンセリングを支援するために』全国自立センター協議会
全国自立センター協議会ピア・カウンセリング委員会（2005）『ピア・カウンセリング集中講座テキスト』全国自立センター協議会
全国自立生活センター協議会（1999）『ピア・カウンセリングってなあに？』全国自立生活センター協議会
全国自立生活センター協議会（2001）『自立生活運動と障害文化――当事者からの福祉論』現代書館
全国自立生活センター協議会（2008）『自立生活センターで働くピアカウンセラーのための読本』全国自立生活センター協議会
曽我量深選集刊行会（1971）『曽我量深選集（全一二巻）』弥生書房
曽根　翠（2007）「成人に至った脳性麻痺のリハビリテーション」栗原まな編『Monthly Book　Medical Rehabilitation No.87』

全日本病院出版会、六三～七〇頁
曽和信一（1983）『「障害児保育」の現在――共生教育をもとめて』柘植書房
曽和信一（1999）『障害児共生保育論――反差別から共生の方へ』明石書店
大正新脩大蔵経刊行会（1960）『大正新脩大蔵経』大蔵出版
平　雅行（2001）『親鸞とその時代』法藏館
平　雅行（2012）『歴史の中に見る親鸞』法藏館
高石史人（1999）「共生の関係論――「障害者介助」の現場から《解放》への越境を問う」日本仏教学会編『仏教における共生の思想』平楽寺書店、一九～三二頁
高石史人（2005）『仏教福祉への視座』永田文昌堂
滝沢克己（1974）『「歎異抄」と現代』三一書房
竹中ナミ（1998）『プロップ・ステーションの挑戦――「チャレンジド」が社会を変える』筑摩書房
嵩　満也ほか（2007）『人間・科学・宗教ＯＲＣ研究叢書６　共生する世界――仏教と環境』法藏館
武田龍精（2005）『人間・科学・宗教ＯＲＣ研究叢書１　仏教生命観からみたいのち――媒介する「新しい哲学」を求めて』法藏館
武田龍精（2007）『人間・科学・宗教ＯＲＣ研究叢書３　宗教者と科学者の対話』法藏館
田島明子（2009）『障害受容再考――「障害受容」から「障害との自由」へ』三輪書店
田代俊孝（2004）『増補新版 親鸞の生と死――デス・エデュケーションの立場から』法藏館
立岩真也（1990）「はやく・ゆっくり――自立生活運動の生成と展開」安積ほか編『生の技法』藤原書店、一六六～二二六頁
立岩真也ほか（1992）『自立生活への鍵――ピア・カウンセリングの研究』全国自立生活センター協議会
立岩真也（2004）『ＡＬＳ不動の身体と息する機械』医学書院
立岩真也・有馬　斉（2011）『生死の語り行い１――尊厳死法案・抵抗・生命倫理学』生活書院
田中耕一郎（2005）『障害者運動と価値形成――日英の比較から』現代書館
玉光順正ほか（1999）『脳死が問いかけるもの（増補版）』真宗大谷派宗務所出版部
玉光順正ほか（2001）『ハンセン病と真宗――隔離から解放へ（増補版）』真宗大谷派宗務所出版部
田宮　仁（2004）「老いと死といのち」長谷川匡俊ほか『今を生きて老いと死を生きる』淑徳大学エクステンションセンター、青蛾書房
田宮　仁（2007）『「ビハーラ」の提唱と展開』学文社

田宮　仁ほか（1994）『仏教と福祉』北辰堂
寺ノ門　栄（1973）『偽りよ死ね――脳性マヒ者の愛と戦いの記録』参玄社
東京大学史料編纂所（1981）『大日本資料』、東京大学史料編纂所
同朋大学仏教学会（2002）『池田勇諦先生退任記念論集　真宗の教化と実践』法藏館
殿岡　翼（1999）『学生生活を通して見えてきたもの――大学へ』わかこま自立生活情報室
富田直史（2007）「生きる価値のない人生なんて誰が決めた‼――遺伝性の障害を持ち人工呼吸器を使って生きるひとりの障害者として」ＤＰＩ日本会議編『第23回ＤＰＩ日本会議全国集会 in 神奈川　資料集』ＤＰＩ日本会議、七三～七四頁
友久久雄（2010）『仏教とカウンセリング』法藏館
鳥越正道（1997）『最終稿本教行信証の復元研究』法藏館
グレン・ドーマン（1974）『親こそ最良の医師』サイマル出版会
内閣府（2011）「障害者基本法の一部を改正する法律案新旧対照表」
中垣昌美（1998）『仏教社会福祉論考』法藏館
長瀬修ほか（2004）『障害者の権利条約――国連作業部会草案』明石書店
長瀬修ほか（2008）『障害者の権利条約と日本――概要と展望』生活書院
中野東禅ほか（1993）「仏教と生命倫理についてのアンケート」日本印度学仏教学会『印度学仏教学研究』四二巻一号、三二三～三六九頁
長野量一（2003）「蓮如上人五百回忌御遠忌讃仰研修会講義１・２」真宗大谷派熊本教区編『熊本教区蓮如上人五百回御遠忌記念 御同朋・御同行とこそ かしずかれた精神に学ぶ』一二五～二二五頁
長野量一（2009）「いのち主義と顕密仏教」、『第１回真宗教学振興会研修会記録』一～一七頁
南雲直二（1998）『障害受容――意味論からの問い』荘道社
南雲直二（2002）『社会受容――障害受容の本質』荘道社
鍋島直樹ほか（2006）『人間・科学・宗教ＯＲＣ研究叢書２　仏教生命観の流れ――縁起と慈悲』法藏館
鍋島直樹（2007）『人間・科学・宗教ＯＲＣ研究叢書４　死と愛――いのちへの深い理解を求めて』法藏館
鍋島直樹ほか（2008a）『人間・科学・宗教ＯＲＣ研究叢書７　仏教と生命倫理の架け橋』法藏館
鍋島直樹ほか（2008b）『人間・科学・宗教ＯＲＣ研究叢書８　心の病と宗教性――深い傾聴』法藏館
鍋島直樹ほか（2011）『人間・科学・宗教ＯＲＣ研究叢書11　地球と人間のつながり――仏教の共生観』法藏館
難波教行（2011）「あらゆるいのちが生かされる方向性の歩み――共成会の発足と活動意義を通して」仏教看護・ビハーラ学会

編『仏教看護・ビハーラ』六号、一八七～二〇九頁
成田真由美（2001）『夢への前進』講談社
西川禎匡（2007）「自分の生活をつくり、守るためにやってきたこと」肢体障害者二次障害検討会編『二次障害ハンドブック改訂版』文理閣、四三～五一頁
西田真因ほか（1998）『真宗の教学における宿業の問題』（全二巻）東本願寺出版部
西谷啓治（1961）『宗教とは何か』創文社
日本仏教学会（1970）『仏教と社会の諸問題』平楽寺書店
日本仏教学会（1999）『仏教における共生の思想』平楽寺書店
日本仏教社会福祉学会（2014）『仏教社会福祉入門』法藏館
日本脳性麻痺研究会（2004）『第30回日本脳性麻痺研究会記録集（テーマ「脳性麻痺二次障害の予防と今後の展望」）』日本脳性麻痺研究会
日本臨床心理学会（1980）『戦後特殊教育・その構造と理論の批判』社会評論社
日本臨床心理学会（1987）『「早期発見・治療」はなぜ問題か』現代書館
日本障害者リハビリテーション協会（2000-　）『ノーマライゼージョン』日本障害者リハビリテーション協会
野崎泰伸（2011）『生を肯定する倫理へ――障害学の視点から』白澤社
信國淳選集編纂委員会（1984）『信國淳選集（全八巻）』柏樹社
信國　淳（2005）『いのち、みな生きらるべし』樹心社
延塚知道（2006）『今、いのちがあなたを生きている』真宗大谷派宗務所出版部
野間　宏（1973）『親鸞』岩波新書
朴　光駿（2012）『ブッダの福祉思想――「仏教的」社会福祉の源流を求めて』法藏館
長谷川匡俊（2007）『戦後仏教社会福祉事業の歴史』法藏館
長谷川匡俊（2007）『戦後仏教社会福祉事業史年表』法藏館
服部之聡（1948-1950）『親鸞ノート（正・続）』国土社
花田春兆（1983）『脳性マヒの本』柏樹社
原一男（1972）『さようならCP――シナリオ』疾走プロダクション
原田武雄（2004）「脳性麻痺による頸椎症性頚髄症」『障害者問題研究（特集：脳性麻痺研究の到達点）』三二巻三号、全国障害者問題研究会、二一九～二三五頁

林万リ（2004）「脳性麻痺診断技術の進歩」、『障害者問題研究（特集：脳性麻痺研究の到達点）』三二巻三号、全国障害者問題研究会、一一〜一八
樋口恵子ほか（1999）『ピア・カウンセリングってなぁに？』全国自立センター協議会
広瀬　杲（1994）『歎異抄講話』法藏館
藤場俊基（2007）『親鸞の仏教と宗教弾圧――なぜ親鸞は『教行信証』を著したのか』明石書店
二日市安（1988）『私的障害者運動史』千書房
風乱軒主人（1979）『解放理論研究会テキストNO．2』茨城青い芝の会
古田武彦（2002）『古田武彦著作集（全三巻）』明石書店
星加良司（2007）『障害とは何か――ディスアビリティの社会理論に向けて』生活書院
星野元豊（1994）『講解教行信証』法藏館
堀　正嗣（1993）『障害児教育のパラダイム転換――統合教育への理論研究』明石書店
堀　正嗣（1993）『障害者問題ゼミナール――共に生きよう、楽に生きよう』明石書店
堀　正嗣（1998）『障害児教育とノーマライゼーション――「共に生きる教育」を求めて』明石書店
堀　正嗣（2000a）『障害者問題ゼミナール2――癒しの関係をもとめて』明石書店
堀　正嗣（2000b）「障害者の自立支援とピア・カウンセリング」関西大学編『人権問題研究室紀要』四一号、一〜三一頁
堀　正嗣（2012）『共生の障害学――排除と隔離を超えて』明石書店
マイケル・オリバー／三島亜紀子ほか訳（2006）『障害の政治――イギリス障害学の原点』明石書店
マイケル・オリバー／河口尚子訳（2010）『障害学にもとづくソーシャルワーク――障害の社会モデル』金剛出版
前田惠學ほか（1990）「日本印度学仏教学会第四一回学術大会シンポジウム『脳死・臓器移植問題および生命倫理』報告」日本印度学仏教学会『印度学仏教学研究』三九巻一号、二九一〜三五五頁
前田惠學（1993）「生命倫理委員会報告」日本印度学仏教学会『印度学仏教学研究』四二巻一号、三二〇〜三三三頁
前田拓也（2009）『介助現場の社会学――身体障害者の自立生活と介助者のリアリティー』生活書院
益田惠真（1999）「幻想の教学――いかなる共同体を指向するのか」九州教学研究所長崎分室編『同信』一一号、一九〜四八頁
益田惠真（2007）「化身土の問題――真仮批判の現代的意義」九州教学研究所編『衆会』三四〜五五頁
松兼功（1983）『お酒はストローで、ラブレターは鼻で』朝日新聞社
松井彰彦ほか（2011）『障害を問い直す』生活書院
松井奈帆子（2007）「障害をもつ人たちのある社会活動――〈青い芝の会〉と「悪人正機説」をめぐって［含年表〈青い芝の

会〉の軌跡』」皇學館大学社会福祉学会『皇學館大学社会福祉論集』一〇号、一一一〜一二五頁

松浦清美（2001）「これまでを振り返って」肢体障害者二次障害検討会編『二次障害ハンドブック（初版）』文理閣、二六〜三一頁

松尾　隆（2002）『脳性麻痺相談室』創風社

松波めぐみ（2007）「『障害者問題を扱う人権啓発』再考――『個人―社会モデル』『障害者役割』を手がかりとして」『部落解放研究』一五一、四五〜五九頁

松野純孝（2010）『増補親鸞』真宗大谷派宗務所出版部

松原祐善（1958）『無量寿経に聞く』教育新潮社

茨田道俊ほか（2007）「〈現代教学研究班〉報告――御遠忌テーマ「今、いのちがあなたを生きている」と現代社会の課題」（共同研究報告）、真宗大谷派大阪教区教化センター編『生命の足音――教化センター紀要』二三号、八三〜一〇二

茨田道俊ほか（2008）「〈現代教学研究班〉報告――御遠忌テーマ「今、いのちがあなたを生きている」について」（共同研究報告）、真宗大谷派大阪教区教化センター編『生命の足音――教化センター紀要』二四号、七九〜一〇二頁

茨田道俊ほか（2009）「〈現代教学研究班〉報告――御遠忌テーマの検証と発信」（共同研究報告）、真宗大谷派大阪教区教化センター編『生命の足音――教化センター紀要』二五号、九七〜一二六頁

茨田道俊ほか（2010a）「〈現代教学研究班〉御遠忌テーマ再考」（共同研究報告）真宗大谷派大阪教区教化センター編『生命の足音――教化センター紀要』二六号、七七〜七八頁

茨田通俊（2010b）「御遠忌テーマの願いと課題」、真宗教学学会『真宗教学研究』三一号、四八〜六二頁

茨田道俊ほか（2011a）「〈現代教学研究班〉御遠忌テーマの展開と検証」（共同研究報告）真宗大谷派大阪教区教化センター編『生命の足音――教化センター紀要』二七号、七七〜八七頁

茨田道俊ほか（2011b）「〈現代教学研究班〉東日本大震災を通して問われる御遠忌と真宗の支援」真宗大谷派大阪教区教化センター編『生命の足音――教化センター紀要』二七号、七七〜八七頁

茨田通俊ほか（2012）「〈現代教学研究班〉今、社会から問われる宗門の方向性――求められる御遠忌テーマの再確認」、真宗大谷派大阪教区教化センター編『生命の足音――教化センター紀要』二八号、五五〜八三頁

茨田通俊ほか（2013）「〈現代教学研究班〉現代社会の課題と真宗――御遠忌テ―マに聞く」真宗大谷派大阪教区教化センター編『生命の足音――教化センター紀要』二九号、五六〜七四頁

茨田通俊ほか（2014）『御遠忌テーマ「今、いのちがあなたを生きている」と現代社会の問題』真宗大谷派大阪教区教化センター

三島多聞（2011）『寿命を生きた人――中村久子』真宗大谷派宗務所出版部
三島多聞監修／マイケル・コンウェイ英訳（2011）『生きる力を求め Give Me the Power to Live ――中村久子の世界』真宗大谷派宗務所出版部
水谷幸正先生古稀記念会（1998）『仏教福祉研究』思文閣出版
美濃部裕道（2011）「代表あいさつ」ＮＰＯ法人ＣＩＬだんない『だんないの道』2、ＮＰＯ法人ＣＩＬだんない、一～二頁
三村洋明（2010）『反障害原論――障害問題のパラダイム転換のために』世界書院
村田茂（1997）『新版 日本の肢体不自由児教育――その歴史的発展と展望』慶應義塾大学出版会
宮城 顗（2010）「親鸞における浄土の世界――科学と宗教の間で」、真宗大谷派大阪教区第５組教化委員会編『浄土からの呼びかけⅠ』真宗大谷派大阪教区第５組教化委員会、九三～一五五頁）
目黒輝美（2000）『障害者運動と福祉――国際比較による障害者エンパワメント』恒星社更生閣
茂木俊彦（2004）『発達保障を学ぶ』全障研出版部
盛岡次郎（2006）「『内なる優生思想』という問題――『青い芝の会』の思想を中心に」大阪大学大学院人間科学研究科教育学系編『大阪大学教育学年報』一一号、一九～三三頁
森岡正博（2001）『生命学に何が出来るか――脳死・フェミニズム・優生思想』勁草書房
安冨歩ほか（2011）『今を生きる親鸞』樹心社
安冨歩ほか（2013）『親鸞ルネサンス――他力による自立』明石書店
安冨信哉（1999）『清澤満之と個の思想』法藏館
安冨信哉（2003）『『選択本願念仏集』私記』東本願寺出版部
安冨信哉（2004）『親鸞・信の構造』法藏館
安冨信哉（2005）『新訂増補 親鸞と危機意識――新しき主体の誕生』文栄堂
安冨信哉（2007）『真実信の開顕――『教行信証』「信巻」講究』東本願寺出版部
安冨信哉（2009）『聞――私の真宗学』文栄堂
安冨信哉（2012）『親鸞・信の教相』法藏館
山口和正（2002）「青年期・成人期」亀山富太郎ほか『脳性麻痺ハンドブック――療育にたずさわる人の為に』医歯薬出版、一二六～一四一頁
山口研一郎監修／臓器移植法を問い直す市民ネットワーク（2011）『脳死・臓器移植Q＆A50――ドナーの立場で〝いのち〟を考える』海鳴社

山下栄一ほか（1988）『現代教育と発達幻想』現代書館
山下幸子（2008）『「健常」であることを見つめる――1970年代障害当事者／健全者運動から』生活書院
山下恒男（1977）『反発達論――抑圧の人間学からの解放』現代書館
山辺習学ほか（1951）『教行信証講義』法藏館
山本阿母里ほか（1974）「特集　福祉問題の焦点」『ジュリスト臨時増刊号』有斐閣
横須賀俊司（2007）『支援の障害学に向けて』現代書館
横田弘（1970）「われはかく行動する」「青い芝の会」神奈川連合会編『あゆみ　創立30周年記念号』「青い芝の会」神奈川連合会
横田弘（1975）『転草――脳性麻痺者のある共同体の生成と崩壊』仮面社
横田弘（1979）『障害者殺しの思想』ＪＣＡ出版
横塚晃一（1975）『母よ！殺すな』すずさわ書店
横塚りゑ（1979）『解放理論研究会テキスト（三版）』解放理論研究会
横山卓馬（2011）「ごあいさつ」ＮＰＯ法人ＣＩＬだんない編「だんないの道」創刊号、四頁
吉田久一（1989）『日本社会福祉思想史』（吉田久一著作集１）川島書店
吉本隆明（1976）『最後の親鸞』春秋社
頼尊恒信（2006a）「聞名に開かれる仏道――『真宗障害者福祉論』序説」『大谷大学大学院研究紀要』二三号、一四一～一六八頁
頼尊恒信（2006b）「真宗におけるボランティアの意義――障害者との共生をめぐって」日本印度学仏教学会編『印度学仏教学研究』五五巻一号、二一八～二二一頁
頼尊恒信（2007a）「聞名に開かれる共同体――真宗における健常者と障害者との共生の視座」日本仏教社会福祉学会編『日本仏教社会福祉学会年報』三八号、一～一八頁
頼尊恒信（2007b）「近代における真宗大谷派の仏教社会福祉事業と教学の接点――戦前・戦中を中心として」日本印度学仏教学会編『印度学仏教学研究』五六巻一号、六四～六七頁
頼尊恒信（2008a）「『青い芝の会』の活動にみる障害者自立生活運動とその仏教的側面について――生死の意味を問う場としての『ビハーラ』いうことの共通性において」仏教看護・ビハーラ学会編『仏教看護・ビハーラ』二号、一〇七～一三五頁
頼尊恒信（2008b）「真宗における障害者福祉の研究――「自然」をキーワードとして」日本印度学仏教学会編『印度学仏教学研究』五七巻一号、一八六～一八九頁

頼尊恒信（2009a）「脳性麻痺者における二次障害の受容の意味――真宗障害者福祉論の視座から」熊本学園大学社会関係学会編『社会関係研究』一四巻二号、七一～一〇四頁
頼尊恒信（2009b）「真宗障害者福祉の実践試論――「ピア・カウンセリング」を手がかりとして」日本印度学仏教学会編『印度学仏教学研究』五八巻一号、一五〇～一五三頁
頼尊恒信（2010a）「真宗障害者社会福祉における「社会モデル」の受容――障害者福祉の世界的動向を視野に入れて」真宗連合学会編『真宗研究』五四輯、一五三～一七一頁
頼尊恒信（2010b）「全身性障害者の自立生活と仏教――呼吸器を利用する患者の権利に関する一考察」仏教看護・ビハーラ学会編『仏教看護・ビハーラ』四・五合冊号、一九二～二〇五頁
頼尊恒信（2010c）「真宗障害者社会福祉に関する理論的研究――「われら」の地平をベースとして」日本仏教社会福祉学会編『日本仏教社会福祉学会年報』四一号、六一～七九頁
頼尊恒信（2010d）「真宗障害者福祉に関する理論的研究――向下的共生道の内実を巡って」日本印度学仏教学会編『印度学仏教学研究』五九巻一号、一八六～一四〇頁
頼尊恒信（2011a）「全身性障害者の主体性の回復に向けて――『障害の受容』から『いのちの本質的平等性の頷き』へ」公益信託松尾金蔵記念奨学基金編『明日へ翔ぶ――人文社会学の新視点2』風間書店、一四一～一六〇頁
頼尊恒信（2011b）「真宗障害者運動の立場から」仏教看護・ビハーラ学会編『仏教看護・ビハーラ』六号、八九～九一頁
頼尊恒信（2011c）「真宗障害者社会福祉の立脚点――『向下的平等観』にもとづく社会福祉の位置についての考察」真宗教学学会編『真宗教学研究』三二号、七八～九〇頁
頼尊恒信（2011d）「真宗障害者福祉の実践道――向下的共生道としての自立生活運動」日本印度学仏教学会編『印度学仏教学研究』六〇巻一号、二〇三～二〇六頁
頼尊恒信（2011e）「ヨリの雑記帳（1）」ＮＰＯ法人ＣＩＬだんない編『だんないの道』2、ＮＰＯ法人ＣＩＬだんない、四～五頁
頼尊恒信（2011f）「ヨリの雑記帳（2）」ＮＰＯ法人ＣＩＬだんない編『だんないの道』3、ＮＰＯ法人ＣＩＬだんない、一二～一三頁
頼尊恒信（2012a）「第2章　日本における障害学の源流としての青い芝の会の思想――『われら』の地平と障害学」堀正嗣編『共生の障害学――排除と隔離を超えて』明石書店、四八～七六頁
頼尊恒信（2012b）「真宗文化圏域での障害者運動の可能性――ＣＩＬだんないの研究」日本宗教学会編『宗教研究』八五巻四号、四七五～四七六頁

頼尊恒信（2012c）「真宗障害者福祉の現代的課題――共に生きるということ」日本印度学仏教学会編『印度学仏教学研究』六一巻一号、一〇四～一〇七頁
頼尊恒信（2013a）「障害者差別解消と真宗――ソーシャルキャピタルの構築に向けて」日本宗教学会編『宗教研究』八七巻別冊、四五一～四五二頁
頼尊恒信（2013b）「真宗障害者福祉における権利擁護の課題――障害者権利条約を踏まえて」日本印度学仏教学会編『印度学仏教学研究』六二巻一号、一五四～一五七頁
頼尊恒信（2014）「地方の農村部の重たい課題」日本リハビリテーション協会『ノーマライゼーション』三四巻九号、二六～二七頁
龍谷大学短期大学部（1992）『仏教と福祉の研究』永田文昌堂
脇本平也ほか（1986）『近代の宗教運動――『精神界』の試み』法藏館
渡邊　啄（2011）『介助者たちはどう生きていくのか』生活書院
Ugo Dessi（2007）『Ethics and Society in Contemporary Shin Buddhism』Religiose Gegenwart Asiens/Studies in Modern Asian Religions

なお、真宗学関係の文献は以下の書を用いた。
『定本教行信証』　親鸞聖人全集刊行会（1989）法藏館
『定本親鸞聖人全集』　親鸞聖人全集刊行会（1969）法藏館
『真宗聖教全書』　真宗聖教全書編纂所（1941）大八木興文堂

事項索引

【た行】

【な行】

【は行】

【ま行】

【や行】

【ら行】

【わ行】

◉本書のテキストデータを提供いたします
　本書をご購入いただいた方のうち、視覚障害、肢体不自由などの理由で書字へのアクセスが困難な方に本書のテキストデータを提供いたします。希望される方は、以下の方法にしたがってお申し込みください。

◎データの提供形式：CD-R、フロッピーディスク、メールによるファイル添付（メールアドレスをお知らせください）
◎データの提供形式・お名前・ご住所を明記した用紙、返信用封筒、下の引換券（コピー不可）および200円切手（メールによるファイル添付をご希望の場合不要）を同封のうえ弊社までお送りください。

◉本書内容の複製は点訳・音訳データなど視覚障害の方のための利用に限り認めます。内容の改変や流用、転載、その他営利を目的とした利用はお断りします。

◎あて先：
〒160-0008
東京都新宿区三栄町17-2 木原ビル303
生活書院編集部　テキストデータ係

【引換券】
真宗学と障害学

【著者紹介】

頼尊恒信（よりたか・つねのぶ）

一九七九年東大阪市生まれ。大谷大学文学研究科博士後期課程真宗学専攻満期退学。熊本学園大学大学院社会福祉学研究科博士後期課程社会福祉学専攻修了。博士（社会福祉学）。真宗大谷派擬講。
現在、真宗大谷派聞称寺副住職、NPO 法人 CIL だんない事務局長、真宗大谷派大阪教区教化センター現代教学研究班主任研究員、和歌山赤十字看護専門学校非常勤講師ほか。

主な著書
『共生の障害学』(担当 : 分担執筆、範囲 : 第 2 章　日本における障害学の源流としての青い芝の会の思想——「われら」の地平と障害学)、明石書店、2012 年
『御遠忌テーマ「今、いのちがあなたを生きている」と現代社会の問題』(共著)、真宗大谷派大阪教区教化センター、2014 年

真宗学と障害学
——障害と自立をとらえる新たな視座の構築のために

発　行——二〇一五年三月三一日　初版第一刷発行
著　者——頼尊恒信
発行者——髙橋　淳
発行所——株式会社　生活書院
〒一六〇—〇〇〇八
東京都新宿区三栄町一七—二 木原ビル三〇三
TEL 〇三—三二二六—一二〇三
FAX 〇三—三二二六—一二〇四
振替 〇〇一七〇—〇—六四九七六六
http://www.seikatsushoin.com

印刷・製本——株式会社シナノ

Printed in Japan
2015 © Yoritaka tsunenobu
ISBN 978-4-86500-037-5

定価はカバーに表示してあります。
乱丁・落丁本はお取り替えいたします。